姜波◎著

江西人民出版社

图书在版编目（CIP）数据

中国智谋一本通 / 姜波著 . —南昌：江西人民出版社，2012. 12

ISBN 978 - 7 - 210 - 05494 - 8

Ⅰ. ①中… Ⅱ. ①姜… Ⅲ. ①谋略 — 中国 — 古代 — 通俗读物

Ⅳ. ①C934—49

中国版本图书馆 CIP 数据核字（2012）第 311077 号

中国智谋一本通

姜波/著

责任编辑/王华

出版发行/江西人民出版社

印刷/北京嘉业印刷厂

版次/2013 年 1 月第 1 版

2013 年 1 月第 1 次印刷

开本/787 毫米 × 1092 毫米 1/16 21.5 印张

字数/396 千字

书号/ISBN 978 - 7 - 210 - 05494 - 8

定价/36.00 元

赣版权登字 - 01 - 2012 - 571

前言

崇尚道德是中国人最主要的文化特征。“道”可以理解为普遍真理，“德”可以理解为具体的社会规范，所以，可以说“德”就是“道”的体现。

但是，如果追本溯源，“道”、“德”二字的关系并不像今天这么密切，与“道”意义更接近的是另一个字——“术”。“道”的本义是道路，可引申为方法、规律，而“术”的本义是城中的道路，可引申为方法、策略。可见，“道”与“术”的意义更为接近，都可以指做事的方法。事实上，在华夏五千年的历史长河中，“道德”与“道术”互为表里，构成了中华文化的两条脉络：做人的智慧和做事的智谋。

儒家文化在中国传统文化中长期居于主导地位，其对人们的影响集中在伦理道德方面，指导人们如何成为一个君子。君子在治国平天下的过程中，难免被卷入复杂而残酷的社会生存斗争，难免会遇到挫折和打击，难免要与小人博弈。要在社会生存斗争之中获胜，仅依靠高尚的品格是不够的，还必须懂得斗争的方法和策略；不仅要懂得做人的智慧，也要懂得做事的智谋。

春秋战国时期，百家争鸣，儒家主要倡导仁孝道义，法家、兵家、纵横家等则更重视策略权谋，但至汉代，汉武帝罢黜百家、独尊儒术，导致智谋之术被看成旁门左道，撰写此类著作的人也寥寥无几。虽然相对于伦理道德来说，很少有人会对智谋之术加以研究和总结，但是在现实的社会生活中，小到人际交往，大到政治军事，人们都在不断借助韬略智谋来获得成功。据《三国志》记载，刘备就曾对诸葛亮说过这样的话：“欲信大义于天下，而智术浅短，遂用猖獗，至于今日。”大意是说，他虽然想重振仁义于天下，可是缺乏智慧和谋略，所以一再遭遇失败。可见，即使是以“仁义之君”被后世所称道的刘备，也清楚地了解智谋的重要性。

其实，纵观历史，凡是能成功做人做事的，无不讲究用智使谋，小到为人处世、职场生存，大到谋身定天下，胸藏丘壑、善用谋略者往往能转败为胜、化逆境为顺途，从而平步青云，稳居人上之位。从这个角度来讲，中国两千多年的历史，就可以看成是一部智谋史，而生活在现代社会的我们，当然也不可能摆脱几千年来形成的历史游戏规则。物竞天择，适者生存，面对越来越激烈的生存竞争，谁最先知道游戏规则，谁就会步步抢占先机，就能顺利地绕过一道道没有必要的坎儿，就能越早地取得成功。“一灯能除千年暗，一智能灭万年愚”，为让更多的人了解中国智谋的精髓，我们精选了《孙子兵法》、《鬼谷子》、《韩非子》等十四部中国智谋经典。这些智谋经典展现了我国古代谋略学、博弈学的精髓，是中国智谋的经验大成。

其中，《孙子兵法》教你在无规则的人生中，如何以智取胜；《鬼谷子》让你凭借三寸之舌，说服所遇之人；《韩非子》通过法、术、势，让你牢牢掌控权势，树立绝对的权威，驭人于无形；《予学》揭示了“予”与“不予”的惊人智慧；《守弱学》告诉你如何守弱以及如何化弱为强；《度心术》让你攻心有术；《反经》教你如何识人、用人；《荣枯鉴》道尽“小人”之秘技；《势胜学》为你如何谋势、驭势指点迷津；《解厄鉴》分析如何解除生活中遭遇的各种困境；《三十六计》就是一部中国式博弈理论，让你在利益的角逐中占据上风；《韬晦术》告诉你怎样保全自己，是谋学中最具实用功效的一门学问；《权谋残卷》为你揭开了权力场上的角逐密码；《挺经》则教你如何以刚柔并济的王者姿态在人生道路上走得更稳更远。

这些在中国人血液里一代代流传的谋略，是前人蘸着血泪总结而成，每一招都直指人性的弱点，教你洞察人心，占据谋略的制高点。为了能更好地学习利用这些入世谋略，我们侧重汲取每部经典之中的精华，结合现实生活中的翔实案例，进行详尽的分析，从而教你避开人生丛林中的种种陷阱，提高自己艺术地处理生活问题的能力，游刃有余地行走于生活、职场、商场以及官场等社会中的不同场合，最终成功达到自己的目的。我们真诚地希望本书能让不同行业、不同背景、不同层次的读者都能从中获益。

最后，须提醒一句。智谋，无论是阴谋，还是阳谋，本无好坏、正邪之分，关键在于何人在用，用来做什么。它只是我们生存的方法、手段，而人毕竟不是为智谋而生，倘若一味玩弄智谋，最终往往是玩火自焚。我们唯有谋取正道，才能攻无不克。

目录

第四篇

第五篇

第八篇

《孙子兵法》：

兵不厌诈，人生无规则

经典简评

• **书名**：《孙子兵法》

• **作者简介**：孙武，字长卿，被后世尊为孙子、“兵圣”、“兵家之祖”，著有《孙子兵法》13 篇等。（关于《孙子兵法》的作者，历来众说纷纭，此处仅采用通行一说。）

• **成书时间**：春秋末期

• **内容简介**：《孙子兵法》，俗称为《孙子》，是现存的我国历史上第一部兵书。现在的传世本共有十三篇，分别是《计》、《作战》、《谋攻》、《形》、《势》、《虚实》、《军争》、《九变》、《行军》、《地形》、《九地》、《火攻》、《用间》。包括战争观念、战略思想、战术思想、治军思想四个层面，内容博大精深，逻辑缜密，是我国古代军事思想中的传世瑰宝。

• **传世价值**：《孙子兵法》的作战方式虽已不适用于现代战争，但其思想却渗透到现代军事、经济、政治、生活等方方面面。《孙子兵法》作为一本兵书，研究的是人，是斗争的哲学。“兵者，诡道也”，战争充满狡诈，而诡诈并不限于战争，在人类社会中，要想生存，也必须懂得其中的谋略。

第一章

策略为先，谋定而后思动

多算、精算，握紧人生主动权

【智谋原典】

夫未战而庙算胜者，得算多也；未战而庙算不胜者，得算少也。多算胜，少算不胜，而况于无算乎！吾以此观之，胜负见矣。

——《孙子兵法·计篇》

【译文】

在交战之前，如果经过周密筹划，就有较大把握获胜；如果事先考虑不周，获胜的把握就很小。计划周密就能取胜，推算不严谨就不能取胜，更何况根本不筹划呢？我根据这些来观察，就可以判定胜负了。

用兵讲究深谋远虑，事先筹划。《孙子兵法》开篇之计，就讲到了多算胜，少算不胜的重要性。想有一番作为的人，做事时一定要有远见，有全盘筹划的能力。深谋远虑才能占据优势，才能获得长远的利益。

汉高祖刘邦建立汉朝后不久，淮南王英布兴兵反叛。

汉高祖问薛公："英布能征善战，我亲率大军前去平叛，你认为胜败如何？"

薛公回答："陛下一定会取胜。英布反叛后，知道陛下肯定会去讨伐他，所以他会从三种可能的决策中选择其一来应对。"

汉高祖道："请你具体讲讲。"

薛公说："东取吴，西取楚，北并齐鲁，将燕赵纳入自己的势力范围，然后固守自己的封地以待陛下。这样，陛下也奈何不了他，这是上策。"

汉高祖又问："第二种对策呢？"

薛公说："东取吴，西取楚，夺取韩、魏保住粮食，以重兵守卫成皋，断绝入关之路。这样的话，陛下与他难决胜负。这是中策。"

汉高祖说："那么下策是什么呢？"

薛公说："东取吴，西取下蔡，将重兵置于淮南。我料到英布必用此策，所以陛下只要长驱直入，定能大获全胜。"

汉高祖又问道："你是怎么知道英布必用下策呢？"

薛公道："英布本是一个刑徒，虽有勇但无谋，鼠目寸光。只知道为眼前的利益考虑，所以我想他一定会选用此策。"

于是，当年十月，刘邦亲率大军挥师急进，英布果真选了薛公所说的下策，结果刘邦大军杀得英布落荒而逃。英布逃到江南后，被长沙王吴芮的儿子设计杀死，叛乱最终被平定了。

刘邦能平定叛乱，凭借的是运筹帷幄，考虑到了多种情况；英布最终落败，就败在不知精心谋划上。善于谋算者，就能把握先机，掌握主动。

用兵作战讲究"庙算"，在日常生活以及商业竞争中，把目光放远，事前充分谋划，也是十分重要的。春秋时期的商人就已经懂得了"旱则资舟，水则资车"的原则，即在天气大旱的时候，即使江河断流，也不要一哄而上去做车子的生意，而是要投资于舟船的买卖。同理，发生水患时，也不要急着做舟船的生意，而应着手做车子的经营。其实说白了，就是做事要有个前瞻性，要对事物今后的发展状况进行全面合理的分析，并提前想好对策，而绝对不能目光短浅，因小失大。

正如一位作家所说："人生如下棋，深谋远虑者胜。"只要多算、精算、算在人先，就能占据主动，明确目标，有信心去迎接挑战。

总之，有谋略，有远见，深刻认识到事先筹划在成功中的重要地位和作用，谋得深，虑得远，才会获得更多成就和更长远的利益，才能拥有成功的人生。

因敌制胜，看对象制定最佳对策

【智谋原典】

水因地而制流，兵因敌而制胜。故兵无常势，水无常形。能因敌变化而取胜者，谓之神。

——《孙子兵法·虚实篇》

【译文】

水根据地势来决定流向，军队根据敌情来采取制胜的方略。所以用兵作战没有一成不变的态势，正如流水没有固定的形状和去向，能够根据敌情的变化而取胜的，就是用兵如神。

世间的一切事物都是在不断发展变化的。

不论是生活中，还是战场上，制定任何策略、措施，都不可一成不变，必须根据瞬息万变的形势和面对对象的不同而变化。墨守成规、按图索骥，只能被失败的汪洋大海所淹没。

春秋时期，戎狄人经常侵扰晋国的北部地区。晋平公十七年（公元前541年），荀吴奉晋侯之命讨伐戎狄。可部队一到戎狄境地，就吃尽了苦头。那里沟壑交错，道路崎岖，众多战车和士兵拥挤在一起，稍不留神，战车就会翻进山沟。

戎狄士兵熟悉地形，凶猛强悍，越沟跳涧，如履平地。转眼之间，就跑得无影无踪，晋军只有被动挨打的份儿。

荀吴根据这一情况，新组建了战车，减少跟车的士兵。再同戎狄人交战时，果然胜了。可是戎狄人战败后，退守山林，晋军兵车进不去，无法追击。

荀吴命大将魏舒把车兵和步兵混编在一起，五人一伍，互相配合。他还挑选机警的士兵组成突击队，互相支援。

躲在林中的戎狄人见晋兵无车无马，部队分散，不由得哈哈大笑。两军交战，晋兵假装败退，戎狄兵满不在乎地追过来。一声鼓响，晋军从三面掩杀，戎狄军队顿时乱作一团，慌忙逃命，死者无数，所剩的戎狄部族只好投降。

敌变我亦变，对手不可能按照你的思路出牌。晋军根据戎狄的实际状况，及时调整策略，从而制胜。正如孙子认为，兵无常势，水无常形，兵因敌而制胜。只有根据对手的不同情况以及变化，采取相应的对策，才能取得胜利。

这一原则强调灵活运用兵力和变化战术的问题，在企业经营管理中，也是十分重要的。企业要依据市场态势和竞争对手情况的变化，灵活地制订经营计划。

一家工厂以出口烟灰缸而闻名。有一段时间，该厂生产的烟灰缸突然滞销。于是该厂派人赴国外考察，很快找出滞销的原因。

原来，国外正在流行使用壁挂电扇，该厂生产的烟灰缸缸底过浅，烟灰经常被电风扇吹出来，到处飘散。

工厂针对这种情况，立即生产了一种缸底深、容积大的烟灰缸。投放市场后，销量很好。

过了几年，烟灰缸再次滞销。工厂再次派人前去进行调查，很快找出了原因。由于经济的发展，许多家庭已换上了空调，而这种缸底深、容积大的烟灰缸不好清洗，因此不愿意继续使用。

该厂又及时地推出了一种容易清洗的烟灰缸，投放市场后，备受青睐。

这家工厂生产的烟灰缸之所以能够保持良好的销售状况，就是因为每一次开发新产品，都能紧紧跟随用户需求，制定最佳生产策略，因而能够很快把滞销变为

畅销。

人们在相互交往中，也可以灵活使用因敌制胜的原则。如果对一个人不了解，彼此在感情上就会有距离，谈话不知选择什么话题，办事不知采用什么方式等等。但如果了解了对方的脾气、信仰、习惯，一切就大不一样了。

要洞察话题之中蕴藏的深层心理特征，首先应从话题的内容去了解对方内心。其次，从话题展开的方式去探索真意所在。并且要二者兼顾，这样你就可以有针对性地选取方法去应对，让事情进展得更为顺利。

攻其不备，出奇制胜

【智谋原典】

攻其不备，出其不意。此兵家之胜，不可先传也。

——《孙子兵法·计篇》

【译文】

要在敌人没有防备的时候发起进攻，在敌人没有料到的时机采取行动。这是军事取胜的奥妙，需灵活运用，不可事先做硬性的规定。

有对手就会有战争，有战争就会有阴谋诡计。孙子主张作战时行动要快，出其不意、攻其不备，专挑对手想不到的方式、想不到的时间，专找他不留神的时候狠狠下手。如此，才能更容易地取得最后的胜利。

李愬雪夜袭取蔡州，擒获吴元济之役，就是一个典型范例。

蔡州自唐德宗时期形成割据政权，后来由刺史吴元济掌权，危及朝廷。朝廷任命李愬为节度使，讨伐吴元济。

一天深夜，风雪大作。李愬决定偷袭蔡州。唐军强行军三十多公里，终于抵达蔡州。

为了不让敌军察觉，李愬命人拿棍棒去赶城下鹅鸭池的鹅鸭。只听得一阵呱呱地乱叫，掩盖人马的声音。

四更时分，李愬军到达蔡州城下，守城者仍未发觉。唐军士兵登上外城城头，杀死熟睡中的守门卫士，只留下巡夜者，让他们照常报更，以免惊动敌人。然后便打开城门，迎大军入城。鸡鸣时分，雪停了，李愬的部队已经进到了吴元济的外宅。

此时有人觉察情况不对，便报告吴元济。吴元济高卧不起，笑着说："这一定是囚犯在闹事，天亮了再收拾他们。"

不一会儿，又有人报告说：“城门已经被官军打开了！”吴元济仍然不以为然地说：“大概是守军子弟来找我们讨寒衣了！”直到听到唐军的传令声，吴元济才害怕起来，带了几个亲信登上牙城负隅顽抗。

唐军攻打牙城，黄昏时分，城门坏了，吴元济举白旗投降。

《孙子兵法》“诡道”的精髓，就在于运用意想不到的方式，在对手还没有进行防备时，实施突然打击，使对手在慌乱中作出更多错误判断，导致接连的失败。这样，我方才能出奇制胜，取得重大的战果。

“出其不意，攻其不备”不仅适用于战争中，在我们平时生活中，如果运用得当，一样可以收到奇效。这一策略的核心就在于“奇”，要利用对手的思维惯性的弱点，打破常规，不遵循常识和常理，达到自己的目的。

有一次，法院开庭审理一件保险赔偿案。

原告声称，他的肩膀被掉下来的升降机轴打伤，导致他的右臂至今仍抬不起来，因而要求保险公司给予巨额赔偿。

保险公司明知他是在敲诈，可是这人态度强硬，拒绝了庭外调解的提议，坚持要求上法庭解决。

保险公司只好聘请了一位著名的律师为公司辩护。律师仔细地分析了案情，观察了原告，很快就看出了破绽。

但他并没有直接点破，而是问原告：“能否给我们看看你的手臂现在能举多高?”原告表现出非常吃力的样子，缓缓地将手臂举到齐耳的高度，并表示不能再举高了。

律师又问：“那么在受伤以前你能举多高呢?”

话音刚落，原告不由自主地一下将手臂举过了头顶。这一下，不仅法庭中的旁听者哄堂大笑，连原告自己也为露出破绽而脸红了。

这位聪明的律师就是因为巧妙利用了原告的疏忽，在原告意想不到的情况下，把握时机，让他自己露出马脚。

使用这一招，要切记行动前不能打草惊蛇，轻举妄动。而是要尽量制造假象，迷惑对方，还要沉住气，静观其变，该出手时就出手。否则，如果对方发现了一些蛛丝马迹，那么你所有的努力都将前功尽弃。

不存侥幸心理，有备才能无患

【智谋原典】

用兵之法，无恃其不来，恃吾有以待之；无恃其不攻，恃吾有所不可攻也。

——《孙子兵法·九变篇》

【译文】

用兵的原则是：不抱敌人不会来的侥幸心理，而要依赖于我方的充分准备，严阵以待；不抱敌人不会攻击的侥幸心理，而要依靠我方坚不可摧的防御力。

现实生活中，充满了各种变故，如果不提前做好充分准备，想好对策，那么，就有可能会被突如其来的打击摧毁，落到山穷水尽的地步。

元世祖时，宗室乃颜意图反叛，元世祖便派大臣伯颜前去探看。伯颜一向足智多谋，出发前，他料定此行一定凶多吉少，便购买了许多皮衣装在车上。

到了辽东境内，每当进入沿途驿站歇息时，伯颜就把带来的皮衣慷慨地赠给驿站的官吏，博得他们的好感，相处得也很融洽。

到达乃颜驻地后，乃颜设宴款待伯颜一行，为他们接风洗尘，实际上却想伺机扣押伯颜。席间，伯颜大义凛然地斥责乃颜图谋叛变，大逆不道。乃颜假意奉承，暗中命手下捉拿伯颜。伯颜假借酒酣之际脱身，马上安排自己的随从分作三路逃离。

由于沿途各驿站早就受到了伯颜的恩惠，当他们出逃时，每到一处，驿站的官吏就献上快马供他们换乘，帮助伯颜一行人顺利地逃了出来。

可见，凡事预则立，不预则废。伯颜正是由于在来的时候就跟驿站的官吏搞好了关系，为自己留出了退路，才在危急关头得以平安出逃，使自己和随从性命无忧。

而在实际生活中，不仅是要多留后路，还要从更深层次精心谋划，根据复杂多变的形势，设计多种预案和应对之策，以备不时之需。

具体来讲，包括两个要点。

第一，要在统筹全局、认真分析的基础上，根据不同情况、不同环境、不同对手以及敌我双方力量对比，制定出多种相适应的方案。

第二，要根据形势变化，采用虚实结合等手段，灵活应对突发变故，选择合适的方案。

上世纪70年代初，一家公司生产的摩托车在美国市场上走俏时，总经理却突然提出了东南亚经营战略，打算开发东南亚市场。

此时，该公司摩托车在欧美市场形势一片大好，东南亚则因经济刚刚起步，摩托车消费状况并不被人看好。因此，公司大部分人都对总经理的决策感到不解。

总经理向人们解释道："美国经济即将进入新一轮的衰败，把全部精力都放在美国市场，一旦稍有不测，我们就会损失惨重。而东南亚经济已经开始起飞，摩托车市场的巨大潜力很快就能显现。只有未雨绸缪，有备无患，我们才能抓住最好的时机。"

果然不久之后，美国经济急转直下，许多产品大量滞销，而东南亚市场上，摩托车却开始畅销。该公司由于提前一年已经开始实施品牌经营战略，所以产品投入后迅速占领了市场。

在很多企业亏损、倒闭的情况下，该公司未受分毫损失，反而创造了销售额的历史新高。

未雨绸缪，预先"留一手"，可以有效地化解和抵御风险。不论是在事业的巅峰还是低谷，都要牢记有备无患的策略，这样才能在危机来临时，迅速为自己开拓出新的光明之路。

第二章
虚实相间，牵着对方鼻子走

谋不外泄，迷惑对方以求胜算

【智谋原典】

兵者，诡道也。故能而示之不能，用而示之不用，近而示之远，远而示之近。

——《孙子兵法·计篇》

【译文】

用兵打仗，是一种诡诈的行为，所以能打时要装作不能打，想打时要装作不愿打，想从近处攻击对方时要假装从远处攻打，想从远处攻击时就要装作攻打近处。

战争中，诈术运用得好，往往能够更快、更容易地取得胜利。因此，聪明的统帅往往会通过制造假象，混淆对手视听，扰乱其心智，使其放松对自己的防备，从而抓住有利时机，达到克敌制胜的目的。

李牧是战国末年赵国名将，长期驻守北疆，抵御匈奴入侵。

他制定了严格的制度，要求在匈奴骑兵来犯时，所有兵士都要迅速进堡自守，谁敢迎战，立即斩首。

于是，匈奴每次来进攻，都会吃闭门羹，只能无功而返。过了几年，匈奴认为赵国兵弱，将领胆小，不敢出战，也就不把李牧放在眼里了。

时间久了，驻守边境的兵士也以为李牧胆怯。赵王听说后很生气，撤了李牧的职，另派将领守边。

每当匈奴来犯时，守将就率兵出战，结果屡次战败，损失惨重。无奈之下，赵王只好让李牧官复原职。

李牧回到了边疆后，一切照旧。渐渐地，匈奴越来越骄傲自得，完全没有了戒心。但李牧并没有放松军队的操练，不久之后，军队就兵强马壮，士兵都希望尽快和匈奴决一死战。李牧认为时机成熟了，准备发起攻击。他令出战的士兵佯装败退，匈奴兵自傲轻敌，率大军长驱直入。李牧摆出奇阵，包抄合围，使得匈奴的十万骑兵全军覆没。

通常情况下，两军对垒时，双方都想显示自己军队的威武雄壮，都不愿意能而示之不能，以免敌人轻视自己。但有些情况下，将领就不能贪慕一时虚荣，而是要善于示弱，方能在战斗中从容取胜。

李牧就深谙这一计谋。他拥有精兵强将，却从不轻易出兵作战，而是故意装作兵力不强、胆怯懦弱的样子，让敌人自满轻敌，放松警惕。然后才乘机出动精锐部队，大破敌军。

也许很多人会认为，弱者更爱耍诈，而强者是不需要的，因为倚仗着兵多力足，用不着什么阴谋诡计。可实际上，强势的一方有时候更要运用诡计。因为处在焦点之中，容易受到更多关注，当然麻烦也会更多。如果能而示之不能，用而示之不用，避开一些分散精力的事务，养精蓄锐，反而能够让自己更稳妥地图谋发展。

有一个叫刘干的人，大学毕业后，被分到了一家研究所，从事标准化文献的分类编目工作。他认为自己是学这个专业的，比同事懂得多，所以信心十足，想要在自己的岗位上干出一番惊天动地的事业来。

刚上班时，领导对他摆出一副“洗耳恭听”的虚心姿态，这让他受宠若惊，觉得无论如何都不能辜负领导对他的殷殷期望。他头脑灵活，喜欢思考，很快就发现了研究所里存在的一些弊端。他冥思苦想，没几天便发表了不少意见，每次得到的答复总是：“你的意见很好，我会在下次会议上提出来让大家讨论。”可结果呢？不但没有一点儿改变，他反倒成了一个闲置的“花瓶”，一年中，领导竟没有给他安排什么具体工作。

他很不满，对领导的平庸和懦弱也很不服气，在一次全体大会上，他建议实行竞争上岗的制度，能者上、庸者下。会议结束后，他突然发现，自己变成了一个处处惹人嫌的主儿。后来，一位同事悄悄对他说：“我当初也同你一样，你还是换个单位吧，在这儿你别想有出息，你把所有人都得罪了。”于是，一段时间后，他调走了。走时，领导拍着他的肩头，说：“太可惜了！我真不想让你走，我还准备培养你当我的接班人哪！”刘干捉摸不透“太可惜”三个字的意思是什么，想来肯定含有“不该锋芒毕露”的意思。

没有人不想出人头地，每个人都有自己的“野心”，但是切忌太过外露。只有当你将自己深深隐藏起来的时候，才能够达到迷惑对方的目的，才能减少各种人为的阻力，成功才更容易些。我们都应该学会这样的生存方略。对手当前，立刻冲上去硬拼，并不一定有把握获胜。相反的，如果能故意隐藏自己的实力和意图，暴露

一些弱点，转移对手的注意力，也不失为一种有效的策略。

同样的，企业生存要靠竞争。面对无所不在的对手，无孔不入的商业间谍，企业有时也不能不学会“藏锋”，否则自己让竞争对手看得一清二楚，那就会落得“人为刀俎，我为鱼肉”，任人宰割的下场。

因此，大家在为人处世时，如果谋不外泄，志不哗众，就会让你的竞争对手因暂时的强势而得意忘形，对你随后的反击则毫无招架之力。积水不流，为的是今后打开闸门，一泻千里，等待最后一举成功。

弱而示之强，虚张声势

【智谋原典】

凡战者，以正合，以奇胜。

——《孙子兵法·势篇》

【译文】

作战时，要讲究谋略，以正面部队作正面交战，再用奇兵奇谋以达到混淆敌军视听，出奇制胜的目的。

谋略，既是实力的对抗，也是智慧的较量，往往是虚虚实实，真假难辨。

虚张声势是两军作战常见的计策。在力量弱小的时候，可以故意制造假象，使对方误认为自己强大，用显示威力的方式来震慑敌人。

虞诩是东汉名将。有一年，羌人叛乱，虞诩奉命出征。

羌人有一万多，而虞诩的部队只有三千人。于是，虞诩命令将士们做饭时，每人挖两个灶坑，以后每人每天再增挖两个。羌人见灶坑天天增加，以为汉军有了援军，便不敢逼近他们。

后来，羌人包围了赤亭城，他们看到不同服饰不同兵种的汉军，从各个城门出出进进，以为汉军有很多人马。其实，这些士兵是同一批人，虞诩让他们不断更换衣服以迷惑羌人。

就这样，一万多强悍的羌人被三千多汉军吓到了。

虞诩估计羌人要退兵，就在敌人撤退的必经道路上设伏。后来，羌人果然逃走，汉军伏兵突起，大获全胜。

虞诩的用兵之道，充分显示了这条“以弱胜强，出奇制胜”法则的重要性。其要点就在于条件不够时，故意声称已经具备；力量不足时，却故意显示声威。以此来达到长自己威风、灭敌人的志气的效果。

确实，本来是怯弱的，却示之强大，这样可以使对方不敢轻视自己，而且在不明实情的情况下，对方无法确定合适的策略，而我们则可以趁机发起攻击。

军事上讲究运用虚虚实实的策略，商场上利用这一点的攻心战也比比皆是。

陈先生最近新开了一家商会。

一天，他收到了一封信，是商人刘先生写来的，他在当地最著名的西村豪华饭店设宴，邀请陈先生赴宴。当晚，陈先生受到了刘先生的热情款待，不免有些飘飘然。

酒宴进行中，刘先生提出了自己的要求，希望通过商会购买煤炭，出售给一家零售店，自己只要一点佣金就好。没等陈先生开口，刘先生就叫来女招待，请她帮忙买些当地特产的煎饼。他从怀里掏出一叠大面额钞票，随手交给女招待，并从中抽出几张作为小费。

陈先生暗暗吃惊，眼前的这一切令他感觉到刘先生是一个财大气粗的富商。于是，他便决定与其合作，当晚就签下了合同。

而事实上，当晚宴结束后，刘先生马上赶到车站，搭末班车回家去了。

从那以后，刘先生就从陈先生的商会得到煤炭，再转卖其他商家，从中获利。刘先生利用精心设计好的种种细节，显示自己的雄厚实力，掩盖了自己没有太多资金的事实，从而达到了自己的目的。

击其劣势，用石头碰鸡蛋

【智谋原典】

夫兵形象水，水之形，避高而趋下；兵之形，避实而击虚。

——《孙子兵法·虚实篇》

【译文】

用兵之法就像流水一样，水流动时是避开高处的障碍向下流，而用兵的关键是避开力量强大、防守严密的敌人，从而专攻其薄弱环节。

世上没有永远的弱者，也没有永远的强者。

《水浒传》中的李逵，勇猛无敌，但他有个弱点是不识水性，所以被张顺诱入水中之后，就成了任人摆布的俘虏。楚汉之争时，陈平正是利用了项羽狂傲自大、猜疑心强的弱点，除掉了他最重要的谋士范增。

面对强敌时，与对手硬拼是不明智的，必须抓住对方的弱点，以己之长，攻敌之短，为自己赢得命运的转机。

在大海中，一群沙丁鱼游过，鲸鱼们急忙冲去。沙丁鱼急逃，鲸鱼猛追。

游到了前面的海湾，沙丁鱼顺着金黄色的沙滩奔逃，而鲸鱼则渐渐被困，失去了威力。

第二天，人们在海滩上看到许多条死亡的鲸鱼，一时众说纷纭。

最后，专家指出了鲸鱼死亡的原因："是那些小鱼把鲸鱼引向了死亡，鲸鱼为小利而暴死，空耗了自己巨大的力量。"

沙丁鱼和庞大的鲸鱼相比太弱小了，如果做正面对抗，只有死路一条。可是它会利用自己的优势——同时也是鲸鱼的弱势，把鲸鱼由深海引向海滩，致使鲸鱼葬送了自己的性命。

人人都有弱点，你要学会如何运用自身的优势，打击对方的疏漏之处。无论面对的对手是实力雄厚，还是实力弱小，巧妙地运用一些技巧，就可以事半功倍，收到极佳的效果。

"抓刀要抓刀柄，制人要拿把柄。"智者在对手身上发现了弱点，从不会轻易放过，而会用其弱点，"拿住"他为己所用。

汉代的朱博本是一介武将，后来调任左冯翊地方文官。他就是利用这样一些巧妙的手段，制伏了地方上的恶势力，被人们传为美谈。

在长陵一带，有个大户人家出身的名叫尚方禁的人，年轻时曾强奸别人家的妻子，被人家用刀砍伤了面颊。如此恶棍，本应重重惩治，只因他贿赂了官府的功曹，而没有被革职查办，最后还被调升为守尉。

朱博上任后，有人向他告发了此事。朱博觉得岂有此理！就找了个借口召见尚方禁。尚方禁见新任长官突然召见，心中七上八下没个底，也只好硬着头皮来见朱博。朱博仔细看尚方禁的脸，果然发现有疤痕。于是他就让左右退开，假装十分关心的样子问尚方禁："你这脸上的伤痕是怎么搞的呀？"

尚方禁做贼心虚，知道朱博已经了解了他的情况，心想这下肯定完蛋了。就像小鸡啄米似的接连给朱博叩头，嘴里不停地说道："小人有罪，小人有罪。"

"既然知道自己有罪，那就原原本本地给我讲来！"

"是，是。"尚方禁如实地讲了事情的经过。朱博将自己听到的与之相比较，觉得大致差不离。他严厉地逼视着尚方禁，吓得尚方禁头也不敢抬，只是一个劲地哀求道："请大人恕罪，小人今后再也不干那种伤天害理的事了。"此后，尚方禁就忠心地为朱博干起事来，而且特别地卖命。

事实证明，在对手的软肋处进行攻击，获得的效果要比正面迎击好得多。这就好比用石头砸鸡蛋，既省力又有效。

需要注意的是，一个人真正的弱项是不会轻易显现的，要想把对手的底细摸清楚，就需要细心地调查琢磨。弄清楚了他们的虚实，在要害处轻轻一击，就能轻松达到自己的目的。

以迂为直，以退为进

【智谋原典】

军争之难者，以迂为直，以患为利。故迂其途而诱之以利，后人发，先人至，此知迂直之计者也。

——《孙子兵法·军争篇》

【译文】

争夺制胜的先机之所以困难，是因为要把迂远的道路变为直路，把不利变成有利。所以选择迂回的进攻路线，以小利引诱敌人，后发制人，这就是懂得以迂为直的计谋了。

做人应谋全局，知进退，这样才能避免马嘉鱼的命运。

大海里有一种马嘉鱼，肉质鲜美，为人所爱。但它们总是潜藏于深海之中，不易捕捉。唯有春夏两季生产幼鱼时，才会随着潮水浮现于水面，是渔人捕捉的好机会。

马嘉鱼行动敏捷，只要有一点风吹草动，就会立刻逃之夭夭。但它们有个致命的弱点，便是不知进退。

渔人充分利用了这一点，捕鱼时，先将它们赶往一面渔网中，而它们一旦碰到渔网，就朝着网里前行，越陷越深，越陷越恼怒、焦躁。于是鳃也张开了，鳍也展开了。

就这样，它被挂在渔网的网眼上，无法挣脱，只能束手就擒，成为人们餐桌上的美餐。

具有远见卓识的人，往往能够知人所未知，不被暂时的局部现象束缚。他们可以根据事物发展的趋势，适当调整自己的行为，该进则进，该退则退，该转弯时就转弯，通过迂回的途径达到目的。

老虎在进攻前，身子压得越低，起跳得也会越迅速猛烈。出拳时，要先把手臂尽可能地往后收，才能让拳头发出最大的力道。

同样的，懂得生活智慧的人，并不是在任何时间、任何地点，都一味地争强好胜。在必要的时候，退后一步，以迂为直，养精蓄锐，以待时机。这不但是暂时的生存策略，也是为今后更进一步而奠定基础。

有一位计算机专业的博士生，专业能力很强，可是因为不善于言谈，毕业后到人才市场上求职，总是不成功。

后来，他索性不再出示自己的学历证书。不久，就被一家公司聘为程序输入员。这份工作对他来说当然是大材小用了，可他仍干得非常认真。

后来，老板发现他能看出程序中的错误，非一般的程序输入员能力之所及，细问之下，他拿出了学士证书，老板便给他换了个与大学毕业生能力相符的工作。

一段时间后，老板又发现他经常能提出许多独到的见解，这时，他又拿出了硕士证书。于是老板提升了他。

又过了一段时间，老板开始主动向他咨询一些事情，因为他总能提出很有价值的建议。在一次交谈中，他才提到自己是一名博士生。这时，老板对他的工作能力已经非常赏识，因此毫不犹豫地提拔了他。

以迂为直的韬略，已经在人们的生活中被广泛应用，上例中这名博士，就是通过走间接路线，最终曲折地实现了求职、升职的目的。

孙子说："先知迂直之计者胜。"从常识上看来，直径近，曲径远。但是，在实际生活中，远和近并不是一对简单的物理概念，而是心理概念、思维概念。迂回渐进，往往才是真正的捷径，才能达到事半功倍的效果。

以退为进、以迂为直都是兵法中较高的境界，正如英国军事理论家利德尔·哈特说的："最曲折的战略道路通常是达到目的的最短途径。"

"退"和"迂"，都是手段，而不是目的。变换一个角度，改变一下方向，变不利为有利，最终都是为了保存实力，获得更大的前进空间，加快实现自己的目的。

第三章
以变制变，而不受制于变

 奇正相生，在变化中立于不败之地

【智谋原典】

战势不过奇正，奇正之变，不可胜穷也。奇正相生，如循环之无端，孰能穷之？

——《孙子兵法·势篇》

【译文】

战争中兵力的运用，不过是“奇”、“正”这两种类别，而“奇”、“正”之间的变化，却是无穷无尽的。“奇”与“正”的相互转化，就像圆环一样没有起点与终点，谁又能穷尽它呢？

了解乌龟习性的人都知道，当你开始抓乌龟头，它便立刻将头和爪子全缩进了壳内装死，几分钟后才慢慢将头伸出来张望，等人走了，它才敢爬动起来。与之类似，还有兔子蹬鹰的故事。鹰的眼睛锐利，在高空中便能看清地面上的兔子，而此时兔子并不慌忙，它只是顺势打个滚，装作死去，鹰一个俯冲下来，本想这下可抓住兔子了，可是奇迹发生了，当鹰到达地面，伸开双爪时，兔子却一跃而起，用双腿猛蹬鹰的胸肚部位，终于鹰悲鸣几声，带着伤逃离了地面。

以上虽然都是发生在动物界里的普通故事，但在人性的丛林中，这一法则也同样适用。当我们处于强势一方，一般是采用常规方法，用“正面进攻”来战胜对手，解决问题，这就是“正”。但是，当对手明显比我们强大时，“正面进攻”则胜算渺茫。这时，采用乌龟和兔子的策略，隐藏自己的锋芒，表面上顺应对方，实际上暗中筹划，等待时机，这就是“奇”。在危机之中，往往出奇才能制胜，才能转变不利的局面，赢得生机与胜算。

“书圣”王羲之的伯父王敦曾任大将军，掌管东晋的兵马大权。王敦野心很大，

常和他的谋士钱凤一起商讨篡权之事。

一天早晨，钱凤向王敦汇报“谋反”的相关机密。王敦听了钱凤带来的情报，正要开口说话，突然想起侄儿王羲之还在隔壁的床上睡觉。为防止计划泄漏，王敦与钱凤商量之后，决定杀了王羲之。

王敦提着宝剑来到王羲之床前，他撩起帐子，看见王羲之睡得正香甜，对他的到来毫无反应，似乎完全没有醒来的痕迹。王敦庆幸自己的密谋并没有被侄儿听去，于是打消了杀王羲之的念头。

其实，王羲之早就醒来，并且在无意中偷听到了伯父与钱凤的话，他很快意识到了自己的处境非常危险，但此时正面冲突毫无胜算，逃跑也来不及。既然“正”是行不通的，那么就只有出“奇”。于是，他用装睡来骗过王敦，打消了王敦灭口的动机，从而巧妙脱险。

从王羲之的巧妙脱险中，我们不难看出，所谓奇招，不过是他人没有想到的正解，这就是“奇”向“正”的转化。而“正”也可以转变为“奇”，当一个看似常规的方案隐藏着其真正目的的时候，就成为反败为胜的神奇策略。

有一家旅馆，生意很一般。旅馆的经理把旅馆边的一块空地买了下来，想建个花园，以此来吸引客人。但是，以旅馆当时的收入，根本无法建一个漂亮的花园。经理想了一个办法，他告诉每个来住宿的客人，只要付30元，就能在旅馆旁的空地上种一棵“纪念树”，还能在树旁立一块木牌，写上植树者的姓名和植树日期。

这个做法起到了非常好的效果。旅客们不仅乐于种植纪念树，而且还对这家旅馆留下了很好的印象，很多旅客表示今后会回来看自己种的树。对于旅馆来说，这一做法不仅省下了建花园的钱，而且也起到了比单纯靠花园来吸引客人更好的广告效应。

可见，奇正的运用，关键在于看清形势，用变化的思想来应对变化，就能化被动为主动。很多时候，我们只要恰当地运用奇思妙招，就能使那些用常规方法无法解决的问题迎刃而解。

伺机而动，化不利为有利

【智谋原典】

故兵以诈立，以利动，以分和为变者也。故其疾如风，其徐如林，侵掠如火，不动如山，难知如阴，动如雷震。

——《孙子兵法·军争篇》

【译文】

所以，用兵是以令敌人无法预料而取胜，以形成有利形势为行动方针，以兵力的分散和集中为变换战术的手段。所以，快速行军时，应该像疾风一样急骤；缓慢行军时，应该像森林一样整齐；发动进攻时，应该像烈火一样迅猛；防御坚守时，应该像山岳一样稳定；隐蔽时，应该像浓云蔽日一样令敌人难以预测；行动时，应该像雷霆万钧一样令敌人无法回避。

关于速战的论述，在《孙子兵法》中曾出现多次，像“兵之情主速”，“兵闻拙速，未闻巧之久也”等，都是强调要速战速胜。速度的重要性在于抓住时机，在适当的时候比对手快一步。湍急的水流能把巨石冲走，靠的是速度；飞鹰盘旋直下捕杀猎物，靠的也是速度。凡是在战争中，发现战机但犹豫不决的，就会受制于人；而那些抢占先机出手敏捷的，则可以置对手于死地。

战国时代，赵国有位叫赵奢的名将。有一次，秦国出兵包围了赵国的阏与，赵奢奉命去解围。当时，秦军兵力充沛，难以正面击退，而且赵国都城邯郸距离阏与较远，等赵奢到达阏与时，秦军肯定早有准备，以逸待劳，更对赵军不利。

赵奢对这些不利的情况当然清楚，却依然领命前往救援。他率军离开邯郸 30 里时，突然下令扎营坚守。无论敌人如何进军挑战，下属如何进言请战，赵奢都不为所动，而是不断加固防御工事。

秦军见赵奢一直按兵不动，以为他是害怕秦军势大，不敢离开都城太远，也就放松了对赵奢的警惕，转而继续集中兵力包围阏与。

赵奢坚守了一个月左右，突然拔营而起，日夜急行军，不到三天就赶到了阏与附近，并迅速占领了阏与北部的高地。秦军发现赵军突然到来，急忙迎击，但已失去获得地利的时机，多次进攻，都无法攻下高地。赵奢击退秦军进攻之后，不给对方喘息之机，立刻发动总攻，一举击溃秦军，顺利化解了阏与之围。

赵奢在阏与之战中，充分体现出了速战的精髓。显然，速战并不仅仅意味着行动迅速，而是在适当的时候迅速出击，从不利的状况中抓住胜利的关键，从而反败为胜。

数字时代，一切都在加速进行，各种事情犹如从高坡滚落的巨石，愈滚愈快，在这个快速变化发展的时代，盲目求快的结果往往是跟在时代的背后疲于奔命，而聪明的人懂得看准时机，在时机到来之前先做好准备，时机一到，就能全速冲刺，先人一步。

改革开放之初，天津市想从国外引进摩托车生产技术，正好当时德国有一家知名的摩托车生产厂家宣告破产。天津市政府得知这一消息，一方面将收购的意愿告知该厂，一方面立即组织了一个专家考察团，准备赴德国与该厂商谈。

可是，就在考察团在进行准备工作的时候，一名伊朗商人抢先与德国摩托车厂签署了收购合同。不过，伊朗方面并未在签合同的当日付款，而是把付款期限定在三天后，如果款额逾期未到账，则合同失效。

天津市领导经过全面的分析，作出决定，让考察团提前出国，到德国之后，再根据伊朗方面合同是否生效而见机行事。于是，考察团连夜加快进度，将原本预计15天完成的准备工作在不到12小时之内完成，并赶在伊朗方面合同付款最后期限的前一天晚上到达德国。

第二天，伊朗方面的款额未能按时到账，合同失效。得知消息之后，考察团立刻奔赴摩托车厂，经过三天紧张的谈判与考察，与德方迅速达成共识，签署了合同，成功收购了该厂。

可见，想要掌握先机，先发制人，就必须在时机面前快别人一步，先别人一分。在企业竞争中，谁对市场信息的变化更敏感，灵活决策，行动迅速，谁就能最先占据主动，满足市场需要；反之，谁反应不灵敏，行动迟缓，无法抓住转瞬即逝的机会，就难以登上市场的制高点。

将计就计，反间更具杀伤力

【智谋原典】

必索敌人之间来间我者，因而利之，导而舍之，故反间可得而用也；因是而知之，故乡间、内间可得而使也；因是而知之，故死间为诳事，可使告敌；因是而知之，故生间可使如期。

——《孙子兵法·用间篇》

【译文】

必须查出敌人派来刺探我方情报的间谍，加以利用，经过争取后再放回敌营，那样就可以加以反间利用了；通过反间，可以得到敌人的真实情况，所以反间、内间都可以为我所用了；通过死间制造虚假的情况，就可以把情况传达给敌人；通过生间可以在了解到敌方情况后，在预定的期限内，活着回来报告军情。

用兵作战本来就讲究“诡道”，所谓“兵不厌诈”。用间用谋，以迷惑敌人，敌人也一样用间用谋，迷惑自己。我们防敌人的诡诈，敌人也防我们的诡诈，恰是针锋相对，虚虚实实，以假乱真。

孙子从残酷的战争实践中，不仅认识到间谍工作的重要性，并且还对反间谍方法作了深入细致的研究。

他巧妙设计了“五间俱起”的情报间谍运用规则。用以先知敌情，迷惑敌人，误导敌人，从而随时为自己的行动提供灵敏信息，为今后的胜利奠定坚实的基础。

南宋初期，宋朝内部官员、将领有的主张与金议和，有的主张抗击金兵。其中，主战的韩世忠当时镇守扬州。

有一次，朝廷派遣两个官员去与金议和，途经扬州。韩世忠料想这二人是主和派，可能会把扬州军情泄漏给敌方。他想，既然难以消除这个隐患，不如将计就计，利用他们向敌人传递假情报。

于是，当二人到达扬州东门时，韩世忠故意派出一支部队从东门出城。二人问起部队去向，将领的回答是去防守江口。二人进城后，韩世忠又故意告诉他们朝廷下令要韩世忠去防守江口。

第二天，二人去金营议和，正如韩世忠所料，他们将韩世忠要移营守江口的消息泄露给了金军大将。金军大将听到这一消息，认为扬州空虚，正是夺取城池的好时机，便率领精锐部队前去攻打扬州。

金兵的进攻，正中韩世忠下怀。韩世忠送走两个议和官员后，马上下令召回先头部队，在扬州北面设下埋伏，等待金兵。金兵到来之时，韩世忠亲自率少量兵马诱敌，把金兵引进包围圈，然后和伏兵一起发动总攻，一举击溃了这支金兵精锐部队。

韩世忠成功运用反间之法，就是要在疑阵中再布疑阵，巧妙地利用敌人的间谍，反过来为自己所用。

中国军事史上，反间的成功范例数不胜数。周瑜利用曹操的间谍，致使曹操错杀将才；陈平用黄金反间楚军，致使范增被项羽怀疑而愤然离去；皇太极用反间计，使明朝错杀大将袁崇焕……

在当代，情报信息对一个企业来说是至关重要的，消息灵通，情报准确，就可以把握商机。孙子说，“反间可得而用也”，就是告诉我们有效的利用对手的卧底，故意泄露情报，往往能够加速成功。

一家公司为防止机密外泄，在开发新产品时，都会同时准备多组产品，密封起来，等到要上市时才公布要用的那一个。

一次甲、乙两个公司同时开发新产品。甲公司已经发现内部有乙公司的情报员，并且身居要职。于是，甲公司故意让乙公司的情报员知道机密。

果然不出所料，情报员向乙公司进行汇报。乙公司信以为真，急忙开发所谓的新产品，结果失败不说，还失去了占有市场的最佳时间。

运用反间之计，一定要精心策划，要用高超的技巧来表演，让对手难辨真假，以致落入圈套。

自古以来，有“用间”就有“反间”，它们一直是敌对双方常用的较量手段。“间”本来已经是在暗处，而反间时，用间方会暴露在明处，反间方则在暗处。可见，两种手段的斗争的确是惊心动魄又变幻莫测的，体现了使用者高度的、智慧的、非凡的胆识。

第四章

有利则行，无利则止

互惠互利，利益同盟最牢固

【智谋原典】

是故智者之虑，必杂于利害，杂于利而务可信也，杂于害而患可解也。是故屈诸侯者以害，役诸侯者以业，趋诸侯者以利。

——《孙子兵法·九变篇》

【译文】

聪明的将帅所考虑的，必然是权衡利害。考虑不利条件同时也要掌握有利因素，在考虑有利条件时也要看到不利因素，就可以消除灾祸。用不利于敌人的事情使其屈服，用复杂的事情去使敌人辛苦劳顿，以利益为钓饵引诱对方与自己联合。

没有永恒的敌人，也没有永恒的朋友，只有永恒的利益，这是亘古不变的法则。

如果想在生活事业上取得成功，实现对自己和他人都有利的双赢结局，就应该避免单打独斗。在生活的各个方面，找准与对方的利益交汇点，实现强强联合的利益联盟，要远远胜于在羊群里独领风骚。

不过，这并不是一件容易的事，双方必须可以进行利益交换，有诚实合作的意愿，有相互信任的约定。因为合作的本质就是在公平的基础上达到互惠互利，如果有任何一方想要破坏合作，就有可能从“双赢”走向“双输”。

一位成就卓绝的科学家，为了能够得到政府的研究资助，去拜访当地的政要官员。

他带着自己新发明的雏形，热情地向那位官员讲述这个划时代的发明。但官员却始终是一副漠不关心的样子。

其实，这也是理所当然的事情，毕竟那官员只是一个政客，他也无法想到若干年后这个产品将会给产业结构带来多大的改变。

但是科学家接着又说道："这个产品将来如果能普及的话，一定能够增加政府的税收。"在说完这句话后，原本态度冷淡的官员，突然变得关心起这个产品来。

很显然，官员的态度之所以突然发生巨大转变，就是听到科学家所说的，这个新发明将会获得相当大的利润，而利润增加必然使政府得到一笔很大的税收，官员关心的就在于此。

每个人都应该有过这样的经历：当你想请对方帮忙，或者想与对方合作的时候，不管怎样说服或恳求，对方总是敷衍应付，可一旦涉及他的切身利益，他就会立刻产生兴趣。

事实上，没有人愿意平白无故地帮助他人，除非双方可以进行利益交换。以对方利益为出发点，让对方看到你的可用之处，合作成功的几率将大大提高。

很多时候，商业上的灾难和危机都是同行业一起面对的。如果单靠自己的力量，则会孤掌难鸣，毁于一旦。只有通过团队的力量，来提升每个企业的竞争力，才能赢得市场的决胜权。

苏泊尔是中国炊具领导品牌，金龙鱼是中国食用油领导品牌，两者都倡导健康烹调观念。

2003 年，两家企业策划了"好油好锅，引领健康食尚"的联合推广活动，在全国 36 个城市同步举行。

同时，还联合开发了"新健康食谱"，编纂成册送给消费者，并举办健康烹调讲座，告诉大家怎样选择健康的油和锅。

此次活动，不仅给消费者更多让利，而且教给大家健康知识，提升了大家的生活质量，所以立刻获得了广泛欢迎。

不仅苏泊尔和金龙鱼的产品销售大幅上升，而且他们的健康品牌形象也深入人心。

这次强强联合的活动，使得两家企业的品牌和市场都得到了提升，这正是互惠互利的结盟所带来的共赢局面。

在现代经济中，同行业中的各个企业联系越来越紧密，有时候甚至是一荣俱荣，一损共损。因此彼此之间的竞争也不一定就是你死我活，完全可以转化为另外一种合作的形式，让整体的效率与利润得到提高。

这是一个充满竞争的世界，我们每个人的能力都非常有限，独立生存往往会艰难。因此，能够更好地与人合作的人，生存得最久，获利最多。人人都是追求利益的，但是真正聪明的人，具有前瞻性的眼光，懂得如何找到和他人的利益结合点，实现最大限度的共赢。

不光在生意场上是这样，做人做事也是如此，毕竟单个人的力量是有限的，只有与人合作，取人之长，补己之短，才能互惠互利，双方都从中获益。

少依赖朋友，多利用敌人

【智谋原典】

故善动敌者，形之，敌必从之；予之，敌必取之。以利动之，以卒待之。

——《孙子兵法·势篇》

【译文】

善于调动敌军的人，就会向他们展示真假难辨的军情，敌军必然会根据这些状况作出错误判断；给敌人一点好处，他们必然趋利而来。一面用利益诱饵调动敌人，一面再部署兵力严阵以待。

没有弄清对方的底细，决不能掏出你的心来。即便是有过相同经历的朋友，也只是拥有某一阶段的共同利益而已，并不代表此后整个人生都会有共同的目标和利益，携手并进。

所以，无论面对的是曾经多么真诚对待过自己的人，都要留个心眼，过去不能代表现在，只有冷静客观地面对，不要过于依赖朋友，才不会在不知不觉间沦为别人利用的工具。宋太祖赵匡胤的几个故事可以给我们很大的启发。

赵匡胤建立宋朝后不久，就在一次宴会上对大臣说："你们个个都是战功显赫，如果也有机会和我一样'黄袍加身'，你们不会拒绝的。倘若各位愿意交出兵权，我将给你们最好的待遇，让你们在家乡安享余生。"这些功勋卓著的将领们听了此话非常震惊，但是他们也明白功高震主将给自己带来什么样的灾难。于是，第二天，所有的将领都请求皇帝批准他们退隐还家，去过安逸的生活。

经过多年征战，南汉的刘后主终于投降。赵匡胤不但没有杀害他，反而赐予他极高的地位，并邀请他入宫喝酒。刘后主害怕赵匡胤在酒里下毒，而赵匡胤则将刘后主的酒一饮而尽，顿时赢得了刘后主的感动和敬佩之心。从此之后，刘后主成为他最信赖和最忠诚的朋友。

吴越王曾经想阴谋杀害赵匡胤，当吴越王战败时，臣子便将那些证据交给赵匡胤。吴越王前来晋见时，赵匡胤以礼待他，并交给他一封信。在回去的路上，吴越王打开信，发现里面全是他谋反的证据。赵匡胤的宽宏气度使他臣服，最后吴越国成为宋太祖最忠诚的属国。

赵匡胤很少依赖朋友，而是更多利用敌人，这正是他成就一番大业的原因。与

他一起打天下的将领和朝廷的大臣，是他作战中最亲密的朋友，可是一旦打下天下，他们的胃口会越来越大，将会成为最危险的人，所以，赵匡胤用荣华富贵换走他们手中的权力，将一群极可能会背叛他的人，变成了温驯的绵羊，从而巩固了他的帝位。而赵匡胤的敌人并没有什么过分的奢望，当他们意外地获得赦免或者恩赐时，就会感激涕零，死心塌地跟随有恩于他们的人。因此，敌人反而会成为可以信赖的朋友。

世上对权力的争夺大都如此，正所谓“飞鸟尽，良弓藏；狡兔死，走狗烹”。不要为了保持友谊而放松警惕，否则，最大的伤害将有可能来自最亲密的朋友。相反，当与对手周旋时，不要忘记宽恕的巨大作用。对朋友警惕而宽容敌人，才是最谨慎、最有效的方法。

对友情的渴望是人的天性。可是如果你以为朋友永远是朋友，那就错了。只有没有利益冲突的时候，彼此之间才能成为朋友。有心机的人，不会为曾经的共同经历所蒙蔽，一旦维持利益的环境和条件消失时，纯洁的友谊就很可能变成互相争斗甚至残杀的工具。当友谊变质的时候，密友将会变成最危险的敌人，他将给你最致命的一刀。因为在那些亲密无间的日子里，他早就掌握了你的把柄和死穴。

同时，现实世界里，我们总说“消灭敌人”、“击垮敌人”，可事实上，有时允许敌人、对手的存在，往往比消灭他们更有利，利用好敌人才能让我们更好地生存。

联想中国在商用、中小客户上的业务和戴尔一直是老对手。联想却承认自己从对手身上甚至比从合作伙伴身上学到的东西还多：联想从2003年开始就在逐渐修改销售的薪酬体系，把工资加奖金的方式改得更加趋向于业绩导向，逐渐逼近戴尔的按照毛利提成；2004年，联想取消了客户经理上班打卡的制度，给予了他们更大的自由度；随着自由度的加大，联想对销售客户拜访的监测也开始完善。后来，联想的客户经理们和戴尔的同行一样，每周要递交上周的拜访汇总，并且按照规定接受上司的直接询问……

“戴尔最值得学习的地方是对流程和客户的管理。”前者完善到一个人只要跟着流程走就能做好销售的地步，后者则成为戴尔判断市场和预测销售最好的武器。这就是联想中国所希望移植过来的戴尔基因。在企业后端的供应链和后台的销售支撑系统上，戴尔的成功之处也正在被联想所参考。

利用敌人而不是抗拒敌人，正是联想不断保持发展活力的根本原因之一。一个集团、企业尚且如此，对于我们个人来说，学会利用敌人，才能拥有永不枯竭的推进能源。

事实证明，在有竞争对手“叮咬”的时候，人往往能保持旺盛的势头，最终使自己壮大起来，加速前进。

 利而诱之，乱而取之

【智谋原典】

利而诱之，乱而取之，实而备之，强而避之，怒而挠之，卑而骄之，佚而劳之，亲而离之。

——《孙子兵法·计篇》

【译文】

对于贪利的敌人，要用小利引诱他；对于处于混乱状态的敌人，要乘机攻取他；对于力量充实的敌人，要加倍防备他；对于强大的敌人，要暂时避开他；对于易怒的敌人，要用挑逗的办法去激怒他；对于轻视我方的敌人，要使其更加骄傲；对于休整得充分的敌人，要设法使他疲劳；对于内部和睦的敌人，要设法离间他。

“天下熙熙，皆为利来；天下攘攘，皆为利往。”在利益诱惑面前，人们往往会迷失方向，丧失原则，以至于被人利用，落入陷阱之中。

孙子推崇兵以利动，权衡利害。以利诱敌，就是利用人本性中的贪婪，使敌人上当，乱其军心、乱其阵脚，进而将其一举歼灭。

“香饵之下，必有死鱼”。但是，要使你的诱饵顺利被敌人吞下，却也并非易事。必须抓住对方的弱项，才能达到目的。

春秋战国时期，楚国发兵攻打绞城。

楚王分析了当时形势，认为绞城只可智取，不可强攻。于是便想出“以利诱敌”的计策。

他命一些士兵装扮成樵夫，每天上山打柴。

绞侯马上命令手下，趁着“樵夫”背柴之际，突然袭击，果然夺得不少柴草。这样一连几天，收获确实不小。

尝到甜头的绞侯，对抓“樵夫”夺柴草的事情开始乐此不疲，绞国士兵劫夺柴草的越来越多。

楚王见敌人已经吞下诱饵，便决定迅速出击。

一天，绞国士兵像前几天一样出城劫掠，“樵夫”们故意吓得四散逃命。绞国士兵紧追不舍，不知不觉被引入楚军的伏击圈。

伏兵四起，杀声震天，绞国士兵落荒而逃，死伤无数。楚王趁机攻城，绞侯无力抵抗，只得投降。

战争就是为了夺取利益，用小利当做诱饵，将敌人引来。敌人见有利可图，必然会前来征战。此时我方暗中设伏，等他远途而来疲惫时，饥饿困乏时，军容涣散时，一举出击。敌人必将受到重创，而我方则可以轻而易举，夺取最后的胜利。

正如明代金圣叹所分析的：两军相对时，我丢弃我的粮草来诱惑敌人，敌军必然来抢，一抢必然会使得军队涣散零乱；此时我趁乱攻击敌人，必能大获全胜，而丢弃的粮草又回到我手里，等于从来都没有丢弃过一样。

商场作为不流血的战场，一样要讲究战略战术。现代经济生活中，竞争双方无不是为利而战、为利而夺。

有两家公司之间发生了一场清洁剂之战，一家实力强大，另一家较为弱小。面对那家强大的公司，弱小公司的总经理采用了一种巧妙的战术。

当实力强大的公司试销一种新的清洁喷液时，弱小公司暗暗停止了对自己公司同类产品的宣传和供货，悄悄将其撤出了市场。

强大公司的新产品，在试销时大获全胜，然而在新产品大量涌向市场时，弱小公司把他的同类产品投入市场，以极其低廉的价格销售，并且每个家庭只需购买一次，就能满足近半年的用量。

此举使得强大公司新产品的实际销售量大大下降，最后不得不从货架上撤回该产品。而弱小的公司也终于获得了最终的胜利。

面对强劲的对手，弱小的公司丢掉了暂时的小利，使得强大公司在获利的得意中，渐渐失去了市场，最终败给了小规模的公司。

手段高明的企业，既能权衡利弊，不因小利的诱惑而受到大害，不为争吃一子而丢全盘。同时，在占据主动的前提下，故意露出破绽，丢个诱饵，设个圈套，引诱对方来钻。而那些贪功近利的人，只见眼前而不顾长远，难免上当，成为“利而诱之，乱而取之”战术的牺牲品。

知己知彼，博取利益最大化

【智谋原典】

知彼知己者，百战不殆；不知彼而知己，一胜一负；不知彼不知己，每战必殆。

——《孙子兵法·谋攻篇》

【译文】

既了解自己又了解对方，作战百次都不会有失败的危险，只了解自己而不了解对

方，可能会胜利，也可能会失败，如果自己和对方都不了解，则会必败无疑。

孙武并没有说知己知彼就会百战百胜，只是说没有危险，可以势均力敌、打成平手。但是孙武很肯定地说，不了解自己也不了解对方，一定会很危险，一定会失败。

不光打仗要先获取对方的情报，作为一种生存智慧和决策决胜方略，知己知彼同样适用于社会生活的各个领域。

以获取猎物为生的狼，在每次攻击之前，都会了解猎物，观察并记住猎物许多细微的个性特征和习惯，所以狼的攻击很少会有失误。

一位富翁在草原上狩猎，经过三个昼夜的周旋，一匹狼成了他的猎物。在向导准备剥下狼皮时，富翁上前制止了他，并问："你认为这匹狼还能活吗？"

向导听了富翁的话非常惊讶，不过他什么也没说，只是点了点头。

富翁打开随身携带的通讯设备，让停在营地的直升机立即起飞，原来他想救活这匹狼。直升机载着受了重伤的狼飞走了，飞向500公里外的一家医院。

富翁坐在草地上陷入了沉思。这已不是他第一次来这里狩猎。过去，他曾捕获过无数的猎物，这些猎物在营地大多被当做美餐，当天分而食之，然而这匹狼却让他产生了"让它继续活着"的念头。

狩猎时，这匹狼被他追到一个丁字形的岔道上，正前方是迎面包抄过来的向导，他手端着一把枪，狼夹在中间。在这种情况下，狼本来可以选择从岔道逃掉，可是它为什么没有那么做呢？难道那条岔道比向导的枪口更危险吗？

面对富翁的迷惑，经验丰富的向导道出了事情的原委："狼是一种很聪明的动物，它们知道只要夺路成功，就有求生的希望；而选择没有猎枪的岔道，必定死路一条。因为那条看似平坦的路上必有陷阱，这是它们在长期与猎人的周旋中悟出来的道理。"

向导的回答使富翁惊呆了，他从不认为有任何一种动物能如此了解对手的情况，除了人，而这一切就刚刚发生在自己面前。

人类号称是最聪明的动物，但我们的周围却充满着很多缺乏自知之明的人。他们或者志大才疏、自命不凡；或者妄自菲薄、缺乏自信；或者在能力方面以己之短，搏人之长，结果事倍功半、成就寥寥；或者朝秦暮楚、见异思迁，到头来年华流逝、岁月蹉跎。其实，我们只有做到正确了解自己和对方，并有效地利用自身和环境的优势，才能在竞争中立于不败之地。要做到"知彼"，最好的方法莫过于站在对方的立场看问题。竞争中如此，交际中也是如此。

李白斗酒诗百篇，一生好入名山游。据袁枚《随园诗话补遗》记载：汪伦与李白素不相识，但他渴望能与李白见上一面，于是便写信，邀李白去泾县旅游，他在信上热情洋溢地写道："先生好游乎？此地有十里桃花，先生好饮乎？此地有万家酒店。"李白听闻有好风光，还有美酒，便欣然而往。到汪伦那里，李白见其是泾川豪士，为人热情好客，倜傥不羁，心中顿生几分好感，并问桃园酒家在哪里？汪伦答道："桃花者，潭水名也，并无桃花；万家者，店主人姓万也，并无万家酒店。"引听得李白哈哈大笑，并且逗留数日后才离开。

一位隐居的无名人士，一位狂放不羁的诗仙酒圣，就这样神奇地相聚，演绎了一段千古佳话。其实应该是汪伦聪明，了解李白的爱好，用酒来诱引李白，这位对酒当歌的大诗人，可以"天子呼来不上船"，用酒做诱饵是正中其下怀。

站在对方的立场考虑问题，你会发现，对方的所思所想、所喜所忌，都会进入你的视线中；在各种交往中，你都可以从容应对，要么伸出理解的援手，要么防范对方的恶招。事情在开始之前，你便已经占据了上风，胜券在握。

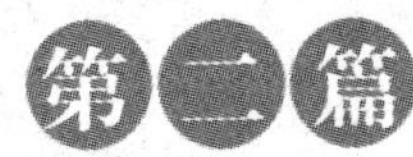

《鬼谷子》：

操三寸之舌，玩转人生棋局

经典简评

• **书名**：《鬼谷子》

• **作者简介**：鬼谷子，纵横家之祖，姓名及生卒年等不详。因在鬼谷隐居，故号鬼谷先生。著有“捭阖”之术十三章，又有阴符七术。弟子有苏秦、张仪等。

• **成书时间**：战国时期

• **内容简介**：《鬼谷子》阐述了战国时期纵横家常用的权谋策略和言谈辩论技巧。书中集中讲了五大学问，包括星象推命、养生术、说服术、经商兵法、兵谋政略，其中最具影响的就是说服术。苏秦以三寸不烂之舌，佩六国相印，显赫一时。张仪又能将六国合纵一一瓦解，也许正是得益于鬼谷子的亲传，学到了说服术的精髓。

• **传世价值**：“转丸骋其巧辞，飞箝伏其精术”，鬼谷子以其独特的纵横雄辩之八术——捭阖、反应、内揵、抵巇、飞箝、忤合、揣摩、转丸，一语道破人性弱点，教后人以三寸之舌，游刃于“百万之兵”，掌控人生大局。不过今人在阅读时，需仔细辨别其中的阴谋诡道，不可用得太过。

第五章

捭阖：考虑周全，即能左右逢源

刚柔并济，说话要把握火候

【智谋原典】

以阳求阴，苞以德也；以阴结阳，施以力也；阴阳相求，由捭阖也。此天地阴阳之道，而说人之法也。为万事之先，是谓“圆方之门户”。

——《鬼谷子·捭阖》

【译文】

用阳来探究阴，就要用德去包容；用阴去探究阳，就要施与力量。遵循阴阳之道的基本规律，阴阳相辅相成，互为其用，集中体现在捭阖之术中。这既是万事万物生成变化的法则，也是游说时应该奉行的根本原则，因此被称为“天地运行的门户”。

很多人提到“说服”，往往会认为需要苦口婆心地劝说。其实，最智慧的说服是软硬并施，刚柔并济。那些真正懂得说服的人，会在说话的过程中，细心考察要劝服的对象，并通过各种方法影响他，然后再去选择最佳的说服方式，一切就水到渠成了。

有一次，一位生物学家正在实验室里工作。突然闯进来一名男子，坚持要和他决斗，理由是生物学家诱骗了自己的妻子。此时，无辜的他并没有急于为自己辩解，也没有奋起决斗，而是沉默了一会儿，随后，他指着桌上的两只烧杯说：“按照决斗的规则，我有权选择武器。这两只烧杯，一只里面是清水，另一只里面是天花病毒。你可以先选择一杯喝下去，我再喝另一杯。”

男子面对这个难题，愣了一会儿，然后悻悻地离开了。

正是这个两难的选择，才使得生物学家最终为自己化解了一场危机，否则，不论是同意真正的决斗还是将那名男子赶走，都会导致两败俱伤的恶果。从中可以看出刚柔并济的方式在说服过程中的重要性。

在说服过程中一定要掌握火候，把握分寸。当柔则柔，当刚则刚。只有柔不能立威、只有刚也不能成事，所以需要刚柔相济或者刚中见柔、柔中藏刚。一味的柔和、软弱，就会使自己的力量被削减，以致最后失败；一味的激烈、刚强又会导致矛盾恶化，也注定要失败。

东汉桓帝时，宦官张让非常得宠，张让的弟弟张朔倚仗哥哥权势，为害一方。司隶校尉李膺亲自率领吏卒逮捕了他，并依法处斩。

张让知道后跑去向皇帝哭诉，皇帝生气地责问李膺："你眼里还有没有朕？为什么不先奏朝廷便施刑罚？"

李膺回答说："陛下经常说臣要向古代的贤人学习，我杀张朔，正是按圣谕办的。"

皇帝听了质问道："贤臣的美德是忠君顺上，你既然遵从朕意，又为何执法不从君命？"

李膺回答说："过去孔夫子做鲁国司寇，上任七日就诛少正卯。今天臣到任十天才杀张朔，还以为会因除害不速而获罪。我知道自己有罪，只求皇上再留我五天，除掉祸首，回来后甘愿服罪。"汉桓帝无以对答，只得对张让说："这是你弟弟的罪过，司隶有什么错呢？"

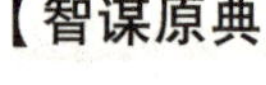

李膺的回答就很巧妙，顺着皇帝，再假装误解皇帝，其实则是为皇帝树立了一个主持正义、赏罚严明的美好形象。这一番刚柔相济，有智有勇的回答，既令皇帝消除了对自己先斩后奏这一行为的怨怒，又获得了继续惩奸除恶的机会，可谓深谙"阴阳相求，由捭阖也"的道理。

当对方怒气冲天，攻势猛烈的时候，硬碰硬往往会伤了彼此和气，也达不到劝说的目的。一张一弛，一刚一柔，刚柔并济，开合自如，才会收到最好的效果。

但要注意的是，采用刚柔并济的说服策略应该因人而异，应仔细观察、揣摩对方的性格和心理状态。对一些沉默寡言，不敢面对现实的人，应该更多使用尖锐凌厉的话语令其警醒；而对那些原本就非常强势的人，则应该注意以情动人，在推心置腹的坦诚交谈中达到说服对方的目的。

巧言"钓语"，抓住对方破绽

【智谋原典】

以无形求有声。其钓语合事，得人实也。其犹张罝网而取兽也。多张其会而司之，道合其事，彼自出之，此钓人之网也。

——《鬼谷子·反应》

【译文】

我们要学会以无形的象征或比喻来求得胜过有声言辞的效果，就像用钓饵钓鱼一样，引诱别人说出自己的真实想法。这又像多张开一些捕兽网，用多种方式去试探，一旦方法得当，就可以让对方真情流露，而这就是引诱人言的罗网。

观察他人的言行，可以最便捷地探知内心活动和事实真相。但是，当对方始终没有言语表述和行为表现，不肯亮出自己的底牌时，我们就必须积极地发挥主动性，采取巧妙无形的方法，迫使对方不得不有所行动，然后我们再仔细地观察并加以分析。

宋宁宗年间，泰兴县一个大户人家丢失了一支金钗，于是告到县衙。当时任泰兴县令的刘宰仔细调查后，断定金钗是在家中丢失的，当时在场的两个侍女都有嫌疑，可是她们谁也不肯承认。

于是刘宰将两名侍女带到县衙，关在一间房子里，但没有审问她们。天黑之后，刘宰拿着两根芦苇走进关押侍女的房间，给她们每人一根，并对她们说："你们拿好这根芦苇，明天我就根据它来审判，谁偷了金钗，她手中的芦苇就会长出二寸。"

第二天，两名侍女被带到堂上。刘宰拿过芦苇审视，果然有一根长出二寸。刘宰指着手持短芦苇的侍女大声喝道："你如何盗得主人金钗？还不从实招来！"

侍女吓得跪倒在地，连忙承认道："请大人恕罪，是我拿了金钗。可是您是怎么知道的呢？"

刘宰说："我给你们的芦苇是一样长的，你若不是做贼心虚，为何要偷偷截去一节？"侍女这才恍然大悟，明白自己中了县令大人的计。

刘宰正是因为知道偷窃金钗的侍女心中有鬼，还有一种恐惧感，所以才想出这个办法诱使她自己先行动，最后暴露了偷窃的事实。

正如鬼谷子告诉我们的，只要运用高超的诱导技巧，从多个方面、多个角度反复探察，找到突破口，就可以让对方吐露实情。

反间谍机关在农村逮捕了一个自称是本国农民的人。可是他的种种言行，都使军官认定：这是一个间谍，只是没有充足的证据来证实这一点。

审讯时，主审军官问他："你会数数吗？"

农民流利地数数，没有露出一丝破绽。军官只好让看管他的卫兵送他回到关押的小屋。

过了一会，哨兵用邻国语言大声喊："不好啦，着火啦！着火啦！"农民无动于衷，仿佛听不懂那种语言，照样在屋里呼呼大睡。

后来，军官又找来一位当地的农民，跟这位农民谈起了种庄稼的事，没想到他说得头头是道，显得十分内行。

第二天，农民又被押进审讯室，主审军官正在认真地审阅一份文件。看了很久才看完，他一边在上面签字，一边抬头说："好了，先生，你可以走了，你自由了。"

农民听了，长长地呼了一口气，似乎放下了一个重担，轻松地笑了。

这时，军官也笑了。因为他刚才说的正是邻国语言，而农民听懂了。无意间，农民暴露了自己的身份。

军官通过反复的询问和频繁的试探、诱导，在不经意间打破了间谍的心理防线，使其最终在没有任何心理准备的状态下露出了破绽。

想要看清一个人，就要观察他的外表，注意他的行为，了解他的内心。可是，我们必须面对一个现实，那就是当今社会越来越多的人说假话，每个人出于防备心理，都会将自己的心隐藏很深。要想通过简单的观察和谈话就看透别人的内心，这的确不容易。

这时，我们就不妨另辟蹊径，灵活采用多种问话方式，多变换几个角度思考，诱使对方在不知不觉中跟随你的思路，走到你的"陷阱"里，这样才能更透彻地看清一个人的本来面目、真实想法或其他企图。

反向求之，逼对方主动出牌

【智谋原典】

审定有无与其实虚，随其嗜欲以见其志意，微排其所言，而捭反之，以求其实，实得其指；阖而捭之，以求其利。或开而示之，或阖而闭之。

——《鬼谷子·捭阖》

【译文】

通过虚实配合来审视他们是否有真才实学，通过分析他们的嗜好与欲望来揭示他们的志向和意愿。适当贬抑对方所说的话，然后再不留情地反驳与询问，以便探得实情，把握对方言行的主旨。沉默一段时间后再开口，以便抓住有利时机。有时要开放心胸展示自己的意图，有时则要隐藏不露，让对方无从着手。

在具体的说服过程中，要根据对象的不同、论辩时的现场形势来采取不同的捭阖策略。通过考察对方的虚实，对其嗜好与欲望的分析来揭示其志向与意愿，再进

一步通过与其论辩，并不断反诘他，以激怒对方，使其感情失控，诱使其说出自己的真实想法，在无形之中让对方将自己的实力与计谋暴露出来。这样做的目的是知彼，然后再依据实际情况采取不用的说服策略。

在采用“智激对方”的说服技巧方面，诸葛亮可以说是运用得炉火纯青了。这在《三国志》和《三国演义》中都有记载。

公元208年，曹操统一北方后，率领大军南征。刘备必须与江东孙权联手方能与曹操相抗衡，而孙权自恃拥有十万精兵与长江天堑之险，对结盟并不热心。于是诸葛亮出使东吴。

在说服孙权的过程中，诸葛亮针对当时的形势以及孙权犹豫的心理，充分运用了“排言激将”的策略，首先夸大曹操的实力，假劝孙权投降，对其进行激将；又以壮士田横和刘备的守义，来暗示孙权如果投降就是不守义之人。孙权被激怒后，开启言谈，态度转向抗曹。摸清孙权的诚意以及真实想法后，诸葛亮又分析了曹军的弱点与联军的优势，彻底打消孙权信心不足的念头，从而取得最终的游说成功。不久的赤壁之战，曹操大败，无力继续南下，刘备取得西蜀，建立蜀汉政权，东吴强国地位也得到增强。三国政治格局形成。

这种“反而求之，排其言”的策略，是利用人人都有的自尊或逆反心理，试探刺激对方的最底线，从而达到不同寻常的说服效果。特别是在面对傲气十足的人时，运用反向求之的激将法，能达到意想不到的效果。

一位房地产商打算盖一座写字楼，手里的资金不是非常充裕。想来想去，他决定先用已有的1000万元开工建设，剩余的2000万找银行贷款。

1000万元很快就所剩无几了。一天，他正好和某著名银行的主管见面，他说起了贷款的事。

“我之前已经和你们银行的高层领导谈过，他们说我的贷款没有问题，不知进展如何了？”

“领导还在考虑，毕竟2000万不是个小数目。”

“我现在急着用钱，最好今天就能得到消息。”

“你在开玩笑吧，我们还有很多程序没进行呢。”

他边说边点起一支烟，用手指了一下桌子上的一摞纸，眼神里有种居高临下的感觉。

“喏，这些是需要填的申请表，你一张都没填啊。”

听了这话，房地产商笑了笑：“你不是贷款业务的主管吗？2000万对你来说应该不是大数目吧？我只是想知道最新的进展而已，你连这点权力都没有？”

听了这话，对方心头一震，他竟然说自己没有足够的权力。房地产商看出了对

方的变化，心中暗喜。

“如果你真没有这个权力，我也不难为你了，我还可以找别人是不是?”

“等等。”对方急切地说，“我去给你问问，你在这等着。”

过了一会儿，那个高傲的主管微笑着回来了。

“办得差不多了，三天之后应该可以了。怎么样，这次你知道我的权力了吧?”

“那是，我从来没有怀疑过这点。”

银行主管是个性格高傲的人，自以为坐在权力之位上就可以让所有人按照自己的程序办事，被人求时更是如此。房地产商最开始也是好言相求，但效果不佳，之后就变相地说其权力并非想象中大，意思是高看了对方。

高傲的人最难忍受被人轻视，尤其是原本有求于自己的人。银行高管之所以发生如此大的转变，就在于他的自尊受到伤害，权力受到挑战，于是便想方设法证明自己能行，而这正是房地产商所期待的。

激将法是一种心理战术，是用刺激性的言语变相地鼓动对方做某事的技巧。如果说服的对象，比较难缠或者难以说话，从尊严、名声、能力等各方面对其进行必要的刺激，使其“短暂性发怒”，从而在不自觉中达到我们的目的。当然，在采取这一策略的时候，要看清楚说服对象、环境及条件。同时，运用时要掌握分寸，不能过急，也不能过缓。过急，欲速则不达，有可能适得其反；过缓，对方无动于衷，无法刺激对方的自尊，也就达不到最佳效果。

第六章

内楗：谋之于阴，成之于阳

 先摸清对方心思，说话有的才能放矢

【智谋原典】

不见其类而为之者，见逆。不得其情而说之者，见非。得其情乃制其术，此用可出可入，可楗可开。故圣人立事，以此先知而楗万物。

——《鬼谷子·内楗》

【译文】

不了解对方的心思就去献计献策，会遭到排斥；不查明实际情况就盲目地游说，会达不到自己的目的。只有充分体察分析各种相关情况，才能有的放矢，进退自如。所以有大智慧的人都会凭借对信息的全面把握而驾驭万物。

鬼谷子告诉我们，说话要有的放矢，情况不明时不能乱说，否则就会事与愿违。只有在事前充分调查研究，明白对方所需要的，才能做到言出必中。

小刘大学毕业后去一家公司应聘，在面试之前，他先大量搜集了公司以及公司经理的有关资料。

面试时，面试官刚好就是经理本人，小刘简单做了自我介绍之后说："我非常希望能够在这里工作，因为我知道，18 年前您创办这家公司的时候，只有一位职员、一张桌子和一部电话机。您坚韧刚毅，努力奋斗，才成就了今天的大事业。您的精神令我感佩不已，我觉得能为您做事是最大的光荣。"

事业有成的人，几乎都很乐于回忆创业时奋斗的经历。因此，这位经理就很高兴地讲述他最初创业时条件艰苦，但他从不气馁，更没有放弃，经过了长期奋斗才换来今天的成功。

小刘始终认真倾听，并不时点头表示钦佩。最后经理只是很简单地问了他一些基本情况，就对他说："你是我们所需要的人。"

中国智谋一本通

小刘的成功应聘充分说明了“先知”的重要性。要想让对方接受你的建议或劝说，首先要通过搜索材料、多方打探等办法，对对方的基本情况有所了解。交谈时要合理选择谈话内容，尽量让你的话语既有道理，又能切合对方的心理，以此来加强情感交流，在良好的沟通中达到说服的目的。

战国时期，楚国国君楚惠王准备攻打宋国。大夫公输般设计了一种很有效的攻城工具——云梯。

楚国攻宋的消息很快传到了宋国，大家都很恐慌。墨子极力反对楚国攻宋，认为国君不应该为了争夺土地而给百姓带来灾难。

墨子亲赴楚国，劝公输般不要帮楚惠王攻打宋国。可公输般说自己已经答应楚王了。墨子又去见楚惠王，恳切地对他说：“楚国土地方圆五千里，地大物博；宋国土地不过五百里，物产不丰富。大王为什么有了名贵车马，还要去偷人家的破车？为什么扔了自己华服而去偷人家的旧衣服呢?”

楚惠王觉得墨子说得有道理，但还是不肯放弃攻宋，公输般也认为攻城很有把握。

于是墨子就用皮带和几块小木板当做攻城的工具，要和公输般比一比攻守的本领。公输般用一种方法攻城，墨子就用一种方法守城。公输般把攻城方法都使出来了，可是墨子还有好些守城高招没有用。

公输般心里不服，他说：“我有办法对付你，不过现在不跟你说。”墨子说：“我知道你想怎样对付我，不过我也不说。”

楚惠王听着觉得莫名其妙，就问道：“你们到底在说什么?”墨子说：“公输般是想杀掉我，认为这样就没有人帮宋国守城了。其实我来楚国之前，早已安排几百个徒弟守城，他们每个人都学会了我的办法。即使杀了我，楚国也不会达到目的。”

楚惠王明白想要攻打宋国没有多少胜算，只好说：“你说得对，我决定不进攻宋国了。”

要想成功说服别人，必须做好充分的准备，要透彻地了解别人的思想、办法、手段，摸清对方底细。了解得越清楚，就越能出奇制胜，增加成功的几率。墨子能够凭借一番劝说而避免了一场战争，原因就在于此。

一次成功的说服过程，必须有很强的针对性和可行性。只有有针对性，根据说服对象的特点，投其所好，才能切中要害，用言语打动对方；同时只有建议或意见具有可操作性，能够让对方明白其中的合理之处，才是最终顺利说服对方的关键。

另外，在说服时，一定要在最短的时间内让别人明白自己的意图和对他有利的地方，不能漫无目地洋洋洒洒说了很多，却没有一个明确的目标。就像打猎，如果不集中精力瞄准猎物，结果只能是一无所获。同样道理，说话说不到关键之处，又怎么能收到好的效果呢？

 投其所好，回报有道

【智谋原典】

用其意，欲入则入，欲出则出；欲亲则亲，欲疏则疏；欲就则就；欲去则去；欲求则求，欲思则思。

——《鬼谷子·内楗》

【译文】

只要摸准了君主的心思，就可以想入世就入世，想出世就出世；想亲近就亲近，想疏远就疏远；想投奔明主就能投奔明主，想离去就能离去；想被召见就能如愿，想令他思念就能被思念。

只有找到双方在理想、爱好、追求和经历等方面的共同点，与对方沟通感情，创造良好的交谈氛围，你所说的话才能起到实际作用。

有一次，一家出版公司的广告负责人谭明，想要拉到某公司的广告。但该公司的主管唐军非常精明。

谭明先给唐军写了一封电子邮件，想和他当面谈谈在杂志刊登广告的重要性。

唐军回信说："来信已收到，不过我并不主管广告，所以不能见您。"

谭明又写了封信给他，希望能和他谈谈广告宣传政策方面的问题。

唐军回信："我可以见您。不过，如果您想谈刊登广告的事，恕不会见。"

接着再发邮件，就犹如石沉大海，杳无音讯。

谭明并没有灰心，他翻阅了资料，知道唐军是一位探险家，曾到过北极，而且非常仰慕一位北极探险家。

于是，他找到了那位著名的北极探险家，请他在自己的书上签名，准备送给唐军。他又从还未出版的杂志中抽去一篇文章，换上了介绍那位探险家的文章。

这次，谭明没有再通过邮件而是直接到唐军的办公室。突然拜访虽然让唐军很不高兴，但出于礼节还是接待了他。在客套的寒暄中，谭明发现墙角放着一双雪鞋，就夸起这双雪鞋。唐军这时兴奋地说这是那位探险家送给他的。又问谭明是否看过他的书。

找到唐军的兴趣点，谭明紧接着说："看过，我这里还有他的签名书，可以送给您。"

唐军很高兴地翻看那本书，说："您是出版杂志的，我认为这杂志上应该有一篇介绍像探险家这样的人的文章。"

谭明将一份还未出版的杂志递给他，并且告诉他，创办这份杂志的目的，就是为了介绍像这样克服重重困难而实现梦想的人。

双方愉快地结束了本次交谈，没有提刊登广告的事，但是谭明回去后的第二天，就收到了唐军的邮件，答应与他合作。

谭明在屡次碰钉子之后并没有气馁，而是根据唐军的志趣和经历，变换了方式，赢得了他的认同感，最终使唐军答应在自己的杂志上刊登广告。

鬼谷子认为，人人都有自己独特的嗜好，有心的人就会巧妙利用这些嗜好，把它们作为突破口，攻破对方的防线。从古至今，无数懂得投其所好之术的人，都能通过知己知彼，谈论别人感兴趣的内容，避开别人忌讳的话题，从而说服他人，达到自己的目的。但用此道也要有个度，君不知"楚王好细腰，宫中多饿死"，人之所好，各不相同，且有好有坏，但它们都源于自己的欲望可能被给予的满足。因此运用此说服术必须动机纯正，切不可趋炎附势，曲意讨好。

战国时期，孟子经常劝谏齐宣王多施行仁政，但齐宣王起初对此不感兴趣，所以二人经常是话不投机半句多，不欢而散。

有一次，当孟子再次觐见齐宣王时，却换了一个话题，他问道："大王您曾对庄暴说您喜欢音乐，有这回事吗？"

齐宣王一生好色、好乐、好货、好勇，见孟子提及音乐的事儿，于是兴趣大增，说："其实我不喜欢古典音乐，只是爱好时下流行的音乐罢了。"

孟子说道："只要大王您很喜欢音乐，那齐国就会非常好了。时下流行的音乐和古典的音乐，无论您喜欢哪一种都是一样的。"

齐宣王很好奇，于是问道："这个道理可以讲给我听听吗？"

孟子于是趁热打铁地问道："冒昧问大王一个问题，一个人独自欣赏音乐快乐，跟别人一起欣赏音乐也快乐，大王您说究竟哪一种更快乐呢？"

齐宣王听后，不假思索地说："当然跟大家一起欣赏音乐更快乐。"

做好这些铺垫，孟子开始阐释他的仁政、王道治国之术，于是渐渐与齐宣王相谈甚欢。

在这里，善谏的孟子正是通过齐宣王感兴趣的音乐话题，巧妙地过渡到政治，劝谏宣王与民同乐，以达到治理国家的目的，从而渐渐让齐宣王认同他的观点。

当然投其所好，一定要看准对象。不同的人，身份、性格、习惯等等都有所不同。要对症下药，灵活对待，把握好分寸。一旦找对突破点，打开心门，引发共同语言，就能令对方产生好感和信任，获得说服的最佳效果。而且，只要投得合适，投得巧妙，又不对他人造成伤害，那么，这就是一种做人的智慧。

釜底抽薪，挫损对方锐气

【智谋原典】

散势者，神之使也。用之，必循间而动。威肃内盛，推间而行之，则势散。

——《鬼谷子·七术》

【译文】

分散威势，要依靠精神的力量。如果要分散对方的威势，就必须依据对方的弱点和漏洞而行动。先集中自己的威势，让自己的力量强盛，然后从对方的弱点和漏洞入手采取行动，就能使对方的威势分散。

在生活和工作中，我们有时候必须去面对看似不可能战胜的对手。但是，再强大的对手也必然存在弱点。只要抓住对方弱点，釜底抽薪，让对方从根本上失去优势，就可以变被动为主动，以小博大，以弱胜强。

东汉末年，曹操与袁绍在官渡对峙，争夺中国北部地区的控制权。当时，袁绍的兵力约为曹操兵力的五倍。两军对峙数月之后，曹操军士兵疲乏，粮草不足，后方也存在隐患，几乎到了败北的边缘。

就在曹操陷入绝境之时，袁绍手下的谋士许攸前来投奔曹操，并告诉曹操，袁绍军囤粮于乌巢，如果这批粮草被毁，对袁绍军来说，无异于被釜底抽薪。曹操采纳许攸的建议，亲率数千精锐骑兵，连夜行军，成功奇袭乌巢，烧毁袁绍军粮草。

粮草被毁之后，袁绍军中大乱，军心涣散，两名大将带兵投降曹操。曹操乘机发动总攻，一举歼灭了袁绍的主力部队，获得了官渡之战的胜利。

其实，如果仅仅是失去粮草，袁绍军也没有立即失去优势。曹操突袭乌巢的意义并不只是烧毁对方粮草，更重要的是让对方失去胜利的信心，失去威势和锐气。军心一旦失去，就算是兵多将广，也犹如一盘散沙，不堪一击了。

正如鬼谷子所说，当双方利益差距在一定限度之内，一方先采取主动，在知己知彼的前提下，适时发动有力攻击，就可以令对方措手不及，不得不作出让步。釜底抽薪，关键就在于目光敏锐，分析独到，能够发现主要矛盾以及对方的软肋，再采取相应措施，攻其不备，动摇对方优势，从而趁机取胜。

一家石油公司钻通了当地第二大天然气田，几个月后，又在附近钻探出一个蕴藏量更为丰富的气田。

为了能尽快找到顾客，投入生产，公司总裁和几个助手商讨之后，决定和某煤气与电力公司签订为期20年的天然气合同，这样便可以保证公司获得最大利益。

可是没想到，总裁赶到那家煤气与电力公司后，却碰了一鼻子灰。

因为此时那家公司掌握着完全的主动权，他们对总裁说："我们已有充足的货源，稳定的用户。所以很抱歉，我们无法与您合作。"

总裁本想在价格和服务等方面作出让步，但那家公司却依然不愿谈判。

无奈之下，总裁决定采用见效最快的办法——釜底抽薪。他立即前往那家煤气与电力公司最大的客户，仔细向他们讲述他的公司钻探出质量多么好的天然气。并对他们说："为了本市经济发展和市民生活方便，我们决定在最短时间内，修一条天然气管道直达本市，并以更为便宜的价格供应天然气。"

这一招果然很有力量，很多人被总裁说动了心，准备放弃那家煤气与电力公司的天然气供应计划。

那家公司担心自己将面临破产，只好表示愿意与总裁合作，接受总裁的天然气，并且签订了明显有利于总裁的合同。

总裁正是采取了釜底抽薪的方法，成功拿下了那家公司最关键的客户，给对手造成很大威胁，最终使双方地位发生变化，让自己取得了最后胜利。

釜底抽薪之妙，就在于避免正面冲突，而是从幕后入手，出其不意，攻其无备，在无声无形之中抛出最后的杀手锏，彻底断绝对方的后路，使其不得不屈服于己。

第七章

飞箝：用言语反复引诱，以控制对方

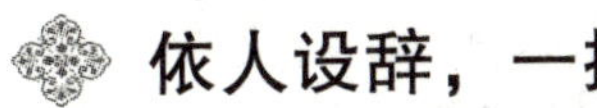

依人设辞，一把钥匙开一把锁

【智谋原典】

故与智者言，依于博；与拙者言，依于辩；与辩者言，依于要；与贵者言，依于势；与富者言，依于高；与贫者言，依于利；与贱者言，依于谦；与勇者言，依于敢；与过者言，依于锐。

——《鬼谷子·权篇》

【译文】

与智者谈话，就要靠渊博的见识；与笨拙者谈话，要靠条理明晰的言辞；与善辩的人谈话，要以简明扼要为原则；与高贵的人谈话，要有充沛的气势；与富人谈话，要以潇洒豪迈为原则；与穷人谈话，要讲究实际利益；与卑贱者谈话，要以谦恭为原则；与勇敢的人谈话，要果敢决断；与有过错的人谈话，要直率尖锐，讲明利害。

跟不同的人打交道，也要用不同的方式。

这并不是阿谀奉承，也不是世故圆滑。要因人而异，看情景，分场合，选择不同的语言，决不能信口开河。

明太祖朱元璋，出身贫寒，小时候曾经给有钱人家放牛，还为了填饱肚子而出家为僧。

朱元璋当皇帝以后，有一天，一位儿时的伙伴进京见他。

此人一进大殿，就下跪叩头，高呼万岁，说："我主万岁！当年微臣随驾芦州府，打破罐州城。汤元帅在逃，拿住豆将军，红孩儿当关，多亏菜将军。"

朱元璋听他说得又含蓄又有趣，回想起当年贫寒时大家有难同当的情景，心中感怀不已，当即重重封赏了老朋友。

另一个当年的穷伙伴得知消息，也找上门来。见到朱元璋，他高兴地在金殿上

说道："我主万岁！你还记得我吗？当年咱俩一起给人家放牛。那次我们在芦苇荡里，把偷来的豆子放在瓦罐里煮着吃，大家都抢着吃，把罐子都打破了，豆子撒了一地。你只顾从泥里抓豆子吃，结果把红草根卡在喉咙里。还是我让你吞下一把青菜，才把那红草根吞咽下去。"

文武百官听了都忍不住偷偷地笑，朱元璋十分生气，呵斥道："哪里来的疯子，来人啊，给我把他轰出去。"

第一个人很懂得讲话的艺术，到什么山上唱什么歌，见什么人说什么话。而同样的内容，被第二个人用不同方式说出来，情况就大大不同，不但没有得到封赏，反而被轰了出去。

鬼谷子在《权篇》中，精辟地阐明了如何与不同类型的人谈话。

在他看来，在不同的地点与场合，与智者、勇者、富者、过者等各种类型的人交谈，讲话内容和表达方式都是截然不同的。

说话要看对方的身份地位。比如下级对上级、晚辈对长辈、学生对老师等等，言谈举止不能太随便，要注意表现出尊重。

说话时要看对方的文化程度。对一个没有文化的老太太，说话就要直白明了，不能咬文嚼字，以免闹出笑话；而对一个有学问的教授讲话，如果说得太粗俗，就会找不到共鸣点，甚至令对方产生厌恶感。

说话时要看对方的性格。对木讷的人，要尽量找到他关心的事情，引发说话的兴趣；对性急草率的人，要每谈一个问题，就停下来征求一下他的意见，防止他没有耐心而妄下结论；对傲慢无礼的人，说话要简明有力；对自私自利的人，要多强调他的既得利益。

说话时要看对方的喜好。不喜欢运动的，就不要和他谈打球的技巧；不喜欢音乐的人，就不要和他谈论某个音乐家；对男人可以谈论女人，对女人可以谈论衣服。

说话时要分清场合。朋友要乘飞机远行，不要谈起最近刚发生一起坠机事故；孕妇即将分娩，不要忧心忡忡地说养孩子又累又难，养大了就飞了；参加寿宴，就不要忙着向着老寿星介绍意外伤亡保险。

"好马长在腿上，好人长在嘴上。"拥有好口才的人，能够看人下菜碟儿，洞察对方心理，话说得贴心，还能让自己受到欢迎。

如果在错误的地点，对错误的人，说错误的话，即使建议再好，也是很难被人理解接受的。倘若这样，就失去了说服的意义。

障眼有道，言在此意在彼

【智谋原典】

古之善摩者，如操钓而临深渊，饵而投之，必得鱼焉。故曰："主事日成而人不知，主兵日胜而人不畏也。"圣人谋之于阴，故曰神；成之于阳，故曰"明"。

——《鬼谷子·摩篇》

【译文】

在古代，善于用揣摩术的人，就像到深潭边钓鱼，只要放入鱼饵，就能轻松钓到鱼。所以说："按这种方法做事，则会日渐成功，别人却不会发觉，领兵打仗就会逐渐取胜，别人却不感到恐惧。"所以圣人在隐秘中谋划，被称为"神"；而成绩渐渐呈现在世人眼前，被称为"圣明"。

别人的迷惑往往就是我们的机会，适时运用障眼法，声东击西，巧布迷阵，往往能轻松取胜。

齐威王死后，靖郭君田婴因与继位的齐宣王不合，辞去了相国职位，回到封地薛城。这时，大多数门客都不辞而别，只有齐貌辨还追随左右。

来到薛城没有多久，齐貌辨也向田婴辞行。田婴问他到哪里去，他说要去临淄见齐宣王。田婴说："君王既然很讨厌我田婴，那你此去岂不是找死！"齐貌辨说："臣根本就不想活，所以臣一定要去。"田婴也无法阻止，于是齐貌辨就去见齐宣王。

齐宣王知道齐貌辨对田婴的忠心，听说他来求见，就满心怒气地等着。齐宣王说："先生是田婴的座上客，田婴对先生恩宠有加，言听计从啊。"

齐貌辨回答说："臣是靖郭君的宠臣并不错，但要说靖郭君什么都听臣的那倒未必。例如当君王还是太子时，臣曾对靖郭君说：'太子长一副不仁相貌，下巴太大，看起来好像一只猪。让这种人当国王，施政必然违背正道，所以不如把太子废掉，改立卫姬之子效师为太子。'可是靖郭君竟然哭着对臣说：'不可以这样做，因为我不忍这样做。'假如靖郭君是一切都听臣的话，那么靖郭君也不会遭受今天这样的迫害，这是第一件事。

当靖郭君到了薛城，楚相昭阳要用几倍的土地来换薛地，我又向靖郭君说：'一定要接受这个请求。'靖郭君说：'从先王那里接受薛地，现在即使与大王关系

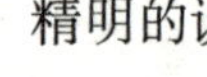

不好，如果把薛地交换出去，将来死后我向先王如何交待呢？况且先王的宗庙就在薛地，我难道能把先王的宗庙交给楚国吗！’又不肯听从我的。这是第二件事。”

齐宣王听了不禁长声叹息，脸上颜色变了，说：“靖郭君对寡人的感情竟然深到这种程度啊！我太年轻了，很不了解这些事情。现在我诚心诚意地请先生为我请回靖郭君。”

如果齐貌辨从正面游说，可能很难消除齐王先入为主的想法，甚至会引来杀身之祸，而以自己为游说的屏障，转移了齐王对田婴的猜忌，吸引了齐王的注意力，从而说服成功。

任何语言都有其最终的目的性。在不便说或不宜说的情况下，隐瞒自己的真实意图，迷惑对方，将其引到自己的思维模式，将会达到出其不意的效果。

在路边的饰品店里，一个女孩看中了一条珍珠项链，可是由于价格较高，所以一直犹豫着。

店员看到这种情况，从柜台中拿出另外一条项链，对女孩说：“如果您不满意那条项链，我向您推荐这一条，也是非常漂亮的。”

女孩试戴了一下店员推荐的项链，效果也不错。

她把两条项链反复比较了一下，然后说：“我感觉这条项链的珠子不如第一条好。”

“是的，第一条的珠子更饱满，更有光泽。”店员回答。

“那么款式呢？”女孩接着问。

“我觉得我推荐的这条更漂亮一些。”店员说。

“价格也不一样。”

“我推荐给你的这一条要便宜一些。您买这条比较划算。”

女孩又考虑了一会儿，然后做出决定：“我还是买刚才选的第一条吧。”

不难看出，这位店员是一个颇有经验的销售老手。她在看出顾客犹豫的心理后，不是极力推销这件商品，而是拿出一件不如顾客原来所选的商品，推荐给他们。其实她并不是想卖出另一件商品，而是让顾客在比较中发现自己所选商品的优点，从而忽略了价格是否合适。这种言在此而意在彼的障眼术，是销售中经常使用的，并且很容易令人中招。

这种策略在使用中有两大关键点。

第一，转移对方的注意力，将自己的真实意图隐藏起来。

第二，通过放“烟幕弹”的方式，干扰对方，使其判断失误，改变原定计划，从而逐步掉进早已挖好的陷阱里。

精明的说服者都很善于使用这一招，趁人不备，出奇制胜，令自己无往不利。

 飞箝有术，打蛇打七寸

【智谋原典】

心意之虑怀，审其意，知其所好恶，乃就说其所重，以飞箝之辞钩其所好，以箝求之。

——《鬼谷子·飞箝》

【译文】

详细考察对方的想法，了解其好恶，然后针对其所关心的问题，进行游说，用“飞”的方法诱出对方的喜好所在，最后用“箝”的方法制住对方。

“飞箝术”不仅是一种谋略，更是解决问题的一种实用的方法。运用“飞箝术”，就要摸准对方的真情实意，用利害来箝制对方。中国有句古话叫“打蛇打七寸”，说的就是要抓住关键问题，找到影响事情的关键因素。说服他人的时候，一定要懂得利用对方最在意的东西来箝制对方，抓住对方的切身利益，使其心灵受到震动，从而促使其改变初衷。

一位常客张先生来到某酒店前台，在办理入住手续时，张先生向服务员提出房价打折的要求。接待员小郑见是常客，便给他九折优惠。客人不满意，要求酒店再打些折扣。这时正是旅游旺季，酒店的客房出租率甚高，小郑不愿意在黄金季节轻易给客人让更多的利，张先生便提出要见总经理。

其实，酒店授权给总台接待员的卖房折扣不止九折，小郑原可以把房价再下降一点，客人可以随便还价。但是小郑不希望给客人留下这样的印象：接待员原可以打更多的折扣，但他不愿意多给，只是客人一再坚持后他才无可奈何地退让，这会使客人认为酒店员工处理问题不当。但是小郑又很明白，客人只是要得到适当的优惠，只要牢牢把握住客人的心理，再给客人一点好处，就能让客人心满意足。脑中闪过这些想法后，小郑就假装到后台找经理请示，他请张先生先在沙发上休息片刻。

数分钟后，小郑回到总台，对张先生说：“我向经理汇报了您的要求。他听说您是我店常客，尽管我们这几天出租率很高，还是同意给您 30 元的优惠，并要我致意，感谢您多次光临我店。”小郑稍做停顿后又说：“这是我们经理给常客的特殊价格，不知您觉得如何。”张先生计算了一下，现在他实际得到的优惠折扣相当于八五折，这对于位于繁华地段，又处于旅游旺季的星级酒店来说，已经是很给面子了。张先生连连点头，很快便递上证件办理入住手续了。

小郑为顾客打折的时候，巧妙地转了个弯。虽说自己接待的是一名熟客，但是面对张先生提出打折的要求，小郑却没有马上答应，而是到后台去想了一会儿，这是故意做给张先生看的。第一，表明自己已经做了最大的努力，让张先生尽可能得到优惠；第二，让张先生知道，给30元的优惠是经理给的最大限度，打消了张先生想再次优惠的欲望。

小郑能够用客人满意、自己更满意的价格成交，正是因为他把握住了客人“打折”贪便宜的心理。用“飞”的办法让客人得到实惠，再抓住他一心想入住的心理，“箝”住他，从而使其无路可退，最终让客人心满意足地交钱投降。

一般来说，不懂得“飞箝术”的人爱为难别人，即使是帮助人，也会把场面弄得难堪。他们甚至会乘人之危，鸡蛋里挑骨头，抓住把柄不放，且扬扬自得。这种行为常常会得罪人，而且还可能受制于人。总之，在说服别人时，面对别人的要求，一定要懂得抓住对方的软肋，再考虑自己的利益，既要表明自己的态度，又能很好的“箝”制对方，使其心甘情愿听你安排。

情感的号召力永远大于单纯的说理

【智谋原典】

用之于人，则量智能、权材力、料气势，为之枢机，以迎之、随之，以箝和之，以意宜之，此飞箝之缀也。

——《鬼谷子·飞箝》

【译文】

将“飞箝”之术用于他人，就要权衡对方的智慧和才能，度量他的实力，审度他的气势。然后抓住他的喜好和弱点迎合他，以箝制之术使得彼此协调，以友善的态度使彼此情谊融洽。这就是飞箝的妙用。

话有三说，巧说为妙。如何能在最短时间内打动并说服对方？鬼谷子告诉我们，以情动人，是最好的办法。

用充满真情的言辞，从内心深处打动对方，使他感受到你的真诚与善意，从而拉近彼此的距离。

引滦入津工程进行时，负责隧洞施工任务的部队，由于炸药供应不足，将面临延误工期甚至停工的局面。

部队领导情急之下，派一名连长昼夜兼程，赶到东北某化工厂求援。可得到的答复只有一句话："现在没货！"

连长找到厂长，厂长只是冷冷地说："现在厂里没货，我也没办法。"

连长并不灰心，他喝了一口厂长给他倒的水，说："这水真甜啊！可天津人喝的都是河槽里的苦水，不放茶叶都是黄的。"

他看见厂长戴了一块天津产的手表，就说："您也喜欢天津表？听说现在全国每10块表中就有1块是天津的，每10台拖拉机就有1台是天津的，每4个人里就有1个人用的是天津的碱。您是行家，最懂得水对于工业生产有多么重要。引滦入津，就是在解燃眉之急啊！没有炸药，工期就要耽误，工业生产和人民生活都要受到影响……"

厂长听了，受到触动，就问："你是天津人？"

连长说："不，我是河南人，等到通水时，我也喝不上滦河水！"

厂长被彻底打动了。他立刻下达命令："全厂加班三天！"

于是，三天后，连长带着足够的炸药返回了部队。

真情，最能触动人心。只要有至诚之德，顽石也可以被感化，更何况是人呢！

这也正是鬼谷子所强调的，情感的号召力往往比单纯说理大得多，说服时，不要忽略了情感攻势的巨大作用。

你的说服对象，往往会本能地产生一种防备心理。想要成功说服他，关键就在于如何突破他的心理防线。

有经验的说服者，常常能够在向他人讲明道理的同时，不露声色地施加情感影响。还要让对方觉得，你在设身处地为他考虑，你和他有着一致的情感，共同的追求。这样，他就会在不知不觉中被深深触动，自然而然地接受你的观点和意见，主动为你提供帮助，实现最大利益。

下面，我们来看这样一个故事：

建武三年（公元27年），刘秀率大军前往宜阳，大败赤眉军，使其无路可退。赤眉军的小皇帝刘盆子和哥哥刘恭商议后决定投降刘秀，请他放自己十万大军一条生路。

于是刘恭前去求见刘秀，说明了归降之意。刘秀怀疑投降只是缓兵之计，又担心留下后患，所以没有立刻答应。

刘恭对他说："陛下能成就今日大业，可知道是什么原因吗？"

刘秀笑道："败军之将，有什么资格评说朕？"

刘恭又道："赤眉军以百万之众，而有今日之败，陛下知道是什么原因吗？"

刘秀正色道："你且略说一二。如果言语不实，定会严加治罪。"

刘恭说："赤眉军残暴，引起百姓怨恨，所以失败。陛下仁爱，百姓拥戴，才能建立伟大功业。陛下如果能赦免我军将士，一来可以彰显陛下仁义的美名，二来可以安定民心，稳坐江山。”

刘秀表面上不动声色，心中却已被深深打动，但他仍恐其中有诈，便故意说：“你们无力再战，才会请降，也许只是权宜之计。”

刘恭说：“王莽不仁，屡次使用武力和军队残害百姓，所以很快就遭到报应。陛下剿灭我们容易，要是失掉民心，可就得不偿失了。”

刘秀最终答应了他们的请求，还给了刘盆子丰厚的赏赐。天下混乱的局面也日益安定下来。

刘恭不仅把利害关系剖析得明明白白，而且抓住机会对刘秀进行感情投资，所以最后收到了自己想要的良好效果。

中国人讲究重情重义。“生当陨首，死当结草”、“士为知己者死，女为悦己者容”，说的就是这一特点。只有先取得基本的情感共鸣，才有机会晓之以理。如果双方情绪不对头，或招致对方反感和抵触，后面的谈话也就无法继续下去了。

第八章

揣摩：知人虚实，洞若观火

 出门看天色，进门看眼色

【智谋原典】

外亲而内疏者，说内；内亲而外疏者，说外；故因其疑以变之，因其见以然之，因其说以要之，因其势以成之，因其恶以权之，因其患以斥之。

——《鬼谷子·谋篇》

【译文】

对于表面亲近而内心疏远的人，我们就应当运用计谋去打动他，以解除对方对我们的疑虑。对于内心赞同我们而外表上装作冷淡的人，我们就应当从表面功夫入手去游说他。我们可以根据对方所疑惑的问题，来改变自己的游说内容。依据对方所见所闻肯定某些东西，依据对方的言谈确定游说要点，依据情势变化来促成游说的效果，依据对方的好恶改变我们的计谋，依据对方的忧惧舍弃决策中的某些部分。

喜欢说话不等于会说话，如果你想在说服别人时得心应手，平时就应该加强训练自己察言观色的能力。

要注意观察对方的神色言谈，琢磨判断他的心理活动，看眼色行事，让自己的话语尽可能地迎合他的心意，从而达到成功说服他的目的。

有一次，解缙陪明太祖朱元璋在御花园里钓鱼。

解缙是钓鱼好手，不一会儿就钓了好多条。而朱元璋技术不高，满怀希望，频频拉线，可是大半天过去了，却仍然是一无所获。

朱元璋眼看着解缙左一条鱼、右一条鱼，既尴尬又郁闷，于是面露愠色，把钓竿往旁边一甩，不钓了。

伴君如伴虎，解缙一看皇帝动怒，生怕自己引火烧身。于是他灵机一动，为朱元璋献上了一首小诗：

数尺丝纶落水中，

金钩一抛影无踪。

凡鱼不敢朝天子，

万岁君王只钓龙。

朱元璋一听，一腔怒气顿时全消，心满意足地连声夸赞解缙。

解缙不愧是明代第一才子，灵活机智，才思敏捷，一首“拍马诗”就让皇帝转怒为喜，觉得自己钓不到鱼才是理所应当的。整日陪伴君王左右，练就了解缙炉火纯青的“看眼色说服术”，让他在一个个的难题面前屈伸自如，成功化解了多次危机。

我们在开口说话前，一定要小心谨慎，学会倾听别人的言语，揣度别人的神色。如果做不到这一点，就如同不知风向便去转动舵柄，不但不能顺利起航，还很有可能在风浪中翻船。

正如鬼谷子所说的，说服时要仔细观察对方的表现、反应和心情，分析判断说话的语境，审时量权，然后才能随机应变，对症下药。如果我们想让对方听得进去自己的话，就要克服急躁的毛病，开口之前先考虑三个问题：

1. 时机合适吗？

2. 场合合适吗？

3. 气氛合适吗？

否则，不该说话的时候说了，应该说话的时候却不说，不看对方的脸色就信口开河，最后结果只能是事与愿违，甚至闹得不欢而散。

一位心理学家曾经说过：“在世界的知识中，最需要学习的就是怎样洞察他人。”

每一个拥有高超说服技巧的人，都善于观察别人脸色、体态、语气，然后迅速做出反应。特别是人的面部表情，可以传递丰富的感情。不论是喜爱和厌恶，尊重和鄙视，冷漠和关心，还是更多难以明说的感情，都会或多或少地呈现出来。如果你不去观察揣测，只是一味自顾自地说下去，就会带来不利的后果。

某次，公司老板带着一名业务主管出差。投宿在某家旅馆里，旅馆主人见他们是外地人，遂加价收费，狠狠“宰”了一刀。老板很生气，但人在异乡，强龙不压地头蛇，也就只好作罢。第二天清晨，两人办了手续准备离开旅馆，老板发现业务主管的旅行袋撑得鼓鼓的，但他们来此地并没买什么东西，就问：“你的行李袋装了些什么？好像比昨天重了许多。”

业务主管神秘兮兮地说：“老板，我可是帮你出了一口怨气啊！旅馆主人一定会气得发疯。”业务主管把行李袋拉链拉开，取出毛巾、茶杯、水瓶，甚至牙膏、

洗面奶、沐浴乳等旅馆里为顾客准备的东西，炫耀道："哼！他敢多收钱，我就拿走他的东西，一物抵一物。"

老板默然不语，这位主管却还沉浸在报复的喜悦中，以为老板会给予赞许嘉奖，殊不知，老板的心里已经对他留下不好的印象。出差回来后，这位老板便借故把业务主管革职了，主管不服气，便去质问老板。老板以蔑视的口吻说："像你这样贪婪的人留在我身边，我担心将来有一天你会因为私欲得不到满足，把公司和我也出卖了。"

这名业务主管犯下的大错误，就是没有意识到老板也在随时随地观察员工，考验员工的品德及能力。

可见，我们要敏锐地捕捉对方的语气神态和行为动作透露出的信息，见机行事，才能把握成功的契机。这是一种能力，也是一种策略，能够让你的话扣人心扉，顺理成章地令对方信服，才能在竞争激烈的职场中游刃有余。

以静制动，在沉默中看清对方真意

【智谋原典】

欲闻其声反默，欲张反敛，欲高反下，欲取反与。

——《鬼谷子·反应》

【译文】

想要听到对方讲话，自己就要先沉默；想要让对方畅所欲言，自己就要先不表露想法；想要让对方情绪高涨，自己就要先处在低沉的状态；想从对方那儿得到点什么，自己就先给予对方点什么。

中国有句俗话："雄辩是银，沉默是金。"这说明在适当的时候保持沉默往往比直接表明观点更有用，尤其是当我们需要说服对方时，往往要听对方怎么说，用沉默来引出对方的真实意图，在充分了解对方真意之后再开口，就能掌握谈话的主动权。

在战国末期，名士范雎来到秦国，但因当时秦昭王对于外国的策士不太信任，所以范雎一直没有什么机会谒见秦昭王。

一年之后，范雎给秦昭王上书，谈到许多秦昭王所关心的问题，却没有把解决方案说明白。秦昭王看过范雎的上书之后很感兴趣，急忙召见了范雎。

见到秦昭王后，范雎没有急着谈问题，而是首先示意秦昭王屏退左右，之后就

一言不发地站着。秦昭王感到很奇怪，于是先开口问道："先生有何赐教?"范雎只回答"是"，又继续保持沉默。秦昭王又问了一遍，范雎仍然只是点着头回答："是。"最后，秦昭王终于忍耐不住，再次急迫地追问："有何赐教，请先生明示。"直到这时，范雎才正式开始他的谈话，并得到秦昭王的嘉许，自此深得秦昭王信任，登上了宰相的宝座。

范雎的"沉默战术"表面上看似乎是摆架子，实际上却是非常有必要的做法。他所要谈的问题涉及到秦国统治集团的权力分配，而他自己只是个没有什么地位的外国人而已。如果在获得秦昭王的充分信任之前就擅自发表观点，很可能把自己置身于极大的危险之中。所以，他先以上书说中秦昭王心事，后以沉默进一步激发秦昭王迫切的心理需求，同时从秦昭王的反应中也看出了他对自己的信任。这样一来，范雎才算是获得了相对主动的立场。

有的时候，以静制动的沉默策略，可以演变成一种故作被动的"装糊涂"。在对方情况不明，甚至很可能对自己不利的局面之下，"装糊涂"往往可以同时起到迷惑对手、争取时间以掌握更多信息的双重目的。

中国某公司与美国某公司进行一次技术协作谈判。谈判伊始，美方代表便拿着各种技术数据等材料，滔滔不绝地发表意见，完全没有顾及到中方代表的反应。中方代表却始终保持一言不发，只是在仔细地听、认真地记。

美方讲了几个小时之后，终于开始想起要征询一下中方代表的意见。不料，中方代表似乎已被美方咄咄逼人的气势所慑服，只会反复地说"我们没做好准备"，"请给我们一些时间回去准备一下"。第一轮谈判就在这不明不白中结束了。

几个月以后，第二轮谈判开始。中方公司似乎因认为上次谈判团不称职，所以予以全部更换。新的谈判团来到美国，美方公司只得重述第一轮谈判的内容。不料结果竟与第一轮谈判一模一样，中方代表以对项目"准备不足"，需要进一步调研为由，毫无成效地结束了谈判。

经过两轮谈判，美方公司大为恼火，于是下了最后通牒：如果半年后中方公司依然如此，合作协定将被迫取消。随后，美方公司解散了谈判团，封闭了所有资料，坐等半年以后的最终谈判。

万万没有料到的是，仅仅过了8天，中方公司即派出由前几批谈判团的首要人物组成的谈判团队飞抵美国。美方在惊愕之中只好仓促上阵，匆忙将原来的谈判成员从各地找回来，再一次坐到谈判桌前。这次谈判，中方公司带来了大量可靠的资料、数据，对技术、合作分配、人员、物品等一切有关事项甚至所有细节，都做了相当精细的策划，并将精美的协议书拟定稿交给美方代表签字。

在中方公司的充分准备面前，美方代表一时找不出任何漏洞，最后只得勉强签字。不用说，由中方公司拟定的协议对中国公司更有利。在中美的谈判较量中，中国人以静制动，以韬光养晦的谋略获得了最终的胜利。

可见，在适当的时候保持沉默，有时可以使对方表明真意，有时可以为自己赢得谈话的主动权。所谓适当，就是在本应当发言的时候，通过沉默来引起对方注意。如果不看清时机地保持沉默，或者沉默时间过长，导致对方完全失去耐心，就可能适得其反，起不到良好的效果了。

急事缓做，探清虚实后再说话

【智谋原典】

计国事者，则当审权量；说人主，则当审揣情。谋虑情欲，必出于此。

——《鬼谷子·揣篇》

【译文】

谋划国家大事的人，应该仔细审查本国形势；游说他国君主的人，则应该认真揣度君主的想法。不论是谋划、想法还是欲望，都必须用这种方法。

说服时要切记：欲速则不达。性急求快，心浮急躁，不清楚状况就开口，反而不能尽快达到目的。

懂得揣度的人往往能轻松实现愿望，而口无遮拦的人，则常常做出得罪人的事。要想减少这种不必要的麻烦，最重要就是沉住气，多思考，不能让自己不经考虑就开口乱说话，也就是我们平常说的“说话不经过大脑”。

西汉宣帝当政时，渤海各郡发生饥荒，盗贼蜂起，汉宣帝要选拔一个能够治理的人，丞相和御史都推荐龚遂，汉宣帝就任命他为渤海郡太守。经过几年的治理，渤海一带社会安定，百姓安居乐业，龚遂名声大振。

后来，汉宣帝召龚遂还朝，龚遂有一个属吏王先生，请求随他一同去长安。其他属吏却不同意，说：“这个人一天到晚喝得醉醺醺的，又好说大话，还是别带他去为好！”龚遂说：“他想去，就让他去吧！”

到了长安后，王先生终日沉溺在醉乡之中，也不见龚遂。有一天，他听说皇帝要召见龚遂，便对看门人说：“去将我的主人叫到我的住处来，我有话要对他说！”一副醉汉狂徒的嘴脸，龚遂也不计较，还真来了。王先生问：“天子如果问大人如何治理渤海，大人当如何回答？”龚遂说：“我就说任用贤才，使人各尽其能，严格执法，赏罚分明。”王先生连连摆头道：“不好！不好！这么说岂不是自夸其功吗？

请大人这么回答：‘这不是小臣的功劳，而是天子的神灵威武所感化！’”

龚遂接受了他的建议，按他的话回答了汉宣帝，汉宣帝果然十分高兴，便将龚遂留在身边，任以显要而又轻闲的官职。

可见，我们说话要沉着冷静，不能因为急于表达而随意开口。鬼谷子曾说：内心感情发生剧烈的变化，一般会通过人的外在形貌表现出来，我们都是依据对方形貌的变化揣测他内心的真情实意，为人处世灵活一点，才能更准确的“对症下药”。

中国有句谚语：“到什么山唱什么歌，见什么人说什么话。”这便是对“揣情术”的最佳注解。所以，学会揣摩人心，权衡利弊，凡事都做到三思而后言，才是安身处世的最佳选择。

一个经商高手，要学会从顾客的心理入手，抓住顾客的心，让顾客自己做决定。能做到“探其隐情而知其意”，并能一门心思为顾客着想的人，从来就不愁生意。

有一家服装店，女老板是学心理学专业的。

有一次，她接待了一位年轻的男顾客。那位先生说：“我想买一件最有刺激性的礼服，我要穿上它去参加宴会，让每个见了我的人连眼珠子都要掉出来。”

女老板说：“我这儿有件很有刺激性的礼服，不过是为那些缺乏自信心的人准备的。”

“缺乏自信心的人？”

“是啊，您不知道有些人常常想穿这样的服装来掩盖他们的自信心不足吗？”

这个年轻人生气了：“我可不是缺乏自信的人！”

“那您为什么要穿上它去参加宴会，让所有人都羡慕得连眼珠子都要掉出来呢？难道您不能不靠衣服而靠自身去吸引人吗？您很有风度，也很有魅力，可您却要掩盖起来。我当然可以卖给您这件最时髦的礼服，使您出出风头，可您就不想想，当人们停住脚步看您时，是因为衣服，还是因为您自身的吸引力？”

听到这里，那个年轻人想了想说：“是啊，我干吗要花钱买大家几句恭维话呢？真的，这些年我一直缺乏自信心，可我竟然还没意识到这点，我应该对您表示感谢！”

尽管女老板这样“不愿赚钱”，但她的服装店还是顾客盈门，来的大多是曾经被“拒之门外”的客人。这些“回头客”和慕名而来的顾客，使服装店的生意越来越红火。

女老板的经商之道就在于她能很好地了解顾客的心理，并为顾客做参谋，以顾客为主，从而让顾客对自己产生一种信赖感。自己就占有了主动权，顾客便会跟着自己的步子走，因此也做成了一桩又一桩生意。

人是很容易被“打动”的，只要你善于揣摩他人的心理，并能设身处地地为他人着想，他们便会把你当成“知己”，对你信赖有加。这是高明的“揣情术”，是将心比心的结果。但是，想要把话说到人心窝里，首先就得揣摩别人的心思，这需要一定的技巧。比如，你可以通过他们在无意中表现出来的态度了解其心理，从而进行有针对性的谈话。这需要细心观察和长期总结。

第九章

转丸：在说与不说之间游刃而为

智者慎言，该沉默时沉默

【智谋原典】

口者，心之门户也。心者，神之主也。志意、喜欲、思虑、智谋，此皆由门户出入。故关之以捭阖，制之以出入。

——《鬼谷子·捭阖》

【译文】

口是心灵的窗户，心灵是精神的主宰。人的志向、欲望、思想和谋略，都要由这个门户出入。因此，用开放和封闭来把守这个关口，以控制来表达，就非常有必要。

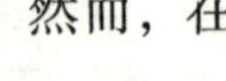

鬼谷子告诫我们，要管好自己的嘴巴。开口闭口的一瞬间，往往会让你的人生发生天壤之别！

因为说错话而导致杀身之祸的人，历史上比比皆是，当今社会也不乏这种事例。所以，说话前要谨慎，该开口时就开口，该沉默时就沉默。否则，你将会为自己招来祸患，甚至付出极为惨痛的代价。

古人很重视“慎言”，很多时候，沉默比直言更智慧。说起话来不假思索滔滔不绝，往往会流于空谈；还没考虑周全就急于表达，一定会言多必失！

明朝嘉靖朝的名臣徐阶就深谙此道。在数十年的政治生涯中，他最大的贡献就是扳倒了一手遮天、为非作歹的严嵩父子。

他和严嵩一起在朝十多年，一直小心谨慎，隐忍以待。严氏父子多次刁难和故意陷害他，而他只是忍辱负重，从来不奋力抗争；曾经有过一些机会向皇帝进言，告发严氏父子，他也装聋作哑，甚至使得一些不明就里的正直之士，把他当做严嵩一党而唾骂、鄙视。

然而，在表面恭顺的掩盖下，徐阶一直暗地里收集严氏父子犯罪的证据，等待机会，最后终于在最合适的时候重拳出击，将这对奸恶的父子一举铲除。

而同样痛恨严嵩父子的张居正，就是因为沉不住气，没有很好地审时度势就上疏谏言，所以最后只换来了被迫告病回乡的结局。

所以鬼谷子强调，说话前要三缄其口。说服他人，不在于话说得多不多，而在于说得对不对、该不该。只有抓住契机，切中要害，才是最关键的。

失足引起的伤痛很快就可以恢复，然而，失言所导致的严重后果，却可能让人终身遗憾。管住自己的舌头是最好的美德，因此，我们要牢记“祸从口出”的古训，在嘴边常备一把锁。

有一个国王，认为自己国家生产的绳子结实坚固，是全天下最好的。

然而，一个外国商人却觉得这个国家的绳子并不结实，比不上自己带来的。他四处散布言论，为自己谋利。

国王听说后，非常愤怒，立刻下令绞死这个商人。

行刑那天，商人在绞刑架上不断挣扎，弄断了绳子，猛地摔在了地上。

按照这个国家的法律，如果行刑时遭遇到这样的情况，说明是上天在保佑犯人，犯人应该得到赦免。于是皇帝便下令将他释放。

商人得意忘形地大声喊叫：“看到了吧，这下你们该相信了吧！你们的绳子就这么差！”

这句话很快就传到国王那里，国王一听，顿时暴怒，命人把他重新捆了个结结实实，又绑上了绞架。这一次，绳子没有断，商人一命呜呼了，再也没有死里逃生的机会。

这个愚蠢的商人，正是死在了自己的嘴巴上。被赦免之后，不仅没有见好就收，反而再次惹恼了国王，错过了死里逃生的机会。

在这个充满竞争的社会里，说话稍有不慎，便有被人抓住把柄的危险。而且，你的言谈会暴露出许多问题，比如你对一个人、一件事的态度，你对未来的看法和打算，甚至是你的个人品质，等等，都会被对手所了解、利用。

无论在什么场合，都要想清楚了再开口。损害他人利益的事不说，对人对己都无益的事不说。不能竹筒倒豆子似的，倒完了才发现不该说，结果后悔也无济于事。

与人交谈需夸其所长，避其所短

【智谋原典】

智者不用其所短，而用愚人之所长；不用其所拙，而用愚人之所工，故不

困也。言其有利者，从其所长也；言其有害者，避其所短也。

——《鬼谷子·权篇》

【译文】

有智慧的人不用自己的短处，而宁可用愚笨者的长处；不用自己的笨拙，而宁用愚笨者的灵巧，只有这样才不会陷入困境。游说时，阐述有利的内容，就要发挥其长处，阐述有害的内容，就要回避其短处。

爱听赞美的话，是人的天性。我们在说服别人的时候，真诚、慷慨地赞美别人，可以赢得对方信任，营造一个融洽的氛围，从而为说服活动的进行创造良好条件。

战国时期，魏文侯派大将乐羊攻打中山国，不久便攻占了中山。魏文侯决定将中山分封给自己的儿子。

魏文侯问群臣："我是什么样的君主？"大家都说："您是仁德的明君！"魏文侯听了很得意。

然而任座却说："您得了中山国，不用来封您的弟弟，却封给自己的儿子，这怎么能说您是仁德的君主！"

魏文侯勃然大怒，火冒三丈。任座本来想继续劝谏，这下也说不出口了，只好快步离开。

魏文侯忍着怒气，又问翟璜，想看看大臣们是否真心颂扬自己。

翟璜回答说："您的确是仁德的君主。"魏文侯问："此话怎讲？"

翟璜答道："我听说国君仁德，他的臣子就敢直言进谏。刚才任座的话就很耿直，所以我知道您是仁德君主。"

魏文侯大喜，派翟璜去请任座回来，还亲自下殿堂去迎接，奉为上客，以礼相待。

在这个故事中，翟璜通过君王仁义，臣子耿直的道理，肯定了魏文侯是仁义明君，让魏文侯在春风得意中反思任座的谏言。翟璜劝说的巧妙之处就在于通过称赞的方式，起到了严厉批评的作用。

鬼谷子曾讲过，游说的最佳方式，就是避其所短，从其所长，让别人在如沐春风的感觉中，自然而然地接受你的批评和建议。

赞美别人不光语气态度要真诚，还要符合实际情况。通过恰到好处的赞美和夸奖，把话说到点上，才能收到最好的效果。

那么如果在与他人交谈时，对方提到我们的缺点，我们应如何应对呢？

一位求职者到一家公司面试。他在大学里曾经留级一年，因此在面试时，就被面试官问到了这一点。

而这位求职者很巧妙地说："自己也知道留级很不应该，只是当时自己担任校级社团的负责人，要策划主持很多重要的活动，因此忽略了学习成绩。虽然在社团中锻炼了自己的各种能力，也有很多收获，但每次想到留级的遗憾就非常懊悔。"

虽然这位求职者留级过一年，但是听完这番话，面试官还是决定录用他。

这位求职者能够成功应聘，要归功于他的讲话艺术。他首先承认面试官指出的问题，但是他马上绕开这一问题，换到自己的优点这一话题。这就让面试官觉得虽然留级一年，学习成绩没有达标，但是他在社团中的能力是很强的，而工作中，社交能力、组织能力都是要比学习成绩更为重要的。就这样，求职者淡化了自己的缺点，让对方注意到自己的优势，从而顺利通过面试。

在与人交谈时，无论是谈论到对方还是谈论到自己，都要尽量避开各种的缺点或者是以往的尴尬事。任何人都有自己的所长，只要去寻找，总会发现的。

绵里藏针，威胁话舒服说

【智谋原典】

摩而恐之，高而动之，微而证之，符而应之，拥而塞之，乱而惑之，是谓计谋。

——《鬼谷子·谋篇》

【译文】

揣摩之后加以威胁；抬高之后加以策动；削弱之后加以扶正；符验之后加以响应；拥堵之后加以阻塞；搅乱之后加以迷惑。这就叫做"计谋"。

先说软的，可以在强敌面前取得进一步论辩的机会；再说硬的，就可以显示一些威胁的力量。软的为绵，硬的为针，是为绵里藏针。"绵里藏针"的运用常常跟喂小孩子吃苦药的道理一样，要用糖衣包着药片，或者就着糖水送服，招数因人而异，窍门却一通百通。

赵、魏等国合纵，赵为争夺合纵的领导地位，献出百里土地，请求魏国杀死魏相范座。范座上书给魏王说："臣听说赵王要拿方圆百里的土地为代价，请求杀死我。杀死一个无罪的范座，不过是小事一桩；而得到百里的土地，可是很大的利益，臣暗自为大王感到得意。话虽然这样说，却有一点不可不留意，如果百里的土地没能到手，被杀死的人可就不能复生了，而且大王还一定会被天下人所耻笑。臣以为

与其用死人同赵国做交易，不如拿活人做交易更好。”

范座先请求大王赐他一死，然后再剖析这一行为的后果，让大王定夺取舍，自己不明确表态，可见绵里藏针的手法十分高明，尤其适合用在与他人的辩论上。

绵里藏针，话里藏话，总体上有两个基本功用：一是能够听出对方的弦外之音、恶毒之意，否则便会成为笑柄，白白赔了笑脸；二是要委婉含蓄地表达自己，话要说得很艺术，让听话之人心领神会，明白你话中的锋芒所在。

求人者都是为了争取得到一定的利益，而作为被求的对象，则是尽量保护自己的利益不受损害。如果在求人过程中，不回避利益这个核心问题，而采用绵里藏针的方法，客观地分析对方行动的利与弊，软硬兼施攻破对方的心理防线，具体地指出自己能满足对方哪些利益以及满足的途径，设法使对方的某种需要得以满足，如果丧失这种利益对对方也是不小的损失，就能使求人者的最终目的——自己的需要也得到满足，成为现实。

张武是一家公司的人力总监。一天早上，一名年轻有为的员工走进他的办公室，对他说刚接到一家大公司的录用通知，这家公司承诺提供更好的待遇和福利。这位员工希望张武在他离职之前，能够安排好接任的人选。

张武知道，那家公司是用高薪水来做诱饵，这一点自己的公司办不到，再说以目前这位年轻人的职位和对公司的贡献，还不值得投这个“资”。不过考虑到这位年轻人今后对公司的作用，张武开诚布公地与他进行了交谈。

他首先答应可以将年轻员工的薪金略微提高。他指出：以年轻人目前在公司的职位，将来的升迁潜力很大。虽然目前公司所提供的薪金与别的公司相比要低一些，但公司不会亏待每一位员工。如果年轻人能胜任当前的工作，那么根据公司的奖励制度，薪金就会逐年调高。

接着，他语气一转，说道，年轻人考虑要接受的那份工作实际上是死路一条。虽然那家公司比本公司提供的薪水要多些，不过，如果他接受那家公司的工作，那么他在那家公司将很难有机会获得提升。这并非说明他能力不足，而是这一新的职位将来并没有升迁机会。他继续告诉年轻人，他想加入的那家公司是个家族企业，其中的成员大多沾亲带故，一个外人很难打入权力核心。

张武这一番语重心长的话让年轻人似有所悟，他也知道张武并不是开空头支票，因为张武说的都在情在理，符合实际。几天以后，这位年轻员工又回到了张武的办公室，告诉他自己已经放弃了新的工作，决定留在公司里。

张武在同年轻员工的这次交谈中，为了能够说服他留下来，基本上采用绵里藏针的方法，分析年轻员工去与留中的利弊得失。既有“软”手段：承诺加薪，描绘美好前景；又有“硬”手段：指出跳槽的短期风险和长期风险。由于他态度中肯，且又语中要害，虽然没有满足年轻员工眼下的种种额外要求，但还是达到了挽留他继续为公司服务的目的。

一般而言，当对方不肯轻易顺从你的意见，甚至显示出一种居高临下的姿态时，求人者如果善于运用软硬兼施的各种手段，抓住制约和影响对方态度、行为的主要矛盾，或点明其症结所在，或分析其利弊得失，或指出其解决的途径，并以此吸引对方听取自己的意见。也就是说，求人者若能用精辟之语、有力的谈话压制住对方，就可以让对方屈从和改变主意，从而使对方心甘情愿地为你办事。

《韩非子》：

法术势三位一体管理

经典简评

• **书名**：《韩非子》

• **作者简介**：韩非子（约前 281 – 前 233 年），战国末期韩国人（今河南省新郑），为韩国公子。他是中国古代著名的哲学家、思想家和政论家，法家思想的集大成者，后世称“韩子”或“韩非子”。

• **成书时间**：战国末期

• **内容简介**：《韩非子》是先秦法家集大成之作，是古代政治学杰作，近代著名学者章太炎曾称“半部《韩非子》治天下”，可见其价值。

• **传世价值**：《韩非子》尽管为后世许多学者所厌恶，却世世代代被研读诵习，并且完整地流传至今。《韩非子》以黄老为本，通过法、术、势（法是健全法制，势指君主的权势、权威，术指掌握政权、推行法令的策略和手段）三位一体，教人牢牢掌控权势，树立绝对权威，驭人于无形。

第十章
领导之本，树立权威以驭人

 铁腕树威，紧握权势

【智谋原典】

爱人，不独利也，待誉而后利之；憎人，不独害也，待非而后害之，然则，人主无威而重在左右矣。

——《韩非子·三守》

【译文】

君王喜爱一位人，不是按自己的想法去奖赏他，而是等到大家都赞誉他之后才给予奖赏，君主憎恶一个人，不是自己作主去处罚他，而是等到大家都反对他后才实施惩处。这样，君主就会失去权威性，就会导致大权旁落。

作为领导，仅仅掌握权力还远远不够，必须树立自己的绝对威信。权力与威信是领导者的两把利刃，缺一不可。保持领导者的尊严、威信，从而牢牢掌握权力，是领导立足的根本，正如韩非子所说“万物莫如主势之隆”。

孙武离开齐国投奔吴国时，还是名不见经传的小伙子。在朋友的引荐下，吴国君主阖闾读了孙武的兵法，便将孙武召至宫中，要求用宫女来演练并验证其兵法的有效性。

孙武欣然接受了挑战，他将宫女分为左右两队，并指定吴王最为宠爱的两位美姬为左右队长。接着孙武开始向宫女们讲授操练要领，讲解完毕，孙武问众宫女有没有听明白，众人都说明白了。然而，当孙武真正开始发号施令时，宫女们却笑得乱作一团。

孙武说：“如果由于号令不清而导致士兵们没有按照指令行兵，那么这个责任当属将领。”于是他又将规则重新解释了一遍。然后他再一次发令，宫女们仍然大笑不止。这时孙武说：“如果指令已经解释得足够清楚，而结果还是失败的话，那

么责任在于军官。”他下令斩杀被任命为队长的两名宠姬。

吴王见状忙说已理解他的用意，不需要真的执行军法。孙武回绝了吴王的请求，杀掉了两位美姬，并任命另两名宫女为队长，继续练兵。当孙武再次发令时，没有人再笑，大家都操练得极为齐整。

吴王明白孙武的真实才能，任命其为军师，吴国由此而强大。

在训练宫女时，孙武虽然是主帅，但是有权无威，根本无法将自己的命令贯彻。然而，当他斩杀两名宠姬时，威信也就树立起来了。

领导者上任之初，下属多持观望态度，他们或许会窃窃议论新领导的领导能力，或许会评价其处事作风，甚至会有个别下属一再向其挑衅示威。能否镇住局面，不被下属轻视小看，对新任领导者来说是一个严峻的考验。

惩处措施是领导者坚持原则、确立强有力的当家人形象的重要手段。对个别扰乱纪律、不服管教的害群之马，如果你采取果断措施惩处了他，那么威信很快便树立起来。反之，就会形象大贬，影响今后工作的进一步开展。

当然，强制力的使用是在平日下达命令和遭遇突发事件时，领导不得不使用的手段，它的优点在于能够快速实施计划，无需和权力对象有过多纠缠。然而，这也杜绝了下属进谏之道，因此应适时适地而用，才不至于落得“独断专行”的骂名，何况，强制会激起反抗，过分的压制也会适得其反，超过一定限度，仇视就转变为无动于衷的冷漠，甚至会转向其他同伴，尤其是那些经济地位低下和受孤立者。

因此，把握“度”在强制力的使用中是十分关键的，但是一旦决定要使用铁腕解决某事，就必须做到以下几点：

1. 不轻易妥协。必须毫无怜悯心地继续下去，即使对方开始变弱时也不能放松，否则对方会对你的不安加以利用，使强制措施功亏一篑。不过，胜利在望时一方面固然要继续施压，但另一个方面也别忘给对方安排一条后路，否则“狗急”也会跳墙的。

2. 不迁就多数。在这种情况下，领导者可能会显得孤立，但这并不可怕，这种孤立必定是暂时的。尤其是处于改革转型期的领导，因为需要颁布一系列的规章，会伤害到部分员工的既得利益，势必会受到孤立。但是，随着绩效的增长，这样的误解必然会慢慢消除。

3. 号令如山，令行禁止，不容拖沓。所谓“君子一言，驷马难追；王者发令，重于泰山”。组织是一个环环相扣的命令系统，任何一环缓慢或懈怠都将成为达成目标的障碍。相反地，如果能充分发挥命令系统的机能，则在效率、操作上都可胜人一筹，即使员工有什么修正意见，也须在执行任务的同时找领导私下交流。

为保证任务能够按时完成，领导者还须严格制定工作完成的期限，当然这是以体察下属力所能及的进程为前提的。这样可以防止大部分员工在开始时满腔热情，中途就三天打鱼两天晒网，最后为赶任务而“临时抱佛脚”的无规律工作进程，保证工作的效果。

此外，领导者在面临不同风格、不同行事方式的下属送上来的议案时，一定要有所抉择和倾向，否则若以优柔寡断的态度让其各自为政，只会使下属认为这是庸碌无为的“老好人”，其实在这时候，领导必须抛弃私情和同情，冷静地思考，再作出明确的结论。虽然作出决定后，还是会有一些问题发生。但如果因此而犹豫不决的话，问题一定会更大。

各司其职，防止下属越权

【智谋原典】

为人臣者陈其言，君以其言授之事，专以其事责其功。功当其事，事当其言，则赏；功不当其事，事不当其言，则罚。

——《韩非子·二柄》

【译文】

做臣子的陈述自己的主张，君主根据他的言论分派给他相应的职事，以职事责求功效。功效符合职事，职事符合言论，就奖赏；功效不符合职事，职事不符合言论，就惩罚。

韩非子认为，君主对于不能尽职的臣下要予以处罚，对于逾越自己职权范围的臣下更要予以处罚。

在《韩非子·二柄》中，有这样一个故事：

韩昭侯喝醉酒之后睡着了，替韩昭侯管理帽子的侍从担心韩昭侯着凉，就给他盖了一件衣服。韩昭侯睡醒之后非常高兴，问身边的侍从：“是谁给我盖的衣服？”侍从回答：“是负责管理帽子的人”。韩昭侯于是将负责管理衣服的人治罪，并且杀了负责管理帽子的人。”

韩昭侯似乎有些不近人情，以后谁还敢帮他呢？但在韩非子看来，治罪于管理衣服的人，是因为他没有忠于职守；治罪于管理帽子的人，是因为他超越了自己的权限。韩昭侯并不是不怕寒冷，而是认为超越权限的危害远甚于寒冷。他是在向职责不清的工作方式说不：越权必罚。这样使臣属既不敢失职误事，又不敢越权行事，易于为君主所驾驭。

下属越权大致有这样几种情况：或者由于职责不明，造成无意地、不自觉地越权；或者由于擅作主张、横加干涉或越俎代庖等，使领导的权力被架空，从而引发混乱。

如何防范下属的越权？应实行“两步走”战略。第一步在于领导者放权时要摆正摆平，增加透明度，避免因分配不公引发下属的不平衡心理。放权重在职、权、责的三位一体，并要制定出相应的实施细则，对号入座、不偏不倚、各司其职、各拥其权、各负其责。

如果下属心存疑惑，领导也需公开解疑，做到光明磊落，避免引起其他下属的猜忌、议论和指指点点。也避免某些下属因为心存不满而故意做出“越位”、“越权”等行为。

第二步在于放权后加强监管力度。重在分析和掌握下属的个性心理和动向，对其工作能力、工作绩效和工作态度等方面作出合理的评估，力求达到多方的协调，这也是规避越权的有效方式。

尽管防范再三，下属还是会做出一些越权行为，对此领导者也要具体分析、冷静处理，不应简单地批评和处罚。首先应分析，作为领导者的工作是否已真正到位，有没有因为某些疏忽给下属可乘之机。其次，应找准下属越权的动机所在，是利欲熏心、恣意妄为，还是出于公心、过失所在，应予区别对待。对前一种动机则不可饶恕，需杀一儆百，以加强管理的力度，维护管理者的权威；对后一种动机也不可既往不咎，而应酌情处理，根据越权造成的危害程度，让下属承担起相应的责任。

应当承认，如果下属确实是出于工作责任感和进取意识而做出了某些职权范围之外的举动，其精神可嘉，比起某些得过且过、明哲保身的人，显然有其可贵之处。因此，领导需予以理解，但也不必大加赞扬，毕竟其越权已成事实，且已构成某些不妥。明智的做法在于用行动表明自己的立场，如果下属的才能确实已大大超出其职位的要求，确实需要一个更广阔的发展平台，领导者就需要采取公正态度，予以适当调整，以发挥下属的才干。这样既做到了公正公平，又整合了企业人力资源。作为下属，也会为领导者的无私、体贴和远见卓识所感动，更会领悟到以后的工作该怎样做才不负领导的良苦用心。

明确职权是每一个企业职员分内之事，“不在其位，不谋其政”，人人都需铭记于心，并切实遵从。不管初衷如何美好，即使是为企业着想，作为下属也切忌自作主张、我行我素。在有可能做出“越权”行为之前，应先与领导彼此沟通、陈述想法，让领导在权衡利弊中最终调整定夺。这不仅能确保工作的有序进行，也可为个人的生存发展增添生机和希望。

做能力范围内的事，以保护自己的权威

【智谋原典】

故知之难，不在见人，在自见。

——《韩非子·喻老》

【译文】

认识人的最大困难，不在于能认识别人，而在于能认识自己。

人贵有自知之明，每个人都应对自己的才能有一个客观、公正的评价，对自己能力范围之内的事情竭尽全力，对能力范围之外的事情不要随便插手、干涉。

然而，人们却很难认识自己。为什么呢？韩非子认为，智慧就像眼睛，能够看到百米之外的东西，却看不见自己的睫毛。

一只秃鹰飞过王宫，看见王宫中的一只黄莺十分受国王的宠爱，于是就问黄莺："你是怎么得到国王宠爱的？"

黄莺回答说："我到王宫后，唱歌十分动听，国王非常喜欢听我唱歌，于是十分喜欢我，就经常拿珍珠来打扮我。"

秃鹰听了，心中很是羡慕，它想："我也应该学学黄莺，这样说不定国王也会喜欢上我的。"于是它就飞到国王睡觉的地方，开始叫起来。正好国王在睡觉，听了秃鹰的叫声，感到十分恐怖，就让属下去看看是什么东西在叫。属下回来报告说是一只秃鹰不知道为什么在叫。国王感到十分愤怒，就吩咐手下把秃鹰抓了来，并令其拔光秃鹰的羽毛。

秃鹰浑身疼痛，满是伤痕地回到鸟群中，它恼羞成怒，到处对别的鸟儿说："这都是黄莺害的，我一定要报仇！"

可笑的秃鹰，连最起码的自知之明都没有，竟然跑去像黄莺一样唱歌，也难怪会落得如此下场了。

很多领导，耳边经常充满了阿谀奉承之词，很容易飘飘然，不知所以，以致自我膨胀。而要有自知之明，就是说领导应正确评估自己的能力，确有把握，能够胜任，否则可能会陷入完全无助的大灾难之中。

领导虽然掌握决策大权，但要想所有的事情都向好的方向发展，就必须保持清醒的自我认识，"术业有专攻"，专业领域还需向专业人士请教。身居领导之位者如果在自己不擅长的方面自作主张，在重要的场合说不符合自己身份的话，会导致自己领导

地位的动摇，严重者甚至会失去民心、众叛亲离。对此，阿里巴巴的创始人马云，总结出了解决的办法，他说："外行是可以领导内行的，关键是要尊重内行。"

尊重内行，就需要领导的自觉性。自己不懂技术，可以把最优秀的技术人员请来；自己不懂财务，可以把最好的财务官请来；自己不懂管理，可以把最好的管理者请来。"知之为知之，不知为不知，是知也。"换句话来说，也就是领导和其他人一样，都需要有自知之明。

在一个人的人生历程中，有一个最基本的公式，那就是我们只能去做自己能力范围之内的事。如果一个领导没有自知之明，贸然去做一些超出自己能力范围的事，那么在地位、威信上都会招致噩运。

保持距离，权威需要神秘氛围

【智谋原典】

君无见其所欲，君见其所欲，臣自将雕琢；君无见其意，君见其意，臣将自表异。

——《韩非子·主道》

【译文】

君主不应表现自己的喜好，一旦表露出来，臣子就会私下琢磨；君主不应展现自己的意图，一旦展现，臣子就会自我伪装。

君臣之间的关系实际上是永无止境的相互猜疑争斗，因此君主必须使自己神秘化。君主越是神秘莫测，臣子就越发战战兢兢，而神秘之道在于保持距离。

领导唯有隐藏自己，不让下属揣测到自己的所思所想，才能牢牢把握住自己的权势，也唯有如此，下属才不敢有二心，不敢图谋不轨。所以，作为领导，内心的想法甚至喜怒都是不可以与下属共享的，否则，必然被人所利用。和下属打成一片的领导，并不一定是好领导。

春秋五霸之一的齐桓公，喜欢美食，而易牙是烹调的高手。一天，齐桓公开玩笑说："人世间美味我唯一没有吃过的就是人肉，不知道人肉是什么味道！"易牙听后，为讨齐桓公欢心，就将自己年仅三岁的儿子杀了，做成佳肴，献给齐桓公。齐桓公非常感动，对他更为宠信。

管仲临死时劝诫齐桓公说："易牙杀死自己的儿子来讨好国君可谓无情无义，不能重用，无论如何都不能接近他，否则只会给齐国带来灾难。"

但是齐桓公并没有将管仲的话放在心上，继续宠信易牙。不久齐桓公病重，易牙与竖刁一起把持朝政，杀戮群臣，齐国大乱。齐桓公也被活活饿死，死后很久也无人敢去收尸。

有喜爱，必有弱点；有弱点，就必然会受制于人。作为领导，只有在自己的周围用一层神秘的面纱将自己笼罩起来，由神秘而生威严，从而令下属不得生妄念，这比切实的惩罚更能令下属感到现实的威胁而不敢妄动。

刘邦平定天下做了皇帝以后，把秦朝的礼仪废除，力求简易。当时大臣们在朝堂上经常做出失礼的行为，饮酒争论、醉后喧哗，甚至拔剑击柱，全然没有礼法。汉高祖对这种情况渐渐感到不满，叔孙通向汉高祖建议制订宫廷礼仪，得到汉高祖的同意。叔孙通是秦朝博士，他到鲁国故地征召约三十名儒生到长安，协助制订及演习宫廷礼仪。一个多月后，叔孙通邀请汉高祖观礼。

天亮时，由谒者掌礼，来访者依次进入殿门。宫中设有车骑、步卒守卫，以及兵器、旗帜等。功臣、列侯、将军及其他军官在西列队，向东而立；文官自丞相以下在东列队，向西而立。大行依爵位高低宣示来宾上殿。于是皇帝乘辇出房，百官手执帜而传警，引诸侯王以下至领六百石薪金的吏员依次奉贺。这时，自诸侯王以下，各人无不肃然起敬。礼成后开始酒会，宫内侍从坐在殿上，全部伏下，以来宾尊卑依次敬酒。九觞酒后，谒者宣布罢酒。御史在场内执法，见到不依礼仪的人便立刻把他带走。整个酒会过程中都没有人敢喧哗失礼。

汉高祖对此次朝会非常满意，高兴地说："我今日方知皇帝之尊贵！"。他委任叔孙通为太常，并赏赐黄金五百斤。随叔孙通入京的儒生被汉高祖封为郎，叔孙通把赏赐所得全数分赠随行的儒生。

打天下时，彼此不分你我，一起吃肉喝酒。坐天下时，君臣的名分就出来了。之所以设繁琐的宫廷礼仪，其目的就是将皇帝推崇到至高无上的地位，拉开与昔日朋友、今日臣子的距离，增加天了的神秘感，这对管理是大有好处的。

领导如何保持自己周围的神秘氛围呢？首先是隐藏自己的行动和内心想法，绝不随意显示自己的智慧、才能和权势；其次，隐藏自己的好恶，否则，下属就会迎合领导的心理，领导就会受其迷惑，成为睁眼瞎；最后，充分利用赏罚二柄，赏罚之前必须保密，以防下属从中插手以渔利。

作为领导，和下属保持距离是必要的。毕竟现实中的每个人，都是戴着一张面具的，每张面具背后究竟隐藏着什么样的表情，谁也琢磨不透。但是，面具的功能无非是两种：隐藏和欺骗。同时，因为领导所处的位置，是现实社会竞争的焦点，在一个以竞争求生存的社会中，要生存必须先保护自己，而不懂隐藏就难以识破骗局，无法在竞争中取胜，更别谈保护自己。

第十一章

驭人之策：掌控权力，安抚人心

治吏不治民，抓大放小是关键

【智谋原典】

摇木者一一摄其叶，则劳而不遍；左右拊其本，而叶遍摇矣。临渊而摇木，鸟惊而高，鱼恐而下。善张网者引其纲，若一一摄万目而后得，则是劳而难；引其纲，而鱼已囊矣。故吏者，民之本、纲者也，故圣人治吏不治民。

——《韩非子·外储说右下》

【译文】

摇树的人如果一一去掀动每片树叶，那么即使累得筋疲力尽，也无法使树叶全部抖动；而如果左右摇动树干，那么，树上所有的叶子都会一起晃动。靠近深潭摇动树木，鸟受惊而高飞，鱼害怕而下沉。善于张网捕鱼的人，只要拉住渔网的绳子，鱼儿就能尽收网中；而如果一个个地拨弄网眼，不仅劳苦不堪，还将一无所获。在此，官吏就如同民众的“本”和“纲”，所以圣人治理国家最需注重管理官吏，而不是每个老百姓。

提纲挈领是韩非帝王术中的基本主张。为数众多的民众恰似“叶”、“目”，作为最高统治者难以事无巨细。而如果抓住官吏这一管理民众的“本”、“纲”，就能够取得“撼木摄叶”、“纲举目张”的控制成效。

只要最高统治者能够选准、用好各级官吏，就可以借助他们管理并控制好众多的平民百姓，形成臣下恪尽职守，百姓安分守己的局面。如此，君主便能安坐于朝廷之上，悠闲自得于闲暇之中，即使清静无为，也能把国家治理好。

春秋时期，孔子的学生宓子贱被任命为单父的行政长官，他上任后，寻访贤士，将工作交给得力的部下去做，而自己每天只是静坐弹琴，不出三年，单父被治理得井井有条，路不拾遗。后来，巫马期接替宓子贱。巫马期非常勤劳，每天早出晚归，但单父治理得并没有更好，自己却累倒了。

巫马期于是向宓子贱请教："你每天都在弹琴游玩，但单父治理得很好。而我每天专心工作，忙得不可开交，反而还做不好，这究竟是什么原因呢？"

宓子贱说："我凡事交给我的部下去做。但你身体力行，事必躬亲，不仅把自己弄得很累，还会挫伤下属的积极性，造成他们的依赖、埋怨或抵抗情绪，使他们没有主见和责任感。"巫马期听后，心悦诚服。

悠闲的宓子贱将单父治理得井井有条，而兢兢业业的巫马期反而累倒了。关键就是二人采取的管理策略有异。宓子贱采取的策略是抓大放小，而巫马期则时时事事插手。很显然，越是人数众多的团队，二人管理的效果优劣性越是明显。

凡事都要以全局为重，以细枝末节为轻。只有准确地把握住全局的整体情况，才有可能掌控事态的发展方向，才有可能立于不败之地。世事如棋，如果忽略了全局，而斤斤计较于一招一步的得失，就很可能导致全局的失控，从而满盘皆输。纲举目张的精髓所在就是善于授权。

一个成功的领导者必须做到的一点就是善于授权，做不到合理授权是现代多数中层经理工作效能低下的主要原因。

罗明是国内一家电气分公司的经理。他每天都要应付成百份的文件，经常抱怨说自己要是再多一双手，再有一个脑袋就好了，他已明显感到疲于应付。公司人人都知道权力掌握在他的手里，每一个人都在等着他下达正式指令。罗明每天走进办公大楼的时候，就开始被等在电梯口的职员团团围住，等他走进自己的办公室，已是满头大汗。

实际上，罗明自己给自己制造了许多麻烦。他既然是公司的最高负责人，那他的职责只应限于有关公司全局的工作之上，下属各部门本来就应各司其职，以便给他留下足够的时间去考虑公司的发展、年度财政规划、在董事会上的报告、人员的聘任和调动……

罗明有一天终于忍受不住了，他把所有的人关在自己的办公室外面，把所有无意义的文件抛出窗外。他让他的下属自己拿主意，他给秘书做了硬性规定，所有递交上来的报告必须筛选后再送交，不能超过十份。刚开始，秘书和属下都不习惯。但没过多久，公司开始有条不紊地运转起来，工作效率因真正各司其职而大幅度提高了。从此，罗明有了读小说的时间、看报的时间、喝咖啡的时间、进健身房的时间，他感到惬意极了。他现在才真正体会到自己是公司的经理，而不是凡事包揽的"老妈子"。

身为领导者，要善于授权，自然就能达到高效之目的。

授权是现代领导的分身术。现代化管理面临千头万绪的工作，即使你有天大的本事，"鞠躬尽瘁，死而后已"的诸葛亮式管理是绝对行不通的，必须根据不同职务，授予下属职权，使每个人都各司其职，各负其责，各行其权，各得其利，职责权力相结合。这就能使领导者抽出更多时间和精力解决带有全局性的关键问题。

在授权时，一定要注意：

1. 用人不疑，疑人不用

与职务相应的权力应一次性授予，而不能欲放不放。如果有职无权，实际上就是对下属的不尊重、不信任，就会挫伤下属的积极性，使其失去独立负责的责任心，导致授权失效。

2. 明确责任

权力与责任紧密联系，所以应该明确权限范围，防止下属使用权力时分寸把握不当。

3. 制定奖惩激励措施

授权的目的是要下属凭借一定的权力，发挥其作用，以实现既定的领导目标。但如果受权者有权不使，或消极使用权力，就不能达到目的。

4. 授权要适度

根据下属能力的大小，特别是潜在能力的大小来决定授职授权，而不可勉为其难或者大材小用。

领导者下放手中的大部分权力给各主管以及每一个员工，让他们有机会发挥自己的优势，有权力决定自己怎样做才能做得更好。结果就是要让下属全都行动起来，充分利用自己手中的权力，完成自己的工作。

授权不是弃权，授中有控

【智谋原典】

有道之君，不贵其臣；贵之富之，彼将代之。

——《韩非子·扬权》

【译文】

懂得治国之道的君主，给予臣子一定的权力，但不会使臣子过于显贵；臣子过于显贵，必将取君主而代之。

把权力紧紧握在自己手里，下属还会有什么作为呢？应该给予他们发挥的空间，让他们有机会证明自己的能力。组织越庞大，职员越渴望分享组织的权力。权力与责任是统一的，唯有充分授权，才能唤起职员担当责任的使命感，激发其进取心，

提高其对工作的热忱。如果没有高度而且充分的授权，成功的管理就是一件缘木求鱼的事。

授权给属下，是为了最大限度地发挥做事的效率。但是，授权绝不是弃权，更不是听之任之！否则，放权不当，授权超出合理的范围之内，后果不堪设想。

领导授权之后，必须有跟进的措施：做好监督，授中有控。就是对权力进行控制，及时、准确、有力地发挥权力的最佳功效。

春秋时期鲁国的阳虎，颇有才学，是个能臣，在鲁国做官期间，假公济私，公报私仇，贪污受贿，聚敛了万贯家财，后来东窗事发，被驱逐出鲁国。他跑到齐国，取得了齐王的信任，训练军队，取得了很大成效，但是不久，他又开始玩忽职守，再次落荒而逃。阳虎就来到了赵国，赵王让他辅佐自己料理朝政。左右对此很不理解，说："阳虎名声很不好，私心很重，为什么还让他料理朝政呢?"

赵王回答说："阳虎可能会徇私赢利，但是，我会小心监督他的，不给他机会。即使他有这样的想法，又怎么能如愿呢?"

赵王控制着阳虎，而阳虎确实发挥了自己的抱负，采取了一系列的改革措施，使得赵国渐渐由弱变强，称雄于各诸侯国。

授权不仅仅是简单意义上的授予其权力，其中一个很重要的环节是授中有控，做好监督工作。这即使是在现代企业管理也是如此。

一家著名公司的创始人早期创业时十分辛苦，许多事务他都要亲力亲为。随着公司的扩大，他意识到自己不可能参与一切事情，有必要对下属进行授权。于是，在开第二家分店时，他第一次将本属于自己的权力下放给了一些优秀的管理人员。随着公司的发展，他不仅将更多的事务交给下属管理，而且允许其行动自由，并享有决策资格，有权根据销售情况订购商品并决定商品的促销策略。

在下放权力时，公司也一直注意在扩大自主权与加强控制权之间取得平衡。一方面，公司有许多规定是各分店要遵守的，如商品定价，而且，每一位职员都要严格遵守公司制定的员工手册；另一方面，每家分店又有自主权，如部门经理负责商品订购，分店经理则可以决定商品促销计划。

授权必须是可控的，不可控的授权就是弃权。或者说，组织领导者在授权时要给下属两件物品，即一根绳子和一块糖，绳子是约束机制，控制被授权者的权限范围；糖是激励机制，是激发下属在权限范围内最大限度地发挥潜力。领导在授权时，必须牢记以下几点：

1. 授权给最合适的人。权是死的，人是活的。行使权力的人有问题，再无足轻重的权力，也会惹出大问题。

2. 先下属想到问题的可能性。交代任务时，领导必须要事先想到，根据完成这

些工作任务的需要，应该授予下属哪些权力，并且根据这些权力，进一步规定相应的职责和利益。

3. 行使权力的每一个下属，都要各守一方职责。权力不能交错，也不能有闲置。这样既避免了权力冲突与责任扯皮，又能使他们成为领导者的手的延伸、脚的延伸、眼的延伸、耳的延伸。但是，领导者就是决策者，不能让下属进入自己的大脑做决策。正确的做法是，在智力上，使下属与自己形成脑的叠加或互补，最大限度地发挥人才的群体优势，从而使下属成为一个富有朝气和生命力的细胞。

4. 建立健全的畅通无阻的信息传递渠道。及时地了解下属的工作进展情况，对其进行必要的、及时的引导和核查，保证其不偏离正轨。

5. 保留对直接下属关系的协调权。这是其他下属所不能替代的，更是领导与下属沟通的最好方式。

只有授中有控，控中有授，加强对下属工作的检查引导，才能够在激发下属工作活力的同时，也能对他们实施有效的管理，如此才是最明智的授权。

一山不容二虎，掌控权力制衡

【智谋原典】

豺狼在牢，其羊不繁；一家二贵，事乃无功。

——《韩非子·扬权》

【译文】

有豺狼在羊圈中，羊群就不会繁盛。一家之中，有两个掌权作主的人，任何事都不会有功效。

现代社会，人际关系让广大职场人士和企业经理人饱受折磨。不管是分工合作，还是职位升迁，抑或利益分配，无论其出发点是何其纯洁、公正，都会因为某些人的主观因素而变得扑朔迷离、纠缠不清。

习惯于不动声色的职场老手，将办公室比成战场，在这里，每天都进行着一场场没有硝烟战火的较量，不管你累不累、愿不愿意，只要你置身“江湖”，就“身不由己”。

毕竟，还有什么诱惑比利益更大，有谁不希望自己能够获得高于别人的权势与地位。一旦有人试图分享，必然会导致二虎相争的局面。

郑庄公时，国力壮大，就有了称霸的野心。因为积怨，就准备攻打许国。在攻打之前，要选一名先锋，于是郑庄公让人做了一面很大的旗子，旗杆有三丈三尺高，还准备了一辆特别制作的战车。并且下令：谁能拿得动这面大旗，谁就担任先锋，而且把这辆战车也赏给他。命令刚一发出，瑕叔盈就拔起旗杆，往前走了三步，又往后退了三步，再把旗杆插在战车上。

瑕叔盈正想把战车拉走，颍考叔站出来说："且慢！"只见他拿起旗杆，挥舞起来。庄公正准备任命颍考叔为先锋，这时，公孙子都又站了出来。颍考叔怕他抢了旗去，赶紧扛着旗子，拉着战车跑了。公孙子都又气又急，操起长戟就追。

郑庄公于是另外拉来两套车马，分别赏给瑕叔盈和公孙子都，这样一来，暇叔盈、颍考叔和公孙子都都有了战车，矛盾暂时得以缓解。

开始攻打许国时，作为先锋的颍考叔，一马当先，登上城墙，公孙子都见颍考叔就要抢了头功，便一箭射中颍考叔的后心。

郑国军队凯旋，郑庄公听说颍考叔是被自己人射死的。于是郑庄公决心找出凶手。公孙子都害怕了，说出事实后，拔剑自刎。

因此，君主必须掌控大局，平衡、牵制群臣。如果君主无法以"术"来维持群臣之间的平衡，就会横生枝节，生出祸端，甚至危及君主地位。

在现代企业管理中，一岗一职有利于明确职权、考核业绩，集中全部精力做好本职工作，保证各个环节专人专任，是企业能正常顺利地运转，集中优势力量办大事的重要保证。

而"一栖两雄"、"一家二贵"，很可能导致工作中互相争功扯皮的现象。在同一管理级别中官位多，遇到某些急不可待之事仍得步步审批、程序复杂，自然效率低下。在企业中，领导的意愿能否得以实现，下达的命令能否得以贯彻，关键在于下属对领导是否绝对忠诚。倘若有人与领导分权，领导下达的命令一旦遭到掌权者的反对，那么下属就会无所适从，从而导致领导失去对局势的控制，削弱威信，甚至大权旁落。

因此，一官一职对于企业精简机构和人员，对于避免内耗和无谓的纷争，对于提高工作绩效等显得特别重要，同时，对于个人专业技能的最大限度的发挥和提高、避免精力透支等也有着特别的意义。

不可否认，确实有部分人，才能非凡、品行优秀、内外兼修，是不可多得的人才，因此，也不应该过多地受一官一职的禁锢，一人多职也未尝不可。这样既体现了对人才的尊重，也体现了灵活的用人标准。

另外，如今企业中一般都倡导发扬民主精神。发扬民主精神确实对企业的发展会产生有利的影响，但是，必须有一个前提，领导具有最终决策权，最终拍板要领导说了算。如果一味追求民主，领导的决定权闲置或者旁落，一旦出现意见相左的

情况，就必然会引起不必要的争端，这时，下属也将是手足无措。有时民主造成的争执与混乱，甚至比一个错误的决定危害更大。

下属有怨气，要疏不要堵

【智谋原典】

以积怒而御积怨，则两危矣。

——《韩非子·用人》

【译文】

积怒的君主去驱使积怨的臣下，那么双方就都处于危险的境地了。

冲突是任何人都不愿意发生的，毕竟，只有在和谐的环境中，双方才能找到利益的均衡点，从而使双方都有所获益，避免两败俱伤。

有一家工厂，建有较完善的娱乐设施、医疗制度和养老金制度等，但员工们仍愤愤不平，生产状况也很不理想。为探求原因，该公司组织了一个由心理学家等各方面专家参与的研究小组，在工厂开展了一系列的试验研究。

这一系列试验研究的中心课题是生产效率与工作物质条件之间的关系。这一系列试验研究中有一个“谈话试验”，即用两年多的时间，专家们找工人个别谈话两万余人次，并规定在谈话过程中，要耐心倾听工人们对厂方的各种意见和不满，并做详细记录，对工人的不满意见不准反驳和训斥。

这一“谈话试验”收到了意想不到的效果：工厂的产量大幅度提高。这是由于工人长期以来对工厂的各种管理制度和方法有诸多不满，无处发泄，“谈话试验”使他们的这些不满都发泄出来，从而感到心情舒畅，干劲倍增。

试验的初衷是试图通过改善工作条件与环境等外在因素，从而提高劳动生产效率。但是，通过试验，人们发现，影响生产效率的根本因素不是外因，而是内因，即工人自身。因此，要想提高生产效率，就要在激发员工积极性上下工夫，要让员工把心中的不满一吐为快。

工厂的“谈话试验”之所以会提高工作效率，主要原因就是它正好契合了人内心的某些潜在的心理特点。

现代心理学中有个著名的“霍桑效应”，即在受到额外的关注时，人们的绩效和努力程度会不断上升。当管理者们深切地领悟了“霍桑效应”的妙处之后，就立即不失时机地应用到自己的管理中。比如，设立“牢骚室”，让人们在宣泄完抱怨

和意见后，全身心地投入到工作中，从而使工作效率大大提高。日本的一些企业做得更绝，他们在企业中设立“特种员工室”。在“特种员工室”里陈设有经理、车间主管、班组长的人偶像及木棒数根，工人对某管理人员不满，可以用木棒打自己所憎恨的人偶像，以泄愤懑。

近年来，还出现了一个新兴行业——运动消气中心。出此创意的人大都是学运动心理专业的，他们认为运动可以解决人们的心理问题，尤其是心情积郁等诸多问题。每个运动中心都聘请专业人士做教练，指导人们如何通过喊叫、扭毛巾、打枕头、捶沙发等行为进行发泄。也有的通过心理治疗，先找出“气源”，再用语言开导，并让“受训者”做大运动量的“消气操”。这种“消气操”也是专门为这项运动设计的。

总之，由于种种原因，下属可能满怀怨气，那么，身为领导，有必要恰当地让下属消解心中的怨气。具体的方法，可以参考下面两种：

1. 主动自责

谁都有犯错的时候，不要以为自己是领导，就高高在上，当自己说错话、办错事，不妨主动承认自己的错误，只有这样才能让员工消解怨气，让自己树立威信。

当下属因为你过激的批评而心怀怨气时，能主动找到下属，作真诚的自责，实际上就是传达一种体贴和慰藉，责的是自己，慰的是下属。这有利于在对方本已紧凑的心理空间辟出一块“缓冲地带”，让命令得以执行，使工作能够顺利地开展下去。

2. 晓以利害

当下属心怀怨气的时候，单纯劝导难以起到真正的作用，只有把他们心中的“怨结”打开，才能让他们豁然开朗。而打开“怨结”的关键就是抓住令他们生气的问题的实质，带领他们走出思想的误区。

下属与领导的一个不同之处在于，领导除了关心自己的利益之外，更应该关心单位的整体利益，而下属却有权关注自己的切身利益胜过关注整体利益。因此，对下属说话应该常记住“晓以利害”这一技巧，当他们对某件事有与单位领导不同的想法时，作为领导的你就应该明智地对他们做一番权衡利弊的分析，只有让他们觉得你的决定才是真正有利于他们切身利益的时候，他们才会真心地消除不满，转而支持你的工作。

第十二章
赏罚之柄，操之在手心不可软

赏罚不行，百事不成

【智谋原典】

爱多者则法不立，威寡者则下侵上。是以刑法不必，则禁令不行。

——《韩非子·内储说上七术》

【译文】

君主太仁慈，法制就难以建立；君主威严不足，就要被臣下侵害。因此，执行刑罚不坚定，禁令就无法推行。

作为一个领导，在管理下属的过程中，总会用奖励和惩处这两种方式。只奖不罚，难以规范员工的行为；只罚不奖，难以提高员工的工作积极性；不奖不罚、放任自流的粗放式管理当然也是行不通的。只有赏罚并行，奖惩得当，才能实现有效的管理。

郑国的丞相子产得了重病，已经奄奄一息。有一天，大臣游吉来看望他。子产拉着游吉的手说：“我死后，您一定会得到王上的重用，成为国家的重臣。到时候请您一定要实施严厉的制度。人们认为火的样子很可怕，所以都会避开火焰。而水在人们眼中看起来很柔弱，可是却有很多人淹死在水中。您一定要让自己的样子像火一样可怕，不要变成像水一样可能淹死人的柔弱模样。”

子产去世后，郑王任命游吉为郑国的丞相。游吉不肯遵照子产的遗言实施严厉的制度。于是，郑国有很多年轻人聚集在萑泽这个地方竞相作乱，很快就要成为威胁郑国的心腹之患了。游吉率领车骑与他们作战，激战了一天一夜才最终打败了他们。

这是《韩非子》中的一个故事。在故事的结尾，韩非子引用孔子的话说：“天失去常规，草木的生长尚且要背逆它，何况君主呢！”奖惩不行，百事不成。无论是惩罚，还是奖赏，如果不能得以实行，那么领导者就会失去下属的支持与爱戴，整个公司或机构就会失去运转下去的动力。

两个星期前，兴涛刚刚升任为公司业务部的经理。可是刚一上任，他就遇到了难题。原来，业务部有两位业务非常突出的下属：大刘和小方。兴涛想从两人中选出一人成为自己的助理。到底选谁好呢？于是，他决定观察一段时间。

两个月后，兴涛已经将二人的基本情况了解地非常清楚。大刘业务精熟，但喜欢对同事颐指气使，发号施令；而小方业务水平虽比大刘稍差，但人缘好，善于团结同事。于是，兴涛写下了任命书：任命小方为业务助理。然而，到了第二天，兴涛决定再观察一段时间。

半年过去了，当兴涛终于下定决心任命小方为业务助理时，没想到却收到了小方的辞职信。与小方一起辞职的还有其他几名同事。原来，就在半年的时间里，大刘利用自己在共同研发业务中的主导地位，对包括小方在内的几位同事百般刁难，并使得他们最终产生了离职的想法。而兴涛既没有警示大刘，也没有对小方等人加以鼓励。他的做法使小方等人更加坚定了离开公司的决心。

诚然，为哪家公司服务是职场人的自由。但在这件事中，除了大刘的不断刁难之外，兴涛也难辞其咎。他在面对如此情况时犹豫不决，没有明确地实施赏罚，造成了人才的流失。如何才能避免赏罚不行，百事不成的现象呢？

身为领导，若想将下属团结起来，留住有才干的人才，就需要将赏罚落实到实处。如此，有创意的工作才能展开，工作效率才会大大提高。为了实现上述愿景，领导需要在工作中做到以下几点：第一，学会用人，不仅要给下属有挑战性的工作，还需要及时地奖励他们，以维护他们对工作的积极性；第二，学会管人，建立起一套切实可行的奖惩制度。唯有将柔性管理与奖惩制度结合起来，并将其贯彻到实处，集体的智慧才能得到最大程度地发挥，集团效益才能最大限度地实现。

赏罚得当，天平的砝码偏不得

【智谋原典】

夫赏无功，则民偷幸而望于上；不诛过，则民不惩而易为非。

——《韩非子·难二》

【译文】

奖赏无功的人，民众就会希望从上面侥幸得到奖赏；不惩罚有罪的人，民众就会由于不受惩罚而轻易地做坏事。

赏罚只有适当与不适当的问题，而没有太多或太少的问题。以为刑罚太多、太滥，或者认为赏赐太少、太薄，只能说明他对赏罚的作用和意义理解不够。

在韩非子看来，维护法律的尊严主要靠奖赏和惩罚，但赏罚不能乱用，必须恰当。所谓恰当就是有功必赏，有罪必罚。只有恰当，赏罚才能起到应有的作用。否则无功而赏，无罪而罚；或者有功不赏，有罪不罚，民众便会不劳而图赏，败坏法纪却总希望逍遥法外。所以说，无端地施舍和赦罪，虽被一般人认为是慈爱的“仁政”，实际上却是国家混乱的根源。

有一次，齐桓公喝酒喝昏了头，居然连标志自己身份地位的冠冕都找不到了。他自己也感到很羞耻，觉着无脸见人，于是接连三天不肯上朝，国相管仲听说了这件事后，进了王宫对他说：“这的确是件丢人的事情，可以算是国耻。但是您可以通过搞好政治，让人民满意来洗刷这种耻辱啊。”

齐桓公觉得这个主意不错，于是就打开粮仓，慷慨地救济那些贫穷的人；又打开监狱，把那些只是犯了轻罪的人统统放出去。过了三天，老百姓果然很满意，编了歌谣唱道：“真好啊，国君怎不再将帽子丢!”

但韩非子认为，管仲帮齐桓公在小人面前洗刷了耻辱，却在君子面前留下了耻辱。假如齐桓公开仓济贫、开监放囚是不符合原则的，那他做这些事本就不足以洗刷耻辱；假如是符合原则的，那他以前为什么不这样做，一定要等丢了帽子才这样做？这不明摆着不是出于原则，而是为了帽子的事情？开仓济贫，这是让无功之人受赏；开监放囚，这是让有罪的人逃脱。无功可以受赏，以后老百姓就会偷懒不肯努力，侥幸等待天上掉馅饼；有罪可以逃脱，老百姓就容易无所顾忌，胡作非为。这就会成为混乱的由头，还怎么可以洗刷耻辱？

赏罚分明，是驭人术必不可少的一种手段。如果对于为自己做事的人不能实行赏罚分明的策略，则会招致记恨，让小人更加得志，让能者疏远你。

不忍对他人有半点苛责，似乎能够显现这个人的仁慈，但也会使这个人没有原则，任人欺侮。特别是作为一个领导者，如果过于亲善，对该奖励的人没有足够的奖励，对该惩罚的人不能惩罚，那么他就变成了一个偏颇者。

陈元是一家投资公司的员工。一次，他接到了一笔大单，将操控1500万元，为客户赚钱。任何人都知道，理财投资有风险性和较长周期，所以陈元非常谨慎地做起了自己的投资计划。

经过两年的时间，陈元为客户赚取了660万的收益。公司对他非常满意，并擢升他为投资部门经理。但是，在表彰大会上，陈元却遭到了严肃的批评，并且被罚了5万元（本来这是公司准备奖赏给他的），原因就在于，陈元在为客户服务期间，曾一度因为脾气不好而与客户发生激烈的争论，几次令客户险些撤资。一旦对方撤资，将使公司遭受数十万的损失，而这并不是陈元所能承担的。

有些时候，对有功劳的人不吝惜赏赐，是领导者大度的表现。而对于犯了原则性错误的人，饶恕就等于纵容，会破坏一个团队或生活圈子的规矩，以至于人人都变得随便，不服从命令。如果一个国家变得如此随便，那么必将是行善者减少，为恶者众多，因为后者知道自己将免于惩罚；如果一个团队不能赏罚分明，人人将不忠于自己的劳动，对自己的所得也会有诸多抱怨，这个团队无疑是不团结、不和谐的。

只有论功行赏、论罪处罚，才是领导者留下人才和铲除蠹虫的不二法宝。这其中最重要的学问就在于公正、讲情义、讲道理。对于人才的任用，不论远近亲属，只论功过是非，对就是对，错就是错，对了要奖励，有错就必须罚，两者清晰明确，如此方可减免团队内人与人之间的意见争执，增加整体队伍的凝聚力，有效降低因不合而造成的损失，提高做事效率。

惩罚只是手段，达目的即可

【智谋原典】

用赏过者失民，用刑过者民不畏。

——《韩非子·饰邪》

【译文】

实施奖赏过度的人，就会失去民心；执行刑罚过度的人，民众就不会畏惧他。

用赏罚为手段来勉励臣下与民众，韩非子主张信赏必罚，但绝不是说赏罚无度。任何事情太过了，就会走向反面。刑罚过度，人们就不会害怕。惩罚是手段而不是目的，要达到目的，就要依据实际情况来进行。

每个人都会犯错误，犯错误的下属希望得到的是领导的谅解和鼓励，而不是讽刺和挖苦。在现代企业，对待下属的失误和缺点，在谅解之余，作为领导应少批评，多激励，即使批评也要婉转一些，而不是相反——严厉的批评很多，而正面的激励的话一点儿也没有。一位领导如果重复地对下属做这样的事情，最容易导致下属自暴自弃，怨声不断，造成上下怨恨的局面。

有些领导看到下属因工作不顺利而志气消沉时，会揶揄说：

“怎么这么颓废，难道失恋了？”

“像你这么优秀的人，怎么也会有做错事的时候？”

……

听到这些话，有些下属碍于领导的面子会微微一笑，装出满不在乎的样子。但也有一些较敏感的下属则会憋不住心中的火，对领导反唇相讥：

“我都已经够烦的了，你不要再火上浇油了好吗？”

“工作归工作，请别讽刺我好吗？”

……

聪明的领导在面对下属的失误时，为了避免长期影响工作情绪，应当婉言批评，以激励为主：

“这次做错不要紧，先把失败的原因找出来，争取下次做好。”

“以后在这些容易发生失误的地方小心一点儿。”

……

这样的话，才能收到更好的效果，因为没有人会坦然接受来自别人的讥讽或者嘲笑。

某家机械加工厂的设计部里，有几位年轻的男性职员都留着很长的头发，有的披头散发，好像叫花子；有的虽然扎得很利索，却容易被误认为是女子。总之，在外人看来，设计部的这几位职员的发型都令人很不舒服。为此，设计部的工作也受到了影响。

设计部的部长知道这件事后，利用中午休息时间，给这几位留长发的男性职员上了一堂课：“你看你们的样子，人不像人，鬼不像鬼，从前面看像乞丐，从后面看像女人，别提多让人不舒服了。我命令你们在两天内剪掉，否则的话，别怪我不客气！”

这几位职员听了部长的话后，非常生气，准备大家联合起来与部长对着干。这样一来，设计部的工作更难运作了。

厂里主管设计的副厂长听说这一情况后，立即找来这几位年轻人，非常诚恳地说：“我知道你们留长发自然有你们的理由，年轻人喜欢赶潮流嘛，这个我十分理解你们。但是，也请你们理解厂里一下好不好，你们留这么长的头发，使厂领导很伤脑筋，因为你们这样不仅破坏了厂里的形象，而且还会让人以为是我们答应你们这样做的，我实在吃不消这个。今天，我代表厂里在这里郑重地拜托你们以大局为重，尽快到理发店把头发剪短。如果有谁不愿意，就请到我这儿来，有事咱们好商量。”

听了副厂长的话，这几位年轻人都觉得很不好意思，他们觉得如果不剪短头发的话，让厂领导和自己都很难堪。所以，在与副厂长谈话后的当天晚上，他们几个一同到理发店把头发剪短了。

人人喜欢被肯定，被赞美，不喜欢被批评。当一个领导想改变别人时，为什么不用赞美来代替责备呢？即使部属只有一点点进步，我们也去真心赞美他，那才能激励别人不断地改进自己、不断进步。

所以，作为一名领导，在与下属相处的过程中，应该尽量少批评，多激励。

然而，现实生活中，依然有不少的领导普遍有着这样的想法，认为下属做好、做对是天经地义的，何须费神去赞美他们？至于做错或做不好是不可原谅的，必须要立刻批评或责骂他们。领导有此想法是不对的，应坚决摒弃。当然，不是说要领导永远不要批评、责难下属。当下属犯有过错时，如果你不适时地表达你的感受，那么你就是在纵容他，这是相当不明智的管理方法。正确的做法是：做领导的不是不应该批评下属，只是在批评时，要特别讲究技巧才行。

那么，面对下属的过错，怎样的批评才是正确而有效的呢？以下七种方法值得借鉴：

1. 批评要对事而不对人。
2. 不要只有批评而不鼓励和赞美。
3. 让他清楚知道你对这种过错的感受。
4. 批评时，不可冲动。
5. 不要在第三者面前公开责备他。
6. 指责女性时，最好采取较柔和的方式。
7. 具体地告诉下属他什么地方做错了。

婉言批评，激励为主，这是领导者帮助下属改正缺点和错误的最好办法。

适当许以利益，而非空言相许

【智谋原典】

主卖官爵，臣卖智力。

——《韩非子·外储说右下》

【译文】

君主卖的是官禄爵位，臣子卖的自己的智谋和力量。

每个人都追求自己的利益，臣子尽力卖命，国君用封爵和俸禄作为交换条件。

汉朝有一个官吏名叫石奋，家境贫困，家中只有失明的母亲和姐姐。他十五岁时就跟着刘邦打天下，虽不善言谈，但做事非常恭敬谨慎。

他随侍刘邦左右，深得宠爱。刘邦不仅封了他官职，帮他把老母亲接到长安，还封他的姐姐做妃子。石奋感念刘邦之德，为官之后更加兢兢业业，勤恳做事。不但自己如此，他的四个儿子在他的教育之下也都是品行优良，正直严谨，都成为了二千石俸禄的大官。于是大家都称呼石奋为“万石君”。

到了汉景帝时期，石奋已经回家养老了，可是他每年都会作为大臣定期参加朝会。每次经过皇宫的门楼，他都要下车快步走，看见皇帝的车驾，也会俯身弯腰表示敬意。皇帝赏赐给他的食物，他总是跪下叩拜之后才吃，好像就在皇帝面前一样。子孙都遵循他的教导，他们一家凭着恭敬谨严而闻名于全国。

人的本性是好利恶害。车匠造车的目的，就是希望别人富贵；棺材匠做好棺材，就是希望别人早死。这并不是车匠仁慈而棺材匠狠毒：别人不富贵，车子就卖不掉；别人不死，棺材就没人买。本意并非憎恨别人，而是利益在别人的死亡上。所以后妃、夫人、太子结成私党，就会希望君主早死；如果君主不死，自己权势就不大。他们的本意并非憎恨君主，而是利益就在君主的死亡上。

既然有时君臣之间的关系是以计算利益为基础的，那么领导者为了发挥下级的能力和积极性需要掌握一套行之有效的御人术。

一些调皮捣蛋的学生，总让老师无计可施。老师让班长监督那些调皮捣蛋的学生，发现一次即受严重的批评，甚至开除。但作用并不大，因为调皮捣蛋的学生太多，即使班长再敬业，也监督不过来。后来，教师采取了一项措施，不守纪律的学生，如果规规矩矩，不违反纪律，就给予奖励，这样，那些学生都守起纪律来了。

公园的情况与此类似。尽管偷盗花木被惩罚，但被管理者发现的风险并不大，毕竟不是每个地方都站着管理者。当对举报者进行奖励时，公园的游人受此激励都成了管理者，偷盗花木被发现的可能性变大了，成了一件风险极大的事，居心不良者当然不敢下手了。在这种情况下，对公众监督的激励当然要比对偷盗花木者的惩罚有效得多。

利益是一种需求，真正聪明的人宁愿让人们需要，而不是让人们感激。因为，如果你能被他人需要，你就会在他人心中变得重要。有礼貌的需求心理比世俗的感谢更有价值，因为有所求，便能铭心不忘，而感谢之词最终将在时间的流逝中淡漠。

第四篇

《予学》：

大成功需要大施与

经典简评

- **书名**：《予学》

- **作者简介**：许邵，东汉末年人，字子将。他不仅因才高八斗而被世人推崇，还以善评世事、人物等闻名当世。

- **成书时间**：东汉末年

- **内容简介**：预言曹操“治世之能臣，乱世之奸雄”的东汉名士许劭，不仅有辨人之远见卓识，在谋略方面更是非凡。他的《予学》以玩弄天下于股掌的胸襟，以及“大成功需要大施与”的视角，揭示了“予”与“不予”的惊人智慧。

- **传世价值**：《予学》向现代人传授了决定人生成败最本质的东西，即“舍”与“得”的智慧，而这正是于人于己都有利的处世谋略。

第十三章

得失：吃透舍与得的智慧

留得青山在，不怕没柴烧

【智谋原典】

大失莫逾亡也，身存则无失焉。大得莫及生也，害命则无得焉。

——《予学·得失》

【译文】

最大的失去没有大过死亡的，只要生命还存在，就不算是真正的失去。最大的收获也没有大过生命本身的，如果性命受到损害，那么一切都是一场空，谈不上拥有什么。

战争讲究能胜则战，不能胜则守。留得青山在，不愁没柴烧。

而做人也应如此。遇到逆境和危机时，有的人一蹶不振，而有的人则懂得克服困难，以退为进，养精蓄锐，才能化危机为转机。

有一位年轻人，从童年时候起，经历就非常悲惨。

很小时候，母亲就去世了，父亲经常在外打工，也不能给予他精心的照料和呵护。因此，他从小就学会了照顾自己，拥有很强的独立生存能力。

他还在读中学时，父亲又因车祸去世了。从此，这位年轻人在世上就再也没有可以依靠的亲人了。

可是，老天爷似乎没有打算让他的苦难停止。刚刚从不幸的阴影中走出来的年轻人，在一次工程事故中失去了双腿。

面对接踵而来的打击，年轻人没有自暴自弃，反而愈加坚强。经过了比常人艰辛几倍的付出之后，年轻人终于攒到了足够的钱，开办了一个小型养殖场。

然而，他的噩梦却并没有结束。在一次突如其来的洪灾中，他所有的心血全部付之东流了。

年轻人终于无法忍受这样的意外和不幸，他怒气冲冲地质问老天：“你为什么

要给我这么多灾难呢？这太不公平了！”

这时，在他的养殖场工作的一位老人正站在他身边，他了解这个年轻人的经历。听到了年轻人对命运的控诉，他没有说什么宽慰的话，而是缓缓的问道：“确实很悲惨，那你干吗还要继续活下去呢？”

年轻人气愤地回答道：“我才不会死呢！我已经经历了这么多打击，我比任何人都坚强，以后总有一天我会创造属于自己的幸福生活！”

听到这句话，老人笑了。他说：“其实，有很多人和你一样，会遭遇这样的不幸。但是，有的人在命运的打击面前绝望了，选择了放弃，甚至选择了自杀，而你却并没有绝望，勇敢地活了下来。活下来，就能重头开始，就还有获得幸福的希望。”

正如《予学》中说：再没有什么比生命和希望更重要了。面对生活的磨难，我们最不能失去的便是希望和信心，即使现在输得很惨，只要不断给自己打气，坚强地与命运抗争，隐忍奋发，就会有柳暗花明的可能。

当你受到打击和侮辱的时候，如果抗争的实力不够强大，那么不妨先吃一点眼前亏。千万不要盲目地逞一时之勇，硬碰硬，否则只能让损失更加惨重。这时，学一下韩信的忍胯下之辱，保住有用之躯。忍耐一时，待机而动，才能换来日后的叱咤风云。

范雎本是魏国大夫须贾的门客。有一次，他跟随须贾出使齐国。齐王背地里给范雎送去一份厚礼，希望他能留在齐国效劳。但是范雎拒绝了。

须贾很嫉妒范雎，便向魏国相国魏齐告发，说范雎私通齐国。

魏齐对范雎严刑拷打，把他的肋骨打断，门牙也打落两颗，几乎快打得断了气。最后又叫人用破席把他裹起来扔进厕所，让家中宾客轮番溺尿侮辱他。范雎深知小不忍则乱大谋的道理，于是咬牙挺住，天黑之后才设法逃走。

范雎拼死逃出魏国后，改名换姓来到秦国。秦昭王求贤若渴，拜范雎为丞相，把魏国作为进攻目标。

魏国知道后十分恐慌，派须贾到秦国求和。

范雎故意一副落魄打扮去见须贾，须贾不知道他就是秦国丞相，见他可怜，就给他一些食物和衣服。

后来，范雎亮出了自己的丞相身份，义正词严地怒斥须贾，对他说：“你本该断头流血，念在你还顾及旧情、以衣食相赠的份上，就饶你一命。赶快回去告诉魏王，速将魏齐人头送来，再谈议和之事。”

魏齐闻知后出逃赵国，最后在秦国的逼迫下走投无路，只好自杀了。

司马迁对范雎的评价颇为有名：一饭之德必偿，睚眦之怨必报。假如当时范雎受到魏齐欺侮的时候，不是忍辱负重保全自己，又怎么会有后来的报恩和报仇呢？可见，留住青山，蛰伏隐忍，君子报仇，十年不晚，说的就是这个道理。

人生不会永远旭日高照，也不会一直痛苦潦倒。面对生活中任何磨砺、任何屈辱，我们都要勇敢地驾驭它。不浮躁，不冲动，不绝望，学会忍小谋大，保存实力。总有一天会换来属于自己的辉煌。

患得患失，损失更大

【智谋原典】

得失之患，启于不舍。

——《予学·得失》

【译文】

得失之间所出现的忧患和灾难，都是因为我们不肯舍弃。

人生是一只空杯子。

我们要不断地给这只杯子装进一些东西，让自己的生命越来越饱满、多彩。但同时，我们也要时不时地把杯子里的东西倒出来一些。因为，无论你装进多么好的东西，如果一切都紧紧抓住不放，那么里面的东西迟早会陈旧腐朽，最后变质，并且总有一天会装不下新的东西。只有舍掉旧的，才能补充新的，让你的生命时刻处在鲜活灵动的状态。

患得患失是人生中的阴影，它会挡住我们原本应该拥有的阳光。有智慧的人都懂得应该舍去什么，从失去中能够得到什么，一舍一得之间，给人生带来物质和精神的富有。

胡雪岩是依靠官场一步步发家的，他也同时受到了官场带给他的巨人冲击。

在一次官场复杂的派系斗争中，朝廷查封了胡雪岩的财产，要将他的全部资产都折成银子，偿还亏欠朝廷的银两。

胡雪岩一生的心血即将化为乌有。面对这样的结果，他很痛惜，但也很坦然，并不怨天尤人。

他曾说："我虽说精于商道，善于取巧，可从没有把钱当过性命。"人为财死，鸟为食亡。如果性命都难保了，要那万贯家财还有何用？

他怀着一颗平常心，尽可能地把剩下的事情处理好。不能让自己被财物所束缚，成为金钱的奴隶，以免出现钱丧人亡的悲剧。

在胡雪岩看来，钱财本是身外之物，必要的时候就应该弃财保家。虽然经历了这次大变故之后，不一定能够再次崛起，但是至少生活还能继续。活着就是一种获得。

在面对得失的时候，我们的心往往像钟摆一样，在二者之间来回摇摆，非常痛苦。其实，有得就有失，有失也有得，得就是失，失就是得。但是人们常常看不清楚得失之间的关系，总是未得患得，既得患失，患得患失。

有一些人，做任何事之前都会犹犹豫豫，想把方方面面的事都考虑周到；做完之后又担心会有什么不妥，害怕即使办成了也会有失去的那一天。这种得失心太重的心理，只会让自己做事不果断，不能放开手脚，不能大胆决策，反而会错过更精彩的人生和更多的财富。

在茫茫的草原上，为了争夺被狮子吃剩的一头野牛的残骸，一群狼和一群鬣狗发生了冲突。尽管鬣狗死伤惨重，但由于数量比狼多得多，也咬死了很多狼。最后，只剩下一只狼王与五只鬣狗对峙。显然，双方力量相差悬殊，何况狼王还在混战中被咬伤了一条后腿。那条拖拉在地上的后腿成为狼王无法摆脱的负担。

鬣狗还在一步一步靠近，突然，狼王回头一口咬断了自己的伤腿，然后向离自己最近的那只鬣狗猛扑过去，以迅雷不及掩耳之势咬断了它的喉咙。其他四只鬣狗被狼王的举动吓呆了，都站在原地不敢向前。终于，四只鬣狗拖着疲惫的身体一步一摇地离开了怒目而视的狼王。

面对危险境地，狼王懂得牺牲一条腿来保全生命，这是一个十分无奈但也十分明智的选择，有着壮士断腕般的悲壮和豪迈。

为了整体和全局的利益，我们有必要在一些事情变得不可接受之前，及时放弃它，尽管那是一件痛苦的事情。但是很多人在面对取舍时却往往因为没有这样的勇气和智慧，而陷入“鳄鱼法则”的陷阱。

鳄鱼法则说的是假若一只鳄鱼咬住你的脚，而你用手去试图挣脱你的脚，鳄鱼便会同时咬住你的脚与手。你愈挣扎，被咬住得就越多。实际上，明智的做法应该是：一旦鳄鱼咬住了你的脚，你唯一的办法就是牺牲一只脚。

“失”意味着一种牺牲，不论是牺牲财富还是情感，这都是一个痛苦的过程。但是，塞翁失马，焉知非福。有舍才能有得，小舍小得，大舍大得，不舍不得。

必须正确把握取舍的艺术，选择自己应该拥有的，为了获大利，就不能计较一时一事的得失。只有不在乎丢掉一两粒小小芝麻的人，才会拿到最大的西瓜。

 给予不是失去而是投资

【智谋原典】

予非失，乃存也。

——《予学·得失》

【译文】

不要以为给予就是让自己蒙受了损失，这是为了让自己生存下去而做的储备。

紧握拳头，握住一无所有。张开掌心，世界就在手中。

大多数人以为给予就等于损失，但是如果把它当做是一种生活方式，一切就会变得不同，就在你不计较之后，你将会有意想不到的收获。

当你的付出超过回报时，你会取得某种心理优势；反之，当你看似占了金钱便宜的同时，却也在不知不觉中透支了精神的快乐。

人们做生意本来就是追求利润，而有的人则懂得欲取先予的道理。旁人以为他的行为愚蠢可笑，却不知这样的妙招往往能够达到曲线生财的效果。

设立阜康钱庄是胡雪岩事业中的重要一步，而知名度对于钱庄则尤为重要。胡雪岩盘算了很久，终于想出了一个办法，能够让投在宣传钱庄的本钱获得更大的回报。

他让总管准备十六个存折，每个折子存银二十两，一共三百二十两。这些存折是给一些大户人家的家眷们立的户头，并替他们垫付了底金。

胡雪岩并不是想赚那些太太、小姐的私房钱，但这样的做法会让她们很高兴。她们平常最爱闲聊，与她们有往来的权贵富商们就更容易知道钱庄的存在。如此一来，知名度有了，生意自然而然也跟着来了。

果不其然，折子送过去后没有几天，就有几个大户头相继前来开户，钱庄的生意也越来越好了。

那些太太、小姐满心欢喜地接受了钱庄的小礼，无形中却为胡雪岩做了义务的宣传员。钱庄知名度的提高，远远不是用这些钱可以换来的。胡雪岩能在短短几日内就能得到上层社会的认可，正是说明了给予在某种情况下，就是另一种投资。

学会给予，才能获得更多。做人如此，经商更是如此。懂得给予是一种智慧，也是一种境界，懂得给予的人往往会有大收获。

顾客购物，营业员先给他一个“笑脸相迎”，服务得殷勤周到，“上帝”就不会

吝啬钱财；购物的环境高雅整洁，井然有序，“衣食父母”就乐于光顾；货物价廉物美，顾客就会盈门。商人们如果只是贪婪地把眼睛盯住“上帝”的钱包，赤裸裸的想要掏空他的口袋，那必然会适得其反。

被美国《福布斯》杂志评为中国大陆2000年度50富豪之一的李晓华曾经上过山，下过乡，在黑龙江插队八年，回京后待过业，到处干临时工，洗碗打杂，烧锅炉，什么都干过。他是如何发迹变富的呢？善用“欲取先予”之术，是其成功的重要原因。

1988年，当时李晓华在日本经商，他从报上偶然看到“101毛发再生精”风靡海外的消息，当即感到机会来了，立即返回北京，谋求取得“101”在日本的经销代理权。可是李晓华的努力最初并未见效，厂方以无货为由，拒李晓华于门外。但李晓华并不灰心，想尽各种办法接近“101”厂的发明者赵章光，当了解到他们厂里职工上下班交通有问题时，李晓华当即表示，愿意无偿提供一部大客车和一辆轿车。一个月后，李晓华如约将一部日本豪华客车和一辆德国造的奔驰轿车捐赠给了厂方。于是，李晓华成了赵章光的挚友，顺利地取得了“101”在日本的经销权。赵章光给李晓华的价格特别优惠，每瓶10美元，而在日本，每瓶卖80美元，还是供不应求。日本人对这种大陆来的使毛发再生的神奇的魔药，崇拜得“五体投地”，发疯地抢购。李晓华用飞机把“101”从大陆成批地运到日本，滚滚财富也就源源不断地进了他的口袋。

欲取先予，这是大智者所为，应该说，这一道理大多数人都懂，但实际操作起来，则见出水平的高下。许多人都是因为究竟能否“取”到而拿不定主意，终于因畏畏缩缩舍不得先“予”而错过了发财的机会。

得与失总是辨证的，什么都想得到的人，结果什么也得不到；什么都想拥有的人，迟早要受到生活的惩罚。懂得给予，有时就会有峰回路转的效果，因为“失去”中会有“得到”的转机，你付出了成本，生活总有一天会回报你丰厚的利润。

不以得失为人生下定论

【智谋原典】

得勿喜，失或幸，功不论此也。

——《予学·得失》

【译文】

有所得的时候不用太高兴，失去的时候反而可能值得庆幸，人生的成败本来就不是

以一时的得失来衡量的。

在人生的旅途中，很少有人能够一直走在顺风顺水的宽阔大道上，总有遇到独木桥的时候。特别是那些欲成大事者，更是面临着人生的起起落落，风风雨雨。真正能从容地走过这些风雨的人，必然是在人生的赛场上最后胜出的人，而他们那一份进退自如的潇洒，总能给后人许多启示。

孙叔敖是春秋时期楚国令尹，中国历史上有“孙叔敖治楚，三年而楚国霸”之说。在他的辅佐下，楚庄王成为当时著名的“春秋五霸”之一。但他也并非一帆风顺，而是三落三起。

有个叫肩吾的隐士曾登门拜访孙叔敖，问他：“你三次担任令尹，也没有感到荣耀；你三次离开令尹之位，也没有露出忧色。我开始对此感到疑惑，现在看你的气色又是如此平和，你心里到底是怎样想的呢?”

孙叔敖回答说：“我其实也没什么过人的地方！我认为官职爵禄的到来是不可推却的，离开是不可阻止的。得到和失去都不取决于我自己，因此才没有觉得荣耀或忧愁。况且我也不知道官职爵禄应该落在别人身上呢，还是应该落在我的身上。落在别人身上，那么我就不应该有，与我无关；落在我身上，那么别人就不应该有，与别人无关。我的追求是顺其自然，悠然自得，哪里有工夫顾得上人间的贵贱呢!”

孙叔敖后来得了重病，临终时对儿子说：“我死后，楚王为了奖励我生前的功绩，一定会封给你土地，你千万不要接受富饶的土地。在楚国和越国之间，有个地方叫‘寝丘’。这个地方土地贫瘠，名字也很不好听。楚国人信奉鬼神，越国人讲求吉祥，都不会争夺这个地方，因此这个地方可以长久拥有。”

孙叔敖死后，楚王果然要封给他儿子一块相当好的土地，他儿子辞谢不受，只请求寝丘之地，楚王答应了他的请求。按照楚国的规定，分封的土地不许传给下一代，唯有孙叔敖儿子的封地可以世代相传。

孙叔敖淡泊名利，对人生的起伏看得很淡，知进退，从而使自己一生平安，且受到重用，还福荫子孙。他确实是将人生看得透彻的智者，明白舍小利而求大得。相反，如果只顾争取眼前小利，往往会导致以后更大的损失。

某地盛产蕨菜，向国外出口蕨菜曾是当地主要的经济来源。外国客户要求在运输蕨菜之前必须先把蕨菜放在太阳底下晒干。晒蕨菜需要两天时间，很多老百姓等不及，就直接用锅烘烤。烘烤以后，表面上是干的，但是用水泡不开。外国客户发现他们的做法之后，马上提出了警告。警告过后，大部分人就老老实实地按照要求晒蕨菜，但仍然有几家老百姓把蕨菜偷偷地放在锅里烤。

后来，外国客户再一次发现了问题，认为该地区的人不讲诚信，于是下决心不

再到这个地区收购蕨菜。该地区的经济发展也因此受到了重创。

可见，只顾眼前利益的时候，看似是在走捷径，但这种捷径很有可能是一条死路，它将最终导致重大的失败。

人生就是这样，有时要执著进取，有时却又要懂得放弃。得到和失去是相对的，要获得财富和成功也就意味着要付出汗水、承担责任与风险，而淡泊名利，不计得失，往往能收获长远而稳定的幸福。

第十四章

给予：先予后取，人生无歧路

独享的成功最易丧失

【智谋原典】

予人荣者，自荣也。

——《予学·荣辱》

【译文】

和别人一同分享成功的果实，给予别人应得的荣耀，自己也会获得荣誉。

对员工来说，领导者与其分享成果是对自己的一种最大的激励。一个乐于同员工分享劳动成果的企业领导者，员工也乐于为企业的发展拼命效力，这样企业和员工才会在某种意义上达到双赢的结局，双方共同的创业之路才会越走越远、越走越顺。

企业领导者在日常管理实践中，务必要牢记这一课题，做到适时地把劳动成果与自己的下属共享，这样自己的管理工作才会得到有效进行，才会在日后取得更突出的业绩。

秦朝末年，各路反秦诸侯约定"先入关中者王之"。刘邦率领大军，一路上战无不胜，先项羽一步入主关中。刘邦初进咸阳，秦宫室、宝物、美女尽收眼底，但均不取。那他取什么呢？他的谋士萧何赶到秦王朝的宰相府，把图书、档案全收起来，以此尽知天下要塞、户口多少，哪里强、哪里弱，为日后的战争需要搜集了大量材料。

更为重要的是，刘邦和他的谋士做了如下决定：废除秦王朝苛法，与秦民约法三章，即"杀人者死，伤人及盗抵罪"；准许秦王子婴投降，并安抚降吏，安定民心。这两项决定，表现了刘邦顺天时，与天下黎民同利益的决心，使秦民大喜，唯恐刘邦不为王，因而争取到了人民的拥护。

而项羽进关中后，又如何呢？他一路上杀死秦降军20多万，屠杀咸阳人民无数，杀死秦降王子婴。烧宫室，杀兵士，抢夺财宝和妇女，使秦民大失所望，由此也埋下了他失败的种子。

从刘邦和项羽不同的利益分享方式而引发的不同人生结局，管理者可以得出这样一个启示：作为一名管理者，应设法让员工分享现有的劳动成果，别忘了，分享才是对员工的最大激励。谁都喜欢晋级，谁都喜欢加薪，管理者是这样，员工也如此。当管理者晋级加薪之时，别忘了为你打下江山的员工们，设法让他们分享你的利益，让他们也有所晋升，或得到一些奖励，这才是对员工最大的关心。

此可谓“己所欲，施于人”，当你加官晋级时，同时也把你的成果与手下的员工分享，可以想象，员工会是何等的忠诚，这样的企业也必然是上下一心，动力十足，也必然会使效益如芝麻开花——节节升高。

小陈是一家国有企业的公关部经理，由于在与外商谈判中，压低了商品价格，为企业节省了几十万元。因此企业总经理决定为小陈加薪一级，同时大幅度增加了他的提成。

获得奖励后，小陈首先想到的就是和自己一起奋战几昼夜商讨谈判方案的员工们，于是慷慨解囊，宴请诸员工，随后又请他们周末一起去度假。这样一来，小陈不仅得到了上司的赏识，还得到了员工的爱戴。其实宴请费用并不多，却大大赢得了员工们的一片忠心，今后他们更加卖力地为小陈和企业效力了。

所以，对领导者来说，让手下的员工分享你的劳动成果，不仅是对他们最大的激励，也是让自己再创佳绩的基础和动力。何乐而不为呢？

员工的成果其实就是老板的收获。无论员工的功劳多大，最大的得利者还是老板。把员工的劳动成果与他们共享，对老板不会有丝毫损失，对员工则是莫大的激励，他们的工作也会更积极主动。因此，一个乐于同员工分享成果的管理者，才能成为笑到最后的成功者。

先给还是先取，算盘精打

【智谋原典】

人皆有图也，先予后取，顺人之愿，智者之智耳。

——《予学·得失》

【译文】

人活在这世上，都是有所追求和企图的。先给予然后获取，顺从他人的心理愿望，

这才是智者的大智慧所在。

凡事欲取之，必先予之，这是中国人几千年遵守的处世原则，但并非所有人都能心甘情愿地做到。

一位商人遭遇困境，生意越做越小，于是他请教智尚禅师。禅师说："后面的禅院有一架压水机，你去给我打一桶水来！"

商人去了之后，过了一会儿汗流浃背地跑来说："禅师，压水机下面是枯井。"禅师说："那你就去给我到山下买一桶水来吧。"

商人去了，回来后仅仅拎了半桶水。禅师说："我不是让你去买一桶水吗，怎么才半桶呢？"

商人红了脸，连忙解释说："不是我怕花钱，山高路远，实在不容易啊！"

"可是我需要一桶水，你再跑一趟吧！"禅师坚持说。

商人又到山下买了一桶水回来。禅师说，现在我可以告诉你解决的办法了。于是带他来到压水机旁，说："将那半桶水统统倒进去。"商人非常犹豫。

"倒进去！"禅师命令。

于是，商人将那半桶水倒进压水机里。禅师让他压水看看。商人压水，可只听见那喷口呼呼作响，没有一滴水出来，那半桶水全部让压水机吞进去了。

商人恍然大悟，他又拎起那整桶的水全部倒进去，再压，果然清澈的水喷涌而出。

想要收获，先要付出，这是一条被无数人运用过的成功策略。处理好取和予的关系，才会获得更长远的利益。只有坚持把利益给予别人，才会有更多的利益回归自己。

明朝的一位商人，准备回到故里，安心养老。

他本来打算建造新居，可是有一座老屋正好夹在自己新居的地址中。于是他便派人去跟老屋的主人商量，想买下这座老屋。

可是屋主说，这座老屋是祖上世代传下来的，无论出多高价钱都不卖。

派去的人回来非常气愤，把事情一五一十告诉了商人，请他找官府来惩治老屋的主人。可是商人并没有同意，只让施工的人加紧建造其他部分的房屋。

并且当他得知老屋主人是做豆腐生意之后，就让自己家以及施工队，每天做饭所需要的豆腐，全部到老屋主人那里购买。

老屋主人生意越来越忙了，便招收雇工帮忙，还购买了新的工具，扩大了规模。后来，他赚钱越来越多，经营规模也越来越大了。

老屋主人很感激商人对自己的宽容和扶助，便将房契拿出来献给商人。而商人则在不远处为老屋主人买了一处更大的新房子。

这位商人正是运用了先予后取的策略，最终实现了自己的目标，而且还收获了一份和睦的邻里关系。假如他采用手下人的建议，买通官府抢夺老屋，势必会弄得四邻埋怨，甚至两败俱伤，得不到圆满的结果。

不仅是与人相处，即使在商场之争中，“将欲夺之，必固予之”也是一条很重要的策略。商场中总是抱着“空手套白狼”、“稳赚不赔”的想法，斤斤计较于眼前的利益，是很难取得长远发展的。

当年，由于原大股东深特发遭遇资金障碍，在发展战略上深受制约，万科创始人、董事长王石力主把万科卖给华润，同时拥有华远、万科的“华润置地”立即变成中国第一房地产巨头。在这种情况下，王石的董事长自然做不成了，当时不仅万科内部，即使是华润都不理解王石的这种举动。但是，随着形势的发展越来越明朗，证实了王石的远见。

王石如此做法，虽然董事长做不成了，但是也为公司的发展规避了风险。为了长远的发展，放弃手中的小利，与同行一起将蛋糕做大，蛋糕大了，也就间接促进了自己的发展。

“失之东隅，收之桑榆”。要盘算清楚“取”和“予”之间的辩证关系，在适当的时候吃点亏，让别人占一点便宜，觉得欠你一份人情。这样，你原本的要求也就会水到渠成地得到满足了。

让利他人，以心换心修退路

【智谋原典】

夺招怨，予生敬，名成于此矣。

——《予学·得失》

【译文】

剥夺他人的利益会招来对方的怨恨，而给予他人一些利益，则会令对方对你产生敬意，所谓声名，也就是从这些小恩小惠的给予之中得来的。

现实生活中，能够主动给予的人并不多。这一方面是由于人性的弱点，很难舍弃属于自己的东西，更重要的是很多人缺乏舍小利而争取大利的眼光。

有个做建材生意的老板，生意做得特别好，历经多年，长盛不衰。

他曾说过他的秘诀，那就是与每个合作者分利的时候，他都只拿小部分，把大部分让给对方。

这样一来，凡是与他合作过一次的人，都愿意与他继续合作。而且还会介绍一些朋友，以及朋友的朋友，使得与他合作的客户越来越多。

虽然他每次都只拿小部分，但把从所有人那里拿来的小部分加起来，就成了最大的大部分，实际上，他才是真正的赢家。

可见，人人都有趋利的本性，你多给别人一点，让别人得利，就能博得他的好感，最大限度地调动积极性，反过来更好地促使你的事业越来越兴旺。

有句老话说：买卖不成仁义在。生意人一定要懂得，要想在经济竞争中站稳脚跟，必须要给自己创造良好的人际关系。因钱结缘和因钱生怨是非常容易转换的，处理不好的话，难免会栽跟头。

清朝红顶商人胡雪岩在经商时就很注意这一点。他从来不靠抢夺别人的财路为自己赚钱，而是设身处地地为别人着想，有时候宁可自己吃些亏。他曾经说过：生意场上，为他人考虑，其实归根到底还是为自己考虑。

为了浙江防务，胡雪岩曾建议王有龄向洋人购买洋枪，而且胡雪岩与洋人已经大体议定每支二十五两银子（其中五两为中间人的“好处”费）上下的购进价格。不料想，浙江炮局坐办龚振麟父子走了浙江巡抚黄宗汉三姨太的路子，以每支三十二两银子的价格与洋人签了购买一万五千支洋枪的合同。

听了这个消息，胡雪岩大为诧异。买洋枪本是他的提议，如果试用满意，大量购置，当然是他经手来办，何以中途易手，变成龚家父子居间？而且一笔生意，每支枪起码有十二两的虚头，一万五千支就是十八万两银子，回扣还不包括在内。

胡雪岩与朋友嵇鹤龄、裘丰言周密谋划，上下疏通，由裘丰言出面向龚家父子展开攻势，终于迫使他们就范，同意拿出五千支由裘丰言经手，每支三十二两的价格不变，但他们只要每支二两的手续费。如果这样，就等于他们让出了五万两银子的好处。

胡雪岩认为不能要这五万两银子，因为这不是一笔小数，等于是剜了对方的心头肉，为了钱让对方记恨自己划不来。最终在这笔生意上胡雪岩只是平进平出。

虽然这本来就是胡雪岩该得的利益，但他深知做生意的学问，官场的人，能不得罪就尽量不得罪。自己逼迫对方让利，就好比去剜对方的肉，很容易招致怨恨。而胡雪岩不贪财的做法，既化解了怨恨，铲除了身边埋着的定时炸弹，又使得龚家父子甚至业内人士都心生佩服之意。双方都以礼相待，和气生财，就会让自己今后的生意路越走越顺畅。

做人和经商一样，宁可多一个朋友，也不多一个敌人。懂得给予别人一些好处，为自己收获人心，博得好人缘。这样在以后路途不顺时，也不会遭到别人的落井下

石，而是会获得更多更及时的帮助。

正如春秋时期的冯谖替孟尝君焚烧债券，虽然损失了一大笔钱财，但是却买得民心。让孟尝君得到了好名声和百姓的爱戴，保存了立世的资本，才会在最后不得势时，得到一方百姓的拥护。

所以许劭说："夺招怨，予生敬"，学会适时适当地给予，就是为自己在危难来临时留下了一条后路，留一个化险为夷的转机。

平时多帮人，急处有人帮

【智谋原典】

友者，予之可久也。亲者，予之可安也。

——《予学·成败》

【译文】

对待朋友，要经常给予一些帮助，常常联络，这样友情就可以维持长久。对待亲人，要积极给予，这样可以使家庭和睦。

无论从情感的角度，还是从实用的角度去看，人与人之间的感情投资都应该要时时处处进行。这样当你在需要帮忙的危急关头时，才会有人及时出手相助。

我们经常会有这样的体会：当你遇到困难的时候，你马上想到有一个人可以帮你解决。可是正当你想要向他寻求帮助的时候，却又想到，过去很多时候本来应该去看他或者向他伸出援手的，结果你都没有去。而现在有求于人了才去找人家，也许会显得太唐突了，甚至可能会遭到拒绝。

所以，平时不注意与人交往，建立并维持良好的关系，等到需要别人帮助时，才去开口求人，那就为时已晚了。

一家企业的董事长，长期承包一些大型公司的工程。他不仅注意和这些公司的高层领导搞好关系，而且对一些年轻地位低的职员，也殷勤款待，经常施以小恩惠。

他总是想方设法将这些公司各名员工的学历、能力、社会关系，做一次全面的调查和了解，如果认为这个人很有前途，以后会成为该公司的要员时，不管他现在多么低微，都尽心相待。

每当其他公司自己认识的年轻职员晋升时，这位董事长都会立即前去庆祝，并说："我们公司有今日成绩，完全是靠贵公司的抬举。因此，我应该向您这位优秀的骨干表示谢意。"年轻的职员自然非常感动。等以后这些职员继续晋升到一些要职时，依然会清楚地记得这位董事长的恩情。

因此，尽管生意场上的竞争十分激烈，许多同行倒闭破产的时候，这位董事长的公司却如日中天。

这位董事长可谓深知平时在人际关系上投资的重要性，他现在这样做的目的，是为了今后能够获得更多更长远的利益。要知道，10 个欠自己人情债的人当中，有 9 个都将会带来意想不到的收益。

一个人的办事能力跟这个人的人际关系有着直接关系。是否有着宽广的人际关系网，是衡量一个人能否找对人办对事的标准。人脉有多广，办事的能力就会有多大，没有人脉的人，是绝对成不了大事的。

“谁若想在困厄时得到援助，就应在平日待人以宽。”遇到棘手的事情，自己无法解决，我们都会想办法去找可以解决问题的高人。然而高人不会从天而降，而且也不会无缘无故在你有难时及时给予援助。平时不烧香，临时抱佛脚也是没有用的，真正有需要时，佛祖也不会帮你。

所以，我们在平时要注意与人建立良好的关系，时常保持联络，编织一个有效的人脉关系网，并且还要经常维系浇灌它。只有这样，才能在关键时候找到合适的人为你做事。

其实维系关系并不是一件很难办的事情，有时仅仅需要随时体察一下别人的需要就可以了。特别是对处境不佳、受尽冷落之人，哪怕是一饭之恩，都足以使他终生铭记。

第十五章
成败：做人做事，需懂双赢，明利害

 成无定法，利己还需利人

【智谋原典】

成无定式，利己利人乃成焉。败有定法，害人害己乃败焉。

——《予学·成败》

【译文】

成功并没有什么固定的模式，能做到对人对己都有利，才算是成功了。导致失败的道理却总是一样，害人又害己，一切都会归于失败。

传统的“你输我赢”、“你死我活”的竞争模式，早已不适用于当今社会，只有“你我共赢”才是真正的成功。利人利己就是实现这一双赢结果的最佳法则。

然而在现实生活中，很多人都做不到这一点，因为“利己”的观念已经深入人心。殊不知，自我利益和他人利益常常是相关的，惠人其实就是惠己。只有这样，做事时才能够左右逢源，赢得他人的支持，让事情进展得更为顺利。

胡雪岩在筹办钱庄时，物色到一个非常得力的帮手。此人不仅熟悉店内业务，而且具有很强的交际和应变能力。但是他当时在店中身份低微，每月收入很少。

在钱庄还未开张，资金还不很充足的情况下，胡雪岩决定提前预付一笔丰厚的银子，作为这个人的薪水。于是，这位店员经济能力顿时提高了许多，还把远在家乡的父母妻儿接来同住。他对胡雪岩钱庄的事务，自然也是愈加尽心尽力。

在设立钱庄分号时，胡雪岩也是同样做法。根据雇员的生活水平和家境情况，预支一年薪水，好让他们尽快安定下来，也能够更安心地工作。

胡雪岩的确很懂得利人利己的道理。想要留住更多人才，让他们为自己效力，就应该不惜重金，保障他们过上较好的生活。这就是一个利人然后利己的事情，他们生活稳定了，没有后顾之忧了，又很感激老板对自己的厚爱，自然而然就会全身

心投入工作，以创造更大效益来回报这份优待后的恩情。

一个人能够得到多少信任，就能获得多少成功的契机，获得同样多甚至更多的回报。因此，能够帮助别人的时候，不要吝啬伸出援助之手，这其实就是在为自己今后的长远利益而储蓄。在当今这样一个需要竞争与合作的社会中，人与人之间更是一种相辅相成的关系。我们必须要学会掌握时机，在最需要的时候拉人一把，总有一天我们会收到更多的回报。

不论是商界行为还是人与人之间的交往，归根到底就是“合”、“争”两个字。而合与争，都是为了获得更多利益。为自己考虑本来是人之常情，无所谓善恶对错，但如果能在“利己”的同时更好地“利他”，则最终还是会实现“利己”的目的。做事情既为自己着想，又为他人和社会谋利，这才是最佳策略，才是真正的成功。

有两个重病人，同住在一家大医院的小病房里。房间很小，只有一扇窗子可以看见外面的世界。其中一个人，因诊疗被允许每天有一个小时靠窗。但另外一个人终日都得平躺在自己床上。

每天下午睡在窗旁的那个人按时坐起的时候，他都会给另一个人描绘窗外的景致：他看到公园里的湖，湖内有鸭子和天鹅，孩子们在那儿撒面包片，放模型船，年轻的恋人在树下携手散步，人们在鲜花盛开、绿草如茵的地方玩球嬉戏，还有美丽的天空。

另一个人倾听着，享受每一分钟。朋友的述说几乎使他感觉到自己亲眼目睹了外面发生的一切。然而，在一个天气晴朗的午后，他想：为什么只有他可以独享看风景的权利呢？为什么我不可以？他越想越不是滋味。他一定要换位子！有天夜里他盯着天花板，另一个人忽然惊醒了，拼命地咳嗽，一直想用手按铃叫护士。第二天早上，护士抬走了他的尸体。

过了一段时间，这人问医生，他是否能换到靠窗户的床上。医生帮他换了位子，他觉得很舒服。医生走了后，他用手肘撑起自己，吃力地向窗外望去……窗外只有一堵空白的墙。

当你从利他的角度出发去帮助别人的时候，就会达到“利己又利他”的效果，反之，为了利己而做伤害别人的事，自己虽然会有一时之益，但从更长的时间来看，你的所失一定大于所得。利人利己的双赢法则，强调的是兼顾双方的利益。只有大家都得到好处，在竞争中不断创造更多共同价值，才会让经济活动更好地进行下去。

在生活中也是如此，如果只追求自己赢，千方百计让对方输，那就很难获得别人的支持和共鸣，最终陷入僵局，落得人财两失的下场。如果能够坚持互惠互利，自助助他，则会为自己广积人脉，广开财路，成功的大道也会越来越平坦。

功高不等于胜利

【智谋原典】

功高未可言胜，功不为胜也。人愚未可言败，愚不为败矣。

——《予学·成败》

【译文】

功高者不可轻言其胜利，功劳并不等同于最终的成功。看起来愚笨的人不可轻言其失败，愚笨并不意味着最后一定失败。

在当今社会中生存，我们要懂得适时将自己的棱角锋芒收起来，以免触怒了能够决定你命运的那个人。忍却功名，功成身退，不是每个人都能做到的。但是一个人若能适时退隐，则确实是一种做人的智慧。

伴君如伴虎，自古以来就有“功高震主”、“兔死狗烹”的说法。诛杀开国功臣，贬谪位高权重的能臣，都说明了功高并不意味着最后的胜利。有才干、有能力自然是成大业的基础，但是要懂得在恰当的场合显露，在适当的时候退出。不论何时何地，都想锋芒毕露，争功夺权，必然会遭到领导的猜忌和愤恨，很容易遭到别人的暗算，以及领导“顺水推舟”的致命打击。

很多聪明人在成功时急流勇退，在辉煌时退向平淡，表示自己不想再露锋芒，免得从高处摔下来。而那些不知进退的家伙，当然就难有好下场。

刘文静跟随唐高祖李渊征战四方，为唐朝立下了汗马功劳，曾被拜为宰相，经常受到李渊的称赞。后来，他又得到了李世民的敬重。

有一次，李世民在率军出征时病倒了，于是任命刘文静为主帅，并告诉他这次战争应当采用怎样的作战方式，然而刘文静只是口头上答应了，在实际作战时，却争夺功劳，一意孤行，结果导致失败。不过，李世民并没有怪罪他，依然对他十分信任。

可是，刘文静却逐渐变得越来越傲慢。他认为自己为唐朝建立了不可磨灭的功勋，而唐朝给自己的待遇却还不如功劳在自己之下的裴寂。

于是，他多次在朝廷议事时，公开反对裴寂的意见，表达自己的种种不满，还借着酒醉破口大骂，举刀大喊要将裴寂斩首，甚至还请巫师到家中作法。最终，刘文静因触犯朝廷禁令而获罪下狱。

唐高祖命人审讯刘文静，给他定罪，罪名是谋反。虽然李世民和审讯官都认为刘文静只是心高气傲，性情暴烈，但并无谋反的征兆。然而唐高祖早已忌恨刘文静以功高自居，傲慢狂妄，再加上裴寂也在一旁说："刘文静心地阴暗，时常口出狂言，已露谋反之状，当今天下并未安定，倘若赦免他无罪，必将后患无穷。"

最终，唐高祖下令，将刘文静斩首，全家抄没。

不管你的功劳有多大，你都要记住自己只是一个下属，千万不要像刘文静这样倨傲邀功，更不能抢夺领导的光芒，否则你绝不会在领导面前讨到好处。

大巧若拙，大辩若讷。最聪明的人，往往从不自作聪明。他们不会让自己头上的光环遮住领导，他们谦虚谨慎、尽心尽力，因此能够得到领导的爱护和信赖。毕竟，任何人都希望自己能够获得威信，不愿意看到下属超越并取代自己。领导最需要那些忠诚可靠但并不表现得过于锋芒毕露的下属，因为他认为这样的人更有利于他的事业。

所以，在职场中，要学会在领导面前低头，将功劳让给领导，以后还会得到更多建功立业的机会。反之，如果只看重眼前的得失，急功近利，则会为自己今后的发展埋下危险的种子。

不以势压人，学会柔性管理

【智谋原典】

以势迫人，威而有虞。

——《予学·尊卑》

【译文】

用权势逼迫别人对自己顺从、恭敬，即使得到了表面的归顺，也会暗藏危机。

工作中虽有上下级之分，但是领导者在管理下属时也不应滥用权势，把自己的意见强加给他人，而要给他人充分的尊重，无论对方是对还是错。否则，只能留下隐患，自咽苦水。特别是在管理中，那种对待下属如奴仆的粗暴式管理，在任何社会情形下都不可能产生好的效果。

一次，李主任怒气冲冲地走进办公室，啪的一声将一份报告摔在秘书小王的桌上，办公室里的几个人同时都愣住了。

李主任以为这是惩一儆百的好机会，接着大吼道："你看看，干了这么多年，竟写出这样空洞无物的报告，送到总经理手中，一定会以为我们都难胜其任！以后，脑子里多装点工作，上班时间精神振作一点。"说完，他一甩手走了，把个小王晾

在那儿，尴尬异常。

过后，李主任满以为办公室的工作效率会提高，可事与愿违，大家都躲着他，布置工作，不是说没时间，就是说手头有要紧事。李主任这才略品出一点滋味，恍惚意识到此举不明智。

当你的下属做了一件令你不满的事，你应该直斥其非，抓住一点不依不饶，还是采用其他的方法？故事中的场景在现实工作中时有发生，领导通过训斥属下虽满足了一时的痛快与尊严，但事后属下都躲着他，让他的工作无法正常进行，这带来的恶果只能自己背负。

相对于这种偏于“暴力”的管理方式，柔性管理会更胜一筹，能带来意想不到的良好效果。其主要表现为内在重于外在，心理重于物理，身教重于言教，肯定重于否定，激励重于控制，务实重于务虚。

汉光武帝刘秀建立东汉之后，深感朝中只会打仗的武将过多，有治国之才的文官太少，于是征聘了当时一些有名的儒士入朝，并给以较高的官职。这一做法引起许多有功的武将的反对，他们纷纷上书表达了自己的不满情绪。

针对这一问题，刘秀没有用帝王的权威压制反对的声音，而是开始对功臣封侯，给他们尊崇的地位，却很少授予他们实权。大将军邓禹被封为梁侯，但他又担任大司徒一职，权力很大。刘秀有一次对邓禹说：“你劳苦功高，但也要明白‘功成身退’的道理。人生在世，若能富贵无忧，当是大乐了，为什么总要贪恋权势呢？你智勇双全，当最知朕的苦心啊。”

邓禹深受触动，他私下对家人说：“皇上对功臣是不放心啊，难得皇上能敞开心扉，皇上还是真心爱护我们的。”邓禹的家人让邓禹交出权力，邓禹却摇头说：“皇上对我直言，当还有深意。我应当去说服别人，免得让皇上为难。”

邓禹于是对不满的功臣一一劝解，让他们理解刘秀的苦衷。当功臣们情绪平复下来之后，邓禹再次觐见刘秀说：“臣为众将之首，官位最显，臣自请陛下免去臣的大司徒之职，这样，他人就不会坐等观望了。”

刘秀嘉勉了邓禹，立刻让名儒伏湛代替邓禹做了大司徒。其他功臣于是再无怨言，纷纷辞去官位。他们告退后，刘秀让他们养尊处优，极尽优待，避免了功臣干预朝政的事发生。

刘秀虽贵为帝王，却不以权势压人，而是懂得以柔克刚，把本来棘手的问题解决得完美绝伦。一方面，从“打天下”转变为“守天下”，朝廷需要多用文士，减少武官数量；但另一方面，有功的武官掌握着一定权力，如果直接剥夺他们的权力，难以服众，甚至可能引发叛乱。刘秀的做法，既解决了问题，又让下属没有怨言，体现出了柔性的管理思想，值得今天的领导者们学习借鉴。

管理就是处理人与人之间的关系，而其中的秘诀是尊重人，需要注意的是，即使是在柔性的管理方式下，也要有刚性的制度。管理者在管理过程中，可以采用灵活的方法，但一定要坚持原则，令行禁止，在制度面前人人平等。

时时明辨利害，见利思害

【智谋原典】

天降之喜，莫径取焉。不测之灾，勿相欺焉。

——《予学·兴亡》

【译文】

无缘无故得来的好东西、好事情，不要轻易就收下。突然降临的灾祸，也不要故意欺瞒他人。

人们往往都希望遇到天上掉馅饼的好事。然而，那些白白给你的厚利，背后却是潜藏着危机。如果你抱有侥幸心理，被天降之喜诱惑，那就难免会被人利用，掉入别人挖好的陷阱中。

古时候，有一个村庄，附近常有凶悍的野猪出没，村民们请了许多优秀的猎人，都没能捉住那些狡猾的野猪。

一天，来了一个老头，赶着一辆驴车，车上装着许多木材和粮食。老人说，他是来帮助村民们抓野猪的。

村民们听了都不相信，连经验最丰富的猎人都无法做到，何况是一个瘦弱的老人。

可是没想到，两个月后，老人回来了，说他已经将野猪都关进山上的围栏里了。村民们都很惊讶，问老人是怎么做到的。老人说："我到了野猪常出没的地方，在空地上放一些食物。野猪开始很警惕，但后来还是过来吃了。第二天，我又加了食物，并在不远处支起一块木板。虽然木板暂时吓退了野猪，但过了不久，他们又会被食物吸引过来。就这样，我不断地给他们安放食物，同时在旁边树起木板，搭建围栏。最终，围栏的门也建好了，野猪就被我关起来了。"

这个故事的寓意非常简单浅显，那就是告诫我们：凡事有利必有害，特别是免费得到的利益。愚蠢的人看到意外的好事落到了自己的头上，就忘记了背后可能隐藏的灾害，忘记了如何避开，最后因为贪恋诱惑而使自己遭受更大的损失。

其实，趋利避害本是人类共同的心理，只不过有的人分不清哪些利该拿，哪些

利要敬而远之。如果是你辛勤劳作的奖赏和回报，那当然可以毫不犹豫地坦然接受；可如果是来路不明的好处，那就必须提高警惕，稍不留神，就会上当受骗。

要知道，在这个纷纷扰扰的世界里，没有那么多轻而易举的好事砸中你。往往当你不费吹灰之力就能得到意外惊喜时，却恰恰掉入别人的陷阱中，最后吃大亏的还是自己。

周末，张先生去探望朋友，在地铁附近，有一个小伙子凑过来，握着一台最新款的进口手机对他说："你要吗？市面上卖三四千，你有心要，就一千块卖给你。"

张先生知道这一定是偷来的，所以才这么便宜。他有些心动，便拿过来看。小伙子还向他展示了各项功能，并拨打了电话。张先生仔细验证，确认无误后，又和小伙子讨价还价一番。最终以六百元成交。小伙子从手机中取出自己的卡，然后走了。

可是回家之后，张先生却无法给手机充电。朋友看过后说，这是假的。于是便摔在地上，露出了手机内部的零件，居然是铁板和硬纸片。

张先生恍然大悟道："一定是他换卡时给掉包了！唉，我真不该贪便宜啊。"

现在的很多诈骗行为都是利用了人们好贪便宜的心理。你的手机常会收到一些免费领取奖品的短信；你和一个人素不相识，他却给你一个突然的惊喜；你发现一个非常轻松而又获利极高的工作，对方让你先交押金……

面对这种种诱惑，你一定要多问问自己：这到口的肥肉到底该不该吃？平白无故地就有好事降临，这其中定有蹊跷。利就像害的影子，紧紧跟随其后。如果你不明就里，看不出令你怦然心动的天降之喜其实只是一个幌子，那么，就很有可能因为贪图一点小实惠，而把自己置于不利甚至是危险的境地。只有明辨利害，见利思害，最终才不会深受其害。

第五篇

《守弱学》：

以弱胜强、强者恒强的胜经

经典简评

• **书名**：《守弱学》

• **作者简介**：杜预（222－285年），西晋人，著名政治家、学者，也是灭吴战争的统帅之一。著有《春秋左氏经传集解》等。由于他的文治武功，被称为“杜武库”。

• **成书时间**：西晋

• **内容简介**：人世间自然存在强弱高低之分，弱肉强食是规律。弱者似乎唯有任人宰割的命运，但是杜预在《守弱学》中强调，强弱之势可以相互转化，而并非永恒。弱者懂得守弱的道理，那么弱也可胜强，强者若懂得守弱，则强者恒强。善于守弱之人，才是最有智慧的人，也最不容易遭到失败。

• **传世价值**：《守弱学》适合那些心性柔和的人参悟，从而图谋大事，也适合心性刚强的人去修身养性。让后世的人，无论是在职场、商场，还是政界，都能以此为智囊，辅助自己谋划成功的事业。

第十六章
保愚：大智若愚，智者以愚制胜

智不外露，愚宜外显

【智谋原典】

智不代力，贤者不显其智。

——《守弱学》

【译文】

智慧并不代表实力，所以贤明的人不会轻易显露他的智慧。

真人不露相，露相非真人。真正有智慧、有真才实学的人，不会轻易显示自己的智慧。适当地隐藏自己，既能有效地保护自我，又能充分发挥自己应有的作用。

张良智慧过人，为西汉的建立立下了汗马功劳。刘邦大封功臣时，请张良自选齐地三万户作为封邑。张良推辞不受，最后被封为留侯。

跟随张良多年的心腹有一次忍不住问他："富贵荣华，这是人人都不愿放弃的，大人何以功成之时一概不求呢？大人这样谦退，岂不太可惜了吗？"

张良说："我年轻时，散尽家财，行刺秦王，追随沛公，唯恐义不倾尽，智有所穷，方有今日的虚名。时下大局已定，天下太平，谋略当是无用之物了，我还能彰显其能吗？谋有其时，智有其废，进退应时，方为智者啊。"

张良和外人从不袒露心声，好友探望他，他从不议论时事。一次，吕后因刘邦要废掉太子刘盈之事派人求张良帮忙，软硬兼施之下，张良无奈出了主意，让吕后请出商山四皓辅佐太子。刘邦一直崇敬这四个人，待见他们出山相助太子，大惊失色，自知太子羽翼已成，不得不放弃了废太子的念头。

吕后派人向张良致谢，张良却回绝说："这都是皇后的高见，与我何干呢？请转奏皇后，此事千万不要再提起了。"

吕后听了使者回报，感叹良久，她对自己的妹妹说："张良不居功是小，弃智

绝俗才是大啊。我先前只知道他智谋超群，今日才知他是深不可测，非我等可以窥伺得了的。”

刘邦死后，吕后专权。张良对政事一概不问，吕后见他潜心道家养生之术，便不以他为患，反而对他愈生钦敬。吕后对其他大臣或杀或贬，却独对张良关爱有加。

张扬自己的智谋不仅容易遭到他人的嫉妒，而且会让他人对其戒心加强，适当隐藏智慧，示人以愚，打消他人的戒心，有效保全自己，这才是张良最高明的处世智慧。

示人以愚不仅适用于身有大功之人，同样也适用于职场中的普通人，我们身处弱势之时，万不可随便显露自己的锋芒，而“以愚示人”才能避强者锋锐。

“王总您好，昨天我交给您的文件签了吗?”王总想了想，然后翻箱倒柜，最后摊开双手：“对不起，我从未见过你的文件。”

小张今年刚毕业，这是他的第一份工作，所以他很卖命，前一天晚上加班加点把文件赶了出来，并放到老总桌子上等着签字。

听到老板说没看到文件，小张解释说：“我明明把文件放到你桌子上了啊，而且我还留了个条给您呢。”

老板一脸的不悦，没说话就出门了，留下小张傻傻地站在那里，不知如何是好。

与小张同来的还有一个同事小吴。有一次，小吴也碰到了这样的情况。但小吴并没有像小张那样回复老板，只听他说：“可能是我记错了，我回去再找找那份文件吧。”

于是，小吴回到办公座位上，把电脑中的文件重新调出，再次打印。当他再把文件放到老板面前时，老板连看都没看就签了字。

其实小张、小吴的文件都交给了老板，老板不留神弄丢了。但身为老板又不能说自己不注意，把文件给扔了，所以才会出现上面的一幕。

同样的问题，不同的做法，产生了不同的结果。老板是你的上司，工作中受点委屈，你不需要解释，像小吴一样装糊涂，把事情揽到自己的头上，无疑是最好的做法。

才能出众不是智慧，学会适当藏巧于拙，才是大智慧。毕竟过于显山露水只会让智慧发挥它的副作用，引起他人的嫉妒和忌惮，会给自身带来难以预料的后果。

看透不点破，危机巧化解

【智谋原典】

智或难为，愚则克之，得无人者皆愚乎？

——《守弱学》

【译文】

有时用尽心机难以做到的事，用看似愚笨的办法却可以解决它，这恐怕就是人人都是愚人的缘故吧？

生活本应该是简单的，但现实却很复杂，人不可能活得太透明，很多事情做到心中有数即可，没必要非得挑明；冷眼看穿一些事情，没必要非得点透真相，如果能做到这一点，生活中的很多危机都可以得到化解。

例如，在生活中，夫妻之间应该坦诚相待，但是坦诚也是有尺度的，不能什么话都说。有些事，一旦点明捅破，结果往往就是劳燕分飞，各奔东西。如果能在家庭生活中适当地包容一些，讲究一些技巧，就能将危机化解于无形之中，从而达到家庭的长期和睦，夫妻双方也就能够恩爱到老。

这是一个幸福的家庭，男人是一家企业的老总，温文尔雅，风度翩翩；女人是机关公务员，聪明漂亮，善解人意。

一次，妻子出差，出门不久突然想起一件重要的文件忘在家里，只好调转车头回去。到了家门口，正好看见丈夫把一个女人迎进去。那个女人是她的下属。一刹那间，她震惊、恼怒，甚至想冲进屋内，当面戳穿他们的私情。但她立刻冷静下来，如此不顾一切冲进去，势必掀起轩然大波，他们美满的婚姻可能就此搁浅。她深信丈夫仍深爱着自己，只是一时糊涂。最后她果断地掏出手机，拨通家里的电话，“老公，我把文件忘在书桌上了，我请小朱来拿。”小朱就是那个女人。接着她又拨通了小朱的手机说：“请你到我家里拿一份文件送给我，我在门口等你。”

这样的巧妙安排，避免了尴尬，也阻止了悲剧的发生。小朱很快就出现了，满脸羞愧和尴尬。她接过文件，优雅一笑，说：“谢谢。”然后命司机开车。多年过去了，丈夫再也没有越雷池半步，他和妻子之间仿佛一切不快都不曾发生，他们依然幸福地生活在一起。

可以肯定地说，幸福美满的家庭总有人在包容忍让，也必须有人让步。有一个人退让，或者两个人都退让，彼此做事情考虑到对方的感受，两个人才能够相互理

解，家庭才会幸福。不会包容和让步的人，他的家庭是不可能和谐美满的。

家庭生活中不可斤斤计较，为人处世中同样不应该咄咄逼人，过于“逞能”，须知聪明常被聪明误。因为“逞能”之时就是一个人感觉最良好之时，感觉最良好之时即是精神最松懈之时，因得意而无防备，危险就会乘虚而入。在与人交往中，即便看透了别人的心思，也不要逞能去点破，这既尊重了他人的隐私，也不会为自己招惹是非。

齐国隰斯弥的住宅，正巧和权贵田常的官邸相邻。田常为人深具野心，后来欺君叛国，挟持君王，自任宰相执掌大权。隰斯弥虽然怀疑田常居心叵测，不过依然保持常态，丝毫不露声色。

一次，隰斯弥前往田常府第进行礼节性的拜访，田常破例带他到邸中的高楼上观赏风光。隰斯弥站在高楼上向四面眺望，东、西、北三面的景致都能够一览无遗，唯独南面视线被隰斯弥院中的大树所阻碍，于是隰斯弥明白了田常带他上高楼的用意。

隰斯弥回家立即派人砍掉那棵阻碍视线的大树。然而正当家人砍树的时候，他却又阻止了大家，并道出了其中的奥妙：“能看透别人的秘密并不是好事，现在田常正在图谋大事，就怕别人看穿他的意图，如果我按照田常的暗示砍掉那棵树，只会让田常感觉我机智过人，会给我带来不测祸端。不砍树的话，他顶多嫌我不能善解人意，但还不致招来杀身大祸，所以，我还是装作不明不白的好，以求保全性命。”

隰斯弥虽然看透了田常的暗示，本想顺其意将阻碍视线的大树砍掉，但他深想一步，担心田常因此忌惮他的机智，给他带来祸端，就放弃了砍树的念头，宁可让田常怪他不能善解其意，也不想因此给自己埋下祸根。

与他人交往应该有所保留，万不可过于坦诚或者逞能，因为人人都有隐私，都有不可对人言之处，即便你看透了他人内心的真实想法或者行事的真正意图，切忌逞一时之快去点破，否则肯定会给自己带来麻烦。

该糊涂时糊涂，才是真精明

【智谋原典】

智以智取，智不及则乖。愚以愚胜，愚有余则逮。

——《守弱学》

【译文】

智者往往以智计取胜，一旦智计失败就会事与愿违。愚人往往以愚笨存身，但在不

适当的时候装傻就危险了。

要想活得潇洒，为人处世就不能太较真，在小事上不要过于表现自己，最好常常能故作糊涂，给人一副愚钝的形象。其实这种“愚钝”正是智者的精明之处，它就像将自己隔离于人世纷扰的无形屏障。所谓“智可及，愚不可及”，智者的精明要体现在对自己而言真正重要的事情上。

一所小学来了一位实习老师，他刚在黑板上写了几个字，学生中突然有人叫起来：

“老师的字比我们李老师的字好看！”

真是语惊四座，稚嫩的学生哪能想到：此时后座的班主任李老师该多么尴尬！对这位实习生来说，初上岗位，就碰到这般让人难堪的场面，的确使人头疼，以后怎样同这位班主任共度实习关呢？怎么办？转过身来谦虚几句，行吗？不行！这位实习生灵机一动，装作没有听到，继续写了几个字，头也不回地说：

“不安安静静地看课文，是谁在下边大声喧哗！”

此语一出，后座的李老师紧张尴尬的神情，顿时轻松多了——尴尬局面也随之消除。

这里的实习老师巧妙地运用了“装作不知道”的技巧，避实就虚，避开“称赞”这一实体，装作没有听清楚，而攻击“喧闹”这一虚象，既巧妙地告诉那位班主任“我根本没有听到”；又敲打了那位学生的称赞兴致，避免了学生误认为老师没有听见可能再称赞几句，从而再次造成尴尬的局面。

现实生活中，确实有许多事不能太较真，特别是涉及人际关系，错综复杂，如果太过认真，不是扯了胳膊，就是伤了筋骨，越搞越复杂。在不丧失原则和人格的前提下，尽可能装糊涂一些；或为了顾全大局，暂且睁一只眼闭一只眼，受点委屈也不算什么，终有一日，当你的这种故作糊涂带给你回报时，人们才会由衷地敬佩你的精明。

在一次宴会上，楚庄王命令他所宠爱的美人给群臣和武士们敬酒。傍晚时分，一阵狂风把灯吹灭了，大厅里一片漆黑，黑暗中不知是谁用手拽住了美人的衣袖。美人急中生智把那人的冠缨扯断，然后来到楚庄王的身边，向他哭诉了被人调戏的经过，并说那个人的冠缨已被她扯断，只要点上灯就可以查出此人是谁。

楚庄王安慰了美人几句，便向大家高声说：“今天喝酒定要尽兴，谁的冠缨不断，就是没喝足酒。”群臣众将为讨好楚庄王，纷纷扯断冠缨，喝得烂醉如泥。等点灯时，大家的冠缨都断了，就是美人自己想查出调戏她的那个人，也无从下手了。

三年后，楚国与晋国开战，楚军有一位勇士一马当先，总是冲在前头。楚庄王

很奇怪，问他为什么如此拼命。勇士回答说："末将该死，三年前我在宴会上酒醉失礼，大王不但不治我的罪，还为我掩盖过失，我只有奋勇杀敌才能报答大王。"

在整个事件中，楚庄王听说有人调戏美人，而且对方的冠缨已被扯断，是可以查出是谁犯错的。但楚庄王在这件事上采取了"糊涂"的态度，因为他认为酒醉失礼是难免的，并且不愿因这件小事让自己与重臣之间产生矛盾，这样非但于事无补，反而损及国家利益，所以他没有追究下属的过错，而是故意让大家都扯断冠缨。正是楚庄王的一时"糊涂"，才换来了下属的赤胆忠心。

肉眼看很干净的东西，拿到显微镜下，满目都是细菌；镜子很平，但在高倍放大镜下，就成了凹凸不平的山峦。如果我们"戴"着放大镜、显微镜生活，恐怕连饭都不敢吃了。同理，用放大镜去看别人的毛病，恐怕绝大多数人都罪不容诛、无药可救。

因此，做人、做事还是不要斤斤计较为好，在琐碎的小事上故作糊涂，适时谅解和包容别人，这才是精明的处世之道。如果过分挑剔和计较，这种表面上精明的人，非但难以交到能够助他成功的朋友，反而会到处树敌，给自己的成功之路层层设障，这才是真正的糊涂。

何妨一弱再弱，让对方永不设防

【智谋原典】

弱须待时，明者毋掩其弱。

——《守弱学》

【译文】

处于势弱的时候要耐心隐忍等待，真正明智的人是不会刻意掩饰自己弱势的一面的。

在强者面前，不要刻意掩饰弱者身份，尤其是与自己有利益冲突的强者面前，一定要一弱再弱，满足对方的成就感和虚荣心，以保障自己的安全。

我们要学会示弱，特别是表现自己要量力而行，强出头往往会被搬不动的石头砸了脚。毕竟，一个人各方面的能力都是有限的，自大、自满、自我标榜只会惹来祸端。真正的聪明人，永远知道适时暴露自己的缺点。

《三国演义》中有一段"曹操煮酒论英雄"的故事。刘备落难投靠曹操，曹操收留了刘备，却并没有对刘备完全放心。曹操生性多疑，他害怕刘备有朝一日重整旗鼓，会和自己争天下。刘备住在许都，为防曹操猜忌，就在后园种菜，每日亲自浇灌，做出一副躲避世事纷扰的样子来迷惑曹操。

一日，曹操约刘备入府饮酒，以龙喻人，评论谁为当世之英雄。曹操征求刘备的意见，刘备点遍袁术、袁绍、刘表、孙策、刘璋、张绣、张鲁、韩遂，均被曹操一一贬低，曹操指出英雄的标准是："胸怀大志，腹有良谋，有包藏宇宙之机，吞吐天地之志。"刘备问："谁人当之？"曹操意味深长地一笑，说自己与刘备才是英雄。刘备以为曹操看破了自己的心事，吓得把筷子也丢落了地下，恰好当时大雨将至，雷声大作。刘备拾起筷子，战战兢兢地说："一震之威，乃至于此。"

曹操哈哈大笑，大大减轻了对刘备的戒意，认定天下再无人能与己争。

在别人面前暴露自己的缺点，需要一定的勇气，但是这也是制胜的绝招。现实生活中，"要面子"是许多人的通病，这是因为虚荣心所致，他们担心如果别人知道了自己的缺点，自己就会失去些什么。真正会办事的人懂得一点，适当地暴露缺点，别人会更相信你，事情会办得更顺利。

会做事的人善于示弱，将自己的弱势暴露给对方，这是一种上上之策。在生意场上，将自己产品的劣势坦诚地告知对方，反而更容易获得对方的信任，达到意料不到的效果。

经营房地产推销的戴伟先生，有一次承担了一项艰巨的推销工作。

因为他要推销的那块土地紧邻一家木材加工厂，电动锯锯木的噪声使一般人难以忍受，虽然这片土地接近火车站，交通便利。戴伟先生想起有一位顾客想买块土地，其价格标准和这块地大体相同，而且这位顾客以前也住在一家工厂附近，整天噪声不绝于耳。于是，戴伟先生拜访了这位顾客。

"这块土地处于交通便利地段，比附近的土地价格便宜多了。当然，它紧邻一家木材加工厂，噪声比较大。"戴伟先生如实地对这块土地做了认真的介绍。

不久，这位顾客去现场实地考察，结果非常满意地说："我去观察了一天，发现那里噪音的程度对我来说不算什么，所以我很满意。你这么坦诚，反而使我放心。"

就这样，戴伟先生顺利地做成了这笔难做的生意。

无论做生意，还是为人处世，示弱不仅会使对方放松对你的警惕，更是一种坦诚的表现，可以化解对方心里的敌对情绪。因为人们往往相信，敢于承认自己缺点或劣势的人，是值得交往、值得信赖的。

第十七章

守卑：委曲求全，依靠弱势地位赢得成功

放下身架，才能提高身价

【智谋原典】

至尊无威，然心慑耳。

——《守弱学》

【译文】

尊贵到了极点的人没有威仪，但他能让人心悦诚服。

自贬身价的事谁也不想做，但在某些情况下，我们往往又不得不放下身架。在某些情况下，自贬身价也不失为高明的处世之道，只有先放下身架，才有可能抬高身价。

徐兰沅是著名京剧音乐家，先后为京剧艺术大师谭鑫培、梅兰芳操琴数十年，在京剧音乐界颇负众望。徐兰沅年轻的时候，听闻一位名叫耿一的老琴师，技艺非常精湛，很想拜他为师，只是苦于没有机缘。

一天，徐兰沅正在街上走着，恰好遇见了耿一。徐兰沅求教心切，急忙上前恳求耿一赐教。谁知这位老琴师从来不收徒弟，他满脸傲气，把徐兰沅从头到脚打量了好一阵子，然后不无嘲弄地说："小子，琴可以教你，不过你得趴在这大街上当众给我磕个头才行。"徐兰沅一听，二话没说就跪倒长街，给耿一恭恭敬敬地磕了个头。耿一见徐兰沅学艺如此心诚，当即就破例收下了他这个徒弟，徐兰沅也因此琴艺大增。

为了提高自己的专业技能和生存本领，徐兰沅虚心向高手求教，即便因此要暂时放下身架，但能让自己的本领得到提高，也是非常值得的。

好声誉是靠个人业绩和成就换来的，而不是摆架子摆出来的，架子只是一种毫无意义的东西。为了实现自己的目的，暂且放下身架又如何？放不下架子的人是很难真正有所作为的。很多人都是放下身段，偷师学艺走向成功的。

有一家著名的机械制造公司，它代表着当今重型机械制造业的最高水平。志向远大的余庆虽然多次想进入该公司都遭拒，但他并没有死心，他发誓一定要进入该公司，于是他采取了迂回策略。

他提出无偿提供劳动力，无论分派给他何种工作，他都不计任何报酬来完成。公司起初觉得这简直不可思议，但考虑到不用任何花费，便分派他去打扫车间里的废铁屑。一年来，余庆勤勤恳恳地重复着这种简单而劳累的工作。他利用清扫工到处走动的特点，细心察看了整个公司各部门的生产情况，并一一做了详细记录，发现了所存在的技术问题并想出了解决的办法。为此，他花了近一年的时间搞设计，做了大量的数据统计。为了糊口，下班后他还要去酒吧打工。他这样虽然得到老板及工人们的好感，但仍然没有人提到录用他的问题。

后来，公司的许多订单纷纷被退回，理由均是产品质量有问题，为此公司将蒙受巨大损失。董事会为了挽救颓势，紧急开会商议解决。余庆在会议中途闯入，提出要直接见总经理。余庆对问题出现的原因作了令人信服的解释，并就工程技术上的问题提出了自己的看法，随后拿出了自己对产品的改造设计图。这个设计非常先进，既保留了原来的优点，同时解决了出现的毛病。众人无不对此大为惊讶。面对公司的最高决策者们，余庆将自己的意图和盘托出，经董事会举手表决，余庆当即被聘为公司负责生产技术的副总经理。

余庆为了进入这家公司，不惜放下所谓的身架，从无偿的清扫工做起。他利用清扫工身份提供的便利，发现了产品问题的关键所在，并找出了解决之道，提出了自己的设计理念，当他在公司一筹莫展的时候，拿出了自己的设计，不但帮助公司渡过了危机，而且大大提升了自己的身价。

吃得苦中苦，方为人上人。我们在刚步入社会的时候，不妨放下架子，甘心从基层干起。不要把自己太当回事，这样你就不会有放不下“身架”的顾虑。“身架”是毫无意义的，只有如何提高“身价”才是自己应该认真对待的，但很多情况下只有先放下“身架”，才可能有机会提高“身价”。

懂得低头，才能抬头

【智谋原典】

劣而人恕，恕则幸；庸而人纳，纳则遇。

——《守弱学》

中国智谋一本通

【译文】

处于劣势的人，人们会宽恕他，宽恕就是难得的幸运；平庸的人，人们会接纳他，接纳他就是难逢的机遇。

能屈才能伸，善于向对手低头，争取准备进攻的时间和余地，是击败对手常用的迂回之策。低头是“屈”，抬头则是“伸”，能屈才能伸，只有懂得适时低头，才能让自己有机会抬头。

三国时期，吴主孙权为了江东利益，决定除掉关羽，拿下荆州。恰逢此时曹操派使者来联络，要联合夹击关羽。孙权马上复信答应联盟。

吕蒙装作旧病发作，让孙权把他调回去休养，另派了名声不响但韬略出众的陆逊接替自己。关羽听到吕蒙病重，又听说新上任的陆逊是个年轻书生，根本没把他当一回事儿。

陆逊刚上任就派人拜见关羽，献上书信和礼品。信中满是谦卑和颂扬：“听说将军在樊城水淹七军，远远近近哪个不称赞将军的神威。我是个书生，没有什么本事，很不称职，今后还得靠将军多多照顾。”关羽非常得意，他本就不把吕蒙放在心上，这次又换了个籍籍无名的年轻书生陆逊，更是看不起他。于是他就放松了对东吴的警惕，把原来防备东吴的人马陆续调到樊城，而此时吕蒙正伺机袭取关羽的后方。

吕蒙命人把战船都改装成商船，选了一批精锐兵士躲在船舱里，摇橹的兵士则扮作商人，一律穿上商人穿的白色衣服，向北岸进发。到了北岸，防守的蜀军兵士一看都是商人，就允许他们把船停在江边。当天夜里，船舱中潜伏的士兵偷偷摸进江边岗楼，吕蒙大军就这样神不知、鬼不觉地占领了北岸。这时候，曹军也发起进攻，关羽腹背受敌，不久便走了麦城，兵败被杀。

陆逊派人卑辞厚礼拜见关羽，以后生的姿态谦恭地请关羽照顾，这对于一个军事统帅而言，可谓“低头”到家了。他的这种姿态迎合了关羽目中无人的心理，让他更加狂傲，从而放松了对东吴和陆逊的警惕，为吴军偷袭创造了条件。当陆逊抬头走进荆州衙门时，关羽一贯高昂的脑袋早被装在匣子里送给了曹操。

“低头”不但可以作为骄对手之心的策略来使用，还可以作为一种润滑人际关系的技巧。在为人处世中，如果能在必要的时候向他人低头，可以消除他人敌意，为自己赢得友谊。

有一个博士分到一家研究所，成为学历最高的一个人。

有一天他到单位后面的小池塘去钓鱼，正好正副所长在他的一左一右，也在钓鱼。他只是微微点了点头，这两个本科生，有啥好聊的呢?

不一会儿，正所长放下钓竿，伸伸懒腰，噌噌噌从水面上如飞般地走到对面上厕所。

博士吃惊得眼睛都快掉下来了。水上漂？不会吧？这可是一个池塘啊。

正所长上完厕所回来的时候，同样也是噌噌噌地从水上漂回来了。

怎么回事？博士生又不好意思去问，自己是博士生哪！

过了一阵，副所长也站起来，走几步，噌噌噌地漂过水面上厕所。这下子博士更是差点昏倒：不会吧，到了一个江湖高手集中的地方?

博士生也内急了。这个池塘两边有围墙，要到对面厕所得绕十分钟的路，而回单位上又太远，怎么办?

博士生也不愿意问两位所长，憋了半天后，也起身往水里跨：我就不信本科生能过的水面，我博士生不能过。

只听“咚”的一声，博士生栽到了水里。

两位所长将他拉了出来，问他为什么要下水，他问：“为什么你们可以走过去呢?”

两所长相视一笑：“这池塘里有两排木桩子，由于这两天下雨涨水正好在水面下。我们都知道这木桩的位置，所以可以踩着桩子过去。你怎么不问一声呢?”

博士生自恃学历，竟然骄傲到如此地步，不禁让人忍俊不禁。同时，也会引发我们的思考，“低头的是稻穗，昂头的是稗子”。越成熟越饱满的稻穗，头垂得越低；只有那些稗子，才会显摆招摇，始终把头抬得老高。

世事纷繁复杂，要想避开无谓的纷争，避开意外的伤害，更好地发展和保全自己，就必须让自己更加豁达，保持低姿态，懂得适时低头，这样才能让自己立于不败之地。

给领导面子，自己得里子

【智谋原典】

强者为尊，不敬则殃，生之大道，乃自知也。

——《守弱学》

【译文】

强者尊贵，不敬重它就会招来祸患，这是生存的第一准则，要牢记于心。

作为下属，维护领导的尊严和权威，是最能赢得领导信任和青睐的了。比如，给领导“补台”，及时保住领导的颜面，必要的时候自己把责任揽下来。这样做会给领导留下极好的印象，也会给你的职场生涯带来转机。

下属最忌讳的就是自表其功、自矜其能，这种人十有八九要遭到领导的猜忌，很少会有好下场。爱慕虚荣，喜听奉承，这本是人性的弱点，很多领导如此，帝王更是如此。当众冒犯皇帝的威严，是非常不智的。

纪晓岚才智过人，深得乾隆赏识。在一次宫廷宴会中，乾隆诗兴大发，出了一个上联：“玉帝行兵，风刀雨箭云旗雷鼓天为阵。”

乾隆让百官对下联，竟然没人能对得上。乾隆很得意，便点名要纪晓岚答对，想出一下这位大才子的丑。不料，纪晓岚非常敏捷：“龙王设宴，日灯月烛山肴海酒地当盘。”话音刚落，群臣赞叹。

乾隆却有点不高兴了，半天沉吟不语。纪晓岚当然明白是自己得罪了皇上，便接着说：“圣上为天子，所以风、雨、云、雷都归您调遣，威震天下；臣乃酒囊饭袋，所以希望连日、月、山、海都能在酒席之中。可见，圣上是好大神威，而臣只不过是好大肚皮而已。”乾隆一听，立即笑逐颜开，连忙表扬纪晓岚：“饭量虽好，但若无胸藏万卷之书，又哪有这么大的肚皮。”

乾隆出的上联显示了一代帝王的豪迈气概，不料纪晓岚下联一出，十分工整，显不出乾隆上联的才气。乾隆一听，自然不快。幸好，纪晓岚及时发现并为自己开脱，有意抬高乾隆，贬低自己。自然，君臣一唱一和，大家都高兴。

事实上，每个领导都喜欢有一个能为自己及时找回面子的下属。如果你能与领导搞好关系，在适当的时候为领导填补工作上的漏洞，维护领导的尊严，对自己的前程会大有好处。反之，就会影响自己的前程。

一名研究生毕业之后就到一家外企工作，已经做了五年了，一直没有得到提升，而当时与他一起进入的其他研究生都当上了部门经理。原因何在呢？

原来，三年前的一天，董事长在经理的陪同下来检查工作，当来到他的办公室时，这位研究生为了显示自己，就对经理说：“经理，我想提个意见，我发现公司的内部管理比较混乱，有时连一些客户的订单都找不到。”董事长就在身边，经理的脸色立刻大变。从那以后，经理对这个研究生不理不顾。尽管他很有才能，却一直没受到重用。

领导是你的上级，他的尊严不容冒犯。你不给领导面子，当众出他的丑，他又怎么会给你里子呢？即使领导肚量大，能做到不计前嫌，但在他的心里，也会始终有一个疙瘩。别小看这个疙瘩，它是真正的魔鬼，会让领导耿耿于怀，在背地里使坏。没准儿你的领导会想：“你让我下不了台，我就要给你点颜色看看，让你上不了台。”之所以要维护领导的尊严，道理就在这里。

给领导留面子，是对领导的尊重，就等于给自己留下充分的余地，下属可利用这个余地同领导在私下里进行更深入的交流和探讨。在领导的尊严得到维护之后，你的好运也会紧随而至。

伴君如伴虎，是古人总结出来的至理名言。所以，要学会如何与领导相处。一些人自以为有功便忘了领导，这特别容易招惹领导的嫉恨。把功劳和面子让给领导，才是明智的捧场，是稳妥的自保。在官场和职场上都是如此。

永远不要显得过于完美

【智谋原典】

天非尽善，人非尽美。不理之璞，其真乃存。

——《守弱学》

【译文】

天理并非都是良善的，人也并不是完美的。就像不事雕琢的璞玉，这才是真实可信的。

“完美”的人时时事事都要争做“老大”，风头出尽了，亏也吃了不少。静下来想一想，何必非要为“老大”争个头破血流，有时就当回“老二”，其实未为不可。

“完美”的人是智慧高、反应快，样样优秀的人。这种人的表现让人不敢逼视，所提见解也非一般人所能理解，更能见人所未见，言人所不敢言！然而这种人因为太优秀，对自己太有信心，总是要表现一把“老大”的架子，因而“忘记”身边有一大群“平庸”的人。他的“亮眼”表现，无形中带给这些平庸的人以压力，因此，他的优秀反而成为人际关系上的阻碍。

因此，聪明的，就永远不要让自己显得过于完美，当你比所有人都更有光彩的时候，当所有人在你面前都抬不起头的时候，离你倒霉的日子也就不远了。

战国末年，秦王准备吞并楚国，命老将王翦率60万兵攻楚。出兵之日，王翦对秦王说：“大王废除三代的裂土分封制度，臣等功劳再大，也不能封侯，所指望的只有大王的赏赐了。臣下已年老，不得不为子孙着想，所以希望大王能恩赐一些良田、美宅与园林给臣下，作为子孙日后衣食的保障。”秦王哈哈大笑，满口答应：“好说，好说，这是件很容易的事，王将军就为此出征吧。”

自大军出发至抵秦国东部边境为止，王翦先后派回五批使者，向秦王要求：多

多赏赐些良田给他的儿孙后辈。

王翦的部将们都认为他老昏头了，胸无大志，整天只想着替儿孙置办产业。面对众人的不理解，王翦说："你们说得不对，我这样做是为了解除我们的后顾之忧。大王生性多疑，为了灭楚，他不得不把秦国全部的精锐部队都交给我，但他并没有对我深信不疑。一旦他产生了疑念，轻者，剥夺我的兵权，罢免我的官职；重者，恐怕我和诸位的性命也将难保。所以，我不断向他要求赏赐，让他觉得，我绝无政治野心。因为一个贪求财物，一心想为子孙积聚良田美宅的人，是不会想到要去谋反叛乱的。"

后来，秦王果然因此而相信王翦没有异心，放心让他指挥60万大军，顺利完成了消灭楚国的任务。

水至清则无鱼，人至察则无徒。在日常工作中，因为有特殊才能或特殊贡献而冒尖的人，往往容易成为受打击的对象。谁在哪一方面出人头地，便会受到人们的攻击、嘲讽、指责；更有甚者，由于嫉妒心重还可能给你使绊子，让你生活在一种无形的压力之下，时时处处都有障碍，让你人做不好，事干不成。

所以，无论你有怎样出众的才智，也一定要谨记：不要把自己看得太了不起，不要把自己看得太重，适时收起锋芒，才能在人生之路上走得更远、更稳当。

第十八章
示缺：君子示其短，不示其长

死要面子，吃亏的是自己

【智谋原典】

至辱非辱，乃自害也。

——《守弱学》

【译文】

最大的耻辱不是受人侮辱，而是自我伤害。

就像最大的耻辱是来自于自我伤害，而不是受他人之辱一样，丢面子的事情根源也不在他人，而是源于自身愚蠢的虚荣和死要面子。

有一只猫总是喜欢吹嘘自己的得意之处，对于自己的过失和缺点却百般掩饰。它捕捉老鼠的本领还不太精湛，经常会让老鼠从自己的口中逃掉。对这种情况，它就解释说："我看它太瘦了，先放走它，等以后养肥了再说。"

它到河边捉鱼，鲤鱼的尾巴狠狠地打在它的脸上，把它的脸打肿了，它却装出笑容说："那是我不想捉它，捉它还不容易？我就是要用它的尾巴洗把脸。刚才到阁楼上去玩，把脸弄脏了！"

一次，它掉进泥坑里，浑身沾满了污泥。同伴们惊异地看着它，它连忙解释道："我最近身上长了一些跳蚤，用这个办法治它们，最灵验不过了！"

后来，它不小心掉进了河里，同伴们打算救它，它却说："你们认为我遇到危险了吗？不，我太热了，想洗个澡……"可是它话还没有说完，就沉没了。

有同伴说："不好了，它沉下去了，我们快救救它吧！"

"走吧，"另一只猫说，"我们一片好心，到时候又要被当成驴肝肺，一会儿它肯定会说它在表演潜水。"

这只猫好面子到了匪夷所思的地步，它对自己的过错百般掩饰，即便陷入危险

境地也要打肿脸充胖子，拒不接受别人的帮助，最终只能葬送自己的性命。生活中像这种好面子的人确实不太常见，但绝对存在，希望他们能看到这个故事，以这只“潜水”不出的猫为鉴。

虚荣是好面子的根源，做事情应该量力而行，不自量力，大包大揽，可能会挣足一时的面子，但最后吃亏受损的肯定是自己，并且必定会让你大大地丢面子。

那么，我们如何能够摆脱虚荣的奴役呢？

首先，在生活中要把握好攀比的尺度。比较是人们常有的社会心理，但要把握好攀比的方向、范围与程度。从方向上讲，要多立足于社会价值而不是个人价值的比较，如比一比个人在学校和单位的地位、作用与贡献，而不是只看到个人工资收入、待遇的高低；从范围上讲，要立足于健康的而不是病态的比较，要比成绩、比干劲、比投入，而不是贪图虚名、嫉妒他人、表现自己。

其次，要做自己，不要受制于别人的评价。别人的议论、他人的优越条件，都不应当是影响自己进步的外因。只有自己自信和自强，才不会被虚荣心所驱使，才能成为一个高尚的人。不要在意别人的议论，别人说你个子矮，你没必要非要穿增高鞋掩饰自己；别人说你穿着寒酸，你也不必非要用名牌把自己包装起来。要相信自己总有优点，不必为别人的议论乱了自己分寸，掉进虚荣陷阱里。

只有勇于摆脱面子的束缚，才会令自己活得更洒脱自在。

 站好自己的岗，不替领导做主

【智谋原典】

君子不惧死，而畏无礼。

——《守弱学》

【译文】

君子不害怕死亡，但害怕失去礼仪。

礼仪是一种规则。破坏了规则，大家都玩不下去。

在不该说话的时候说话、不该做主的时候做主，是职场新人常犯的毛病。你必须知道，无论你帮领导管了多少事，也无论你的领导多糊涂，甚至依赖你到了你不在他连电话都不会拨的程度，但他毕竟还是你的领导，大事小情毕竟还得由他来做主。出了错，他承担；有面子，也该由他来卖。

下面是一个让人深思的关于自作主张的故事：

有个杂志社给一个作家做了一期专访，等杂志出来以后，这个作家收到了一本，他想多要几本送给朋友，便打电话给这家杂志社主编。

主编不在，杂志社里一个小姐接了电话。“麻烦你转给一下主编，我希望多要几本这期杂志。”“这个啊，没问题！您直接派人过来拿就成。”小姐爽快地说。

作家正打算驱车去拿杂志时，却接到主编的电话：“对不起！刚才我不在，杂志收到了吧？我刚才派人给您多送了几本过去。”停了一下，主编又说：“可是，对不起，我想知道是哪位小姐说您可以立刻过来拿。”

作家很奇怪，于是问道：“有问题吗？”

“当然没问题，您要十本都可以，我只是想知道，是谁自作主张。”

事情的结果可想而知，那位自作主张的小姐免不了受到上司的一番责备，上司一定会认为她目中无人，她在主编心目中的印象也肯定会大打折扣。

既然是别人点名找你的领导，作为下属就该转告，而不是替他做主。虽然只是一句话而已，但本来可以由上司卖出的人情，却被你无意挥霍了。想想看，像这位小姐的行为，领导能不为此反感吗？

领导就是领导，下属就是下属，不要自以为聪明，就可以自作主张，真正的好下属要懂得什么时候该说，什么时候该做。

不自作主张，这是职场人在处理公司事务时起码要做到的，而要想在这一方面做得更好，你还需要做到遇事时多和领导商量，多让领导给你做主。

你有没有常常向领导询问有关工作上的事，或者是自己的问题？有没有跟他一起商量？如果没有，从今天起，你就应该改变方针，尽量详细地发问。部下向领导请教，并不可耻，而且是理所当然。有心的领导，都很希望他的部下来询问。部下来询问，表示他的眼里有上司、尊重上司，尊重上司的决定。另一方面也表示他在工作上有不明之处，而上司能够回答，这样才能减少错误，上司也才能够放心。

如果员工假装什么都懂，一切事都不想问，领导会觉得“这个人恐怕不会是真懂”而感到担心，也会对你是否会在重大问题上自作主张而产生担忧。在工作上，作重大问题的决策时，你不妨问问领导，“关于某件事、某个地方我不能擅自下结论，请您定夺一下”，或者“这件事依我看不这样做比较好，不知部长认为应该如何”等。这样不管功过如何，都与你没多大关系。

其实，客观来说，仅就工作而言，下属自作主张带来的后果，往往都不会是十分严重也并非全都是消极的方面。领导反感下属的自作主张，其实不在于他的擅自决定给工作带来的损失——通常说来，这种损失是微小的。上司心中真正在意的是下属越权行事的行为，以及这种做事风格所反映的下属心中对上司的态度。

在职场上，必须时刻牢记一条：领导永远是决策者和命令的下达者，无论我们

有多大的把握相信自己的判断力，无论你代替领导决定的事情有多细微，都不能忽略领导同意这一关键步骤。否则，当领导意识到本应由自己拍板的事情，被属下越俎代庖，他所产生的心理上的排斥感和厌恶感，以及对于下属不懂规矩的气恼，足以毁掉你平时小心经营、凭借积极努力所换来的领导对你的认同。

犯点小错，解除领导戒心

【智谋原典】

上明而下愚，危亦安。

——《守弱学》

【译文】

领导精明下属愚笨，虽然危险，但可以保得自己平安。

在领导面前不过于显露才智，故意犯点错误，不在声誉上盖过领导，才能打消领导的戒心。让领导高你一筹，胜过你圆满完成领导交给你的所有任务。

刘邦是个猜忌心极重的人，诸将如淮阴侯韩信等，无一不受到他的猜疑和嫉恨，有的甚至被迫走上了谋反的道路。就连与他交情最为深厚的萧何，也因屡屡受到猜忌而终日战战兢兢。

韩信被杀之后，萧何因功进位为相国，加封五千户。群僚都向他道贺，只有当年的东陵侯召平一脸忧愁地对萧何说道："您将从此惹祸了！"萧何大吃一惊，忙问原因。

召平答道："主上连年出征，亲冒矢石，只有您安然地居守都中，不必遭受兵革之劳，现在反而得以加封食邑。这在名义上是看重您，而实际上是对您不放心。您想，韩信有百战百胜的功劳，尚且被杀，难道您的功劳能赶上韩信么？"

萧何急忙问道："您说得很对，不过有什么计策能让主上对我放心呢？"召平道："您不如不接受主上的这次加封，再把家里的私财全部拿出来，交给主上，充当军需。这样才有可能免祸。"

萧何点头称是，照此办理后，果然讨得了刘邦的欢心。在讨伐英布期间，萧何仍然留在关中督运粮草。刘邦屡次问押运粮草的官员，说是相国近来都在做些什么事情。押运官答称他无非是抚恤百姓、筹办粮草军械等，刘邦听了，默然不语。

押运官回到关中后，把这一情况报告了萧何，萧何也猜不透深意。一天，他偶然与一位幕僚谈起此事，幕僚却叹气摇头："您不久可就要灭族了！"萧何一听，忙

问原因。

幕僚又说道："您位至相国，功居首位，此外不可能再给您加封什么了。皇上屡次问您在做什么事情，显然是怕您久在关中，深得民心，一旦乘关中空虚，号召百姓起事，据地称尊，就会使主上无处可归，前功尽弃。现在，您不察主上的意思，还要孜孜不倦地为百姓操心，这是徒增主上的疑忌！疑忌越深，祸来得也就越快。在这种情况下，您不如多买田地，而且要逼着百姓们贱卖给您，使得民间诽谤您、怨恨您。这样，主上听说之后方能心安，而您也可以保全家族了。"

萧何认为此话很有道理，当即采纳施行。押运官回到前线后，把萧何因强买民田而致谤议的情况报告了刘邦，刘邦果然很觉宽慰。不久淮南平定，刘邦回都养伤，到萧何前来问疾时，才把谤书交给萧何，放心地让他自己处理这事。

自古以来，白手起家得天下的人，最担心手下劳苦功高的功臣，正是基于这种心理，刘邦难免疑忌手下功臣。所以，江山坐稳之后，刘邦便诛杀韩信和彭越，讨伐英布。就连与他交情最深的萧何也未能幸免，幸好萧何懂得自污免祸，解除了刘邦的戒心。

任何领导都需要在下属面前保持威信，不希望下属在能力和声誉上超过自己，因此，在人事调动时，如果某个优秀、有实力的人被指派到自己手下，领导就会忧心忡忡，因为他担心某一天对方会抢了自己的权位。相反，若是派一位平庸无奇的人到自己手下，他便高枕无忧了。

有心计的下属总会想方设法掩藏自己的实力，以故作的笨拙和过失来反衬领导的高明，以此打消领导的戒心。当领导阐述某种观点后，他会装出恍然大悟的样子，说自己太笨，没有领导反应快，并且带头叫好；当他对某项工作有了好的可行的办法后，不是直接阐发意见，而是在私下里或用暗示等办法及时告知领导，同时，再抛出与之相左的甚至很"愚蠢"的意见。久而久之，尽管在同事中形象不佳，有点"弱智"，但领导却倍加欣赏，对其情有独钟。

夹起尾巴做人，带着脑袋做事

【智谋原典】

宠不树敌，绝焉。

——《守弱学》

【译文】

得宠时不要树敌，树敌就是绝路。

作为下属，千万别以为自己立有大功，就可以飞扬跋扈，为所欲为。须知功高震主，即使不招摇，都有可能招来猜忌或小人诋毁排挤，因此，自己的行为如果不加检点，很容易就会授人以柄?

明朝的开国功臣徐达出生于濠州（今安徽凤阳）一个农家，儿时曾与后来做了大明皇帝的朱元璋一起放牛。

他有勇有谋，为明朝的创建立下了赫赫战功，深得朱元璋宠爱。

徐达虽战功累累，却从不居功自傲。他每年春天挂帅出征，暮冬之际还朝。回来后立即将帅印交还，回到家里过着极为俭朴的生活。

朱元璋曾对他说："徐达兄建立了盖世奇功，从未好好休息过，我就把过去的旧宅邸赐给你，让你好好享几年清福吧。"

朱元璋口中的这个旧宅邸，是其登基前当吴王时居住的府邸，徐达不肯接受。

朱元璋请徐达到旧府邸饮酒，将其灌醉。徐达半夜酒醒问周围的人自己住的是什么地方，内侍说："这是旧邸。"

徐达大吃一惊，连忙跳下床，伏在地上自呼死罪。朱元璋见其如此谦恭，心里十分高兴，即命人在此旧邸前修建一所宅第，门前立一牌坊，并亲书"大功"两字。

朱元璋曾赐予徐达一块沙洲，由于正处于农民水路必经之地，徐达的家臣以此擅谋其利。徐达知道后，立即将此地上缴官府。

1385 年，徐达病逝于南京。朱元璋为之辍朝，悲恸不已，追封徐达为中山王，并将其肖像陈列于功臣庙第一位，称之为"开国功臣第一"。

朱元璋登基后，从 1380 年至 1390 年，因清洗丞相胡惟庸牵连被杀的功臣、官僚共达 3 万人；1393 年，有赫赫战功的将领蓝玉及其有关的人士均被杀，先后牵连被杀的也有 1.5 万多人；洪武十五年（公元 1382 年）的空印案，洪武十八年（公元 1385 年）的郭桓案，被杀者更有数万人之众。

朱元璋为强化其统治用严刑重刑，杀了包括功臣在内的 10 多万人，从小与朱元璋在一起的徐达，当然十分清楚"伴君如伴虎"的道理。因此，如果居功自傲，无异于引火烧身。

任何人在任何时候，都不喜欢骄傲自大的人，即使此人曾作出了巨大的贡献，创造出不俗的功业，令人们万般敬佩和信服。相反，任何时候，谦虚和低调都是被人们所接受和推崇的品质，因为谦虚就意味着对别人的尊重，而没有人是不喜欢被尊重的。同时我们也应懂得不是给领导建立功劳就可以高枕无忧，须知功高易震主，有大功之时就应该避免让上级生疑心或反感了。只有一边作出贡献让领导满意，一边又谦恭温顺，不露出一丁点的骄傲，这样的成功者才不会惹来麻烦。

中国有句古话说的好：木秀于林，风必摧之；堆高于岸，流必湍之；行高于人，众必非之。大多数有才华的人都易张扬自己的欲望，而这种欲望如果控制不当，便会使自己心态失衡，做出不识大体的事情来，并很容易引起别人的侧目和反感，导致自己陷于被动的人际环境中，进而造成磨难不断，运途多舛。

另外更常见的情况是，人们平常容易带主观色彩看问题，认为自己经历或思考验证后的东西都比别人的好，自己喜欢、看中的人也比其他人优秀，这些都是犯了主观偏见的错误，会导致做事偏执，有失公允，得罪他人。

总之，无论有怎样傲人的资本，我们都没炫耀的必要。要知道，人性往往有阴暗的一面，一旦你大意了、张扬了，或许你本身并没有夸耀逞强的意思，但别人早已看在眼里，妒在心上，觉得你比他们优秀，自然看你不顺眼。如若这时你还不能及时醒悟，赶紧用低调的策略保护自己，你就是在将自己置身于吉凶未卜的旋涡急流当中，最终被卷入黑暗之地。

第六篇

《度心术》：

玩转心理操控术

经典简评

• **书名**：《度心术》

• **作者简介**：李义府（614－666 年），唐代瀛洲饶阳（今河北饶阳）人，他虽生于小官僚之家，却凭着自己的谋略智慧玩转人事，曾在唐高宗时两度为相，时人称义府笑中刀，又以柔而害物，被称为“人猫”。后因做事张扬，最终因罪被流放，客死异乡。

• **成书时间**：唐代

• **内容简介**：心为人之主宰，攻人以攻心为上，而攻心首先要度心。度心术作为一种人生技能和社会生存的利器，是最有效的智谋。鬼才李义府，以“方寸之间的智慧”——度心术游刃于人事与世事的权力刀尖之上。《度心术》汇集了李义府的切身经验，从度心、御心、擒心、夺心等方面，将繁复玄奥的度心之术，变得简单实用。

• **传世价值**：“度心术”作为人类的一种生存技能，一直为后人所推崇。《度心术》一书正是培养“度心”大师的名著，其整体结构严谨，寓意深远，手段高明，谋略高超，对现代人也有很大的指导意义。但反观作者遭遇，也须知，谋略不可太过，否则伤福。

第十九章

度心：蛇打七寸，驭人驭心

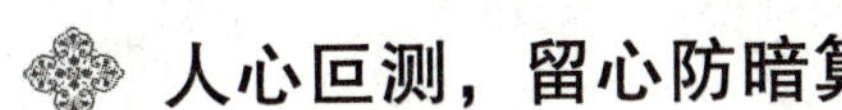

人心叵测，留心防暗算

【智谋原典】

忠奸莫以言辨，善恶无以智分。

——《度心术·逆心》

【译文】

一个人是忠诚还是奸猾，这不能从他的言谈上分辨；一个人是善良还是邪恶，这不能根据他的智商去衡量。

世界上再也没有什么比人心更难了解、更难揣测的了。

人们常说“春水薄，人情更薄；江湖险，人心更险。”想要从一个人的外表和行为来准确判断出他的善恶居心，更是难上加难。

有的人表面上一团和气，实际上却在暗中琢磨着如何算计你；有的人在与你发生冲突时忍让顺从，而实际上他却很有可能在事后给你重重一刀；有的人似乎竭尽全力为你做事，而事实上，他却早已另有图谋……

所以说，与人交往一定要学着识人心、辨人心，不能只依靠表面现象来判定，那些工于心计的人，往往是大奸似忠，必须加以揣摩和防备，才会让自己不被假象迷惑，遭人暗算。

姚崇和张说同为唐玄宗的大臣，两人之间一直有矛盾。

姚崇临终前对儿子们说：“我最担心死后你们会被张说暗算。所以你们要记住，我死后，张说来吊丧时，你们要把家里最好的玩物器皿罗列堂前。如果他根本不看一眼，那就说明他要下手了，你们就赶快逃命。如果他对其中几件感兴趣，你们就将那几件送到他家，并请他为我撰写碑文，然后马上奏明皇帝。”

姚崇死后，张说前来吊唁，他拿起灵堂前几件精美器物流连难舍。等他走后，

姚崇的儿子们赶紧将那几件东西送到他家，并请他为父亲题写碑文。张说当时很满意，便写了碑文。

姚崇的儿子们拿到碑文后立即命人镌刻，并向皇帝奏明了此事。张说很快就反悔了，派人追回所写碑文，打算下手算计姚崇后人。可是碑文已经刻好了，皇帝也知道了，张说只好作罢。

姚崇的精明之处就在于善于把握人心，能够通过他人的行为细节判断出他的心理活动，然后提前做好准备。就是凭借这一本领，才让自己的后人免遭屠戮。

人心是非常复杂的，只看一个人表现出来的情感、行为，并不能准确探知其内心所想。我们在与人交往的过程中，必须要时时刻刻保持谨慎和警惕，要牢牢记住：害人之心不可有，防人之心不可无。

毕竟，在漫长的人生之路上，你遇到的并不总是真正美好的事物和友善的人。如果不注意观察审视，没有丝毫防范之心，就很容易掉进他人设好的圈套和陷阱中，让自己吃大亏、受大害。

小陈是公司的业务骨干，多年来业绩非常突出，与经理的关系也非常好。

新来的业务员小鲁，非常年轻，一副单纯友善的模样，跟小陈很能聊得来，两人很快成了无话不谈的好姐妹。

有一次，小陈因为疏忽，工作上出现了一点差错，被要求严格的经理批评了几句。小陈回来后，不服气地嘀咕了几句。小鲁知道后，也把经理说了一顿，并说早就看不惯他那副盛气凌人的傲慢样子。小陈觉得小鲁能理解自己，心里很舒服，便忍不住又说了一些气话。

这件事很快过去了。渐渐的，小陈发现自己以前的很多老客户都不跟自己联系了，而他们的资料却都摆在小鲁桌上。

小陈很诧异，便找到经理一问究竟。经理冷冷地说："自己的工作做得不好，就不要埋怨别人批评，对我有不满可以当面谈，不要背后发牢骚。"

小陈顿时明白了是怎么回事，尽管很气愤、很后悔，但也无济于事。于是不久后，就辞职离开了。

在生活中、职场里，类似这样的事情有很多。小陈就是因为被小鲁单纯的外表、善解人意的态度所蒙蔽，才在毫无防备中不幸被暗箭射中，惨遭失败。

人人都需要朋友，但与朋友相处时，也要多留一个心眼，因为朋友中有好有坏，如果不留心防范，不知道哪天就会被你的利益朋友算计一下，甚至酿成悲剧。

人心隔肚皮，了解一个人应该全面观察，长期感知。要善于从细节来发现一个人的内心善恶。不要被一时的假象和甜言蜜语所迷惑。等到他们对你造成巨大的伤害，才看出他们内心包藏的野心、祸心，那时也悔之晚矣。

上智驭心，下智驭力

【智谋原典】

民心所向，善用者王也。

——《度心术·御心》

【译文】

了解民心之所向，善于利用民心的人，可以成就王霸之业。

得民心者得天下。古今中外，凡是有所作为的人，无不深谙笼络人心之道。只有得到了人心，才能充分地借助人势，赢得最好的机会，成就一番大业。

在遇到棘手的事情时，有智慧的人知道攻取人心才是上策，他们会及时作出正确反应，想出对策拉拢人心，达到以柔克刚的目的。而愚蠢的人则不会运用攻心术，他们只是一味地使用蛮力，针锋相对，结果反而越来越糟，甚至激化原有矛盾，造成更大的问题。

学会驾驭人心，就是要从心理上征服对方，这是智谋运用的较高层次，也是人们在社会生活的各种斗争中，非常实用的利器，掌握了它，便可以达到直取人心，攻无不克的境地。

皇太极在对明朝作战中，实行满汉联盟和优待俘虏的政策。对投降后的明朝官员并不用武力野蛮残杀，而是宽待他们。

清军擒获明朝将领洪承畴时，由于洪承畴心中感念明帝的知遇之恩，誓死不降。他整天蓬头乱发，像疯子一样对清军破口大骂。

许多清军将领奉命前去劝降，都碰了钉子，还遭到洪承畴的辱骂。皇太极听了之后，从不生气，依旧给他很多赏赐，好酒好饭招待他。

有一次，皇太极到洪承畴的住所看他，发现他穿得很少，就把自己身上的貂裘衣服脱下来给他披上。洪承畴大为感动。此外，皇太极还让自己的宠妃去劝降他。

最后，洪承畴终于降清，作为清军的带路者，对清军入主中原起了很大作用。

皇太极不愧是一代英主，称得上是“上智”之人。他对待原本坚强不屈、宁死不降的洪承畴，并没有采取任何武力措施，严厉地打击其气焰。而是利用种种体贴爱护的行为，让洪承畴感受到了他的仁慈和睿智，最终心甘情愿地投降清军，为皇太极效力。

收获人心在一个人的成功之路上起着重要作用，不论做什么事，都需要他人的

支持和协助，得不到人心，就不能顺利地发展自己的事业。如果能够得到他人的认同、情感上的归附，那么自然会收到他们自觉自愿的奉献和鼎力相助。

某房屋公司有一位不满意的房客，在租约尚有四个月没到的情况下，恫吓要搬离他的公寓。按当时规定，那间公寓每个月的租金是五千五百元，可是房客声称立即就要搬，不管租约是否到期。要知道，当时是淡季，如果房客立即搬走，房子是不容易租出去的。对于公司来说，二万二千元就不翼而飞了。

很多人都认为，此时应该找那个房客，要他把租约重念一遍，并向他指出，如果现在搬走，那四个月的租金仍必须全部付清。

可是，聪明的工作人员却采取了另外一种办法。他对房客说："先生，我听说你准备搬家，可是我不相信那是真的。我从多方面的经验来推断，看出你是一位说话有信用的人，而且我可以跟自己打赌，你就是这样的一个人。"房客静静地听着，没有作特殊的表示。他接着又说："现在，我的建议是这样的，将你所决定的事先暂时搁在一边，你不妨再考虑一下。从今天起，到下个月 1 日应缴房租前，如果你还是决定要搬的话，我会答应你，接受你的要求。"他把话顿了顿，继续说道："那时，我将承认自己的推断完全错误。不过，我还是相信，你是个讲话有信用的人，会遵守自己所立的合约。"

大家没想到的是，到了下个月 1 日，那位房客主动来缴房租了。他告诉工作人员，他跟太太商量过了，决定继续住下去，他们认为，最光荣的事，莫过于履行承诺。

所以说，上智驭心，下智驭力。只会硬碰硬，针尖对麦芒，各不相让的人，往往会把事情越办越糟，逐渐失去更多人心。人脉就是现代社会中最重要的财富，失人心就等于失势，最终只能把路越走越窄，直到走进死胡同。而在复杂的人际交往中，懂得经营人心的人，则能为自己树立良好的口碑，有更多拥护自己的人才，从而轻松地攻克对手，达到预期目的。

不要忽视了人心的力量，它往往会成为决定你命运的重要因素。

精明难征服智者，说教不能打动愚人

【智谋原典】

愚人难教，欺而有功也。智者亦俗，敬而增益也。

——《度心术·欺心》

【译文】

愚人不明事理，不受教化，只有适当欺骗他们才能有成效；而智者也难免庸俗，尊

敬他们就能够博得他们的认同感。

要想顺利攻取人心，就必须因人而异，量体裁衣，针对不同的人采取不同的方式。对待不明事理、糊涂固执的愚人，最好是运用迷惑的方法。如果以诚相待，他们反而不能理解你的说教和意见。而面对精明的人，你再用哄骗的手段，那一定会被他们迅速识破，同样不能令你达到目的。这时，就要拿出真心和诚意，通过娓娓动听的阐述和敬爱的态度来打动他们的内心，才能收到自己想要的效果。

战国时期，宋国有一个富人，叫监止子。一天，他在市场上看到一个中年人正在出售一块玉石，要价是一百两黄金。

监止子拿过玉石细看，他是行家，所以当即断定这的确是一块难得的美玉，要价如此高，一点也不为过。

可是周围的人却都不懂得这块玉的价值，他们虽然都在争抢它，却只肯出最多二十两黄金。

监止子故意装出疑惑的样子，表示不相信那个中年人说的一百两的价钱。他一面紧抱玉石不放，一面想着对策。

突然，他假装失手，将玉石摔在地上。那中年人急忙拾起来查看，结果发现玉石的一角已经损坏了。

中年人不依不饶，一定要让监止子赔偿。监止子对刚才围观争抢的人说："都是你们挤我，才摔坏了玉石，这下我不和你们争了，你们谁想要谁拿去吧。"

那些人一听，都怕让自己负责，纷纷走开了。监止子又装作为难的样子说："那只好我负责了，就按照你说的原价赔偿你吧。"

监止子拿到玉石后，将它拿给能工巧匠精雕细琢，摔坏的部分一点不影响玉的本身。最后，这件精美的玉器以两万两黄金的高价卖了出去。

监止子是玩玉的行家里手，他一眼就看出了那块玉石的价值。而周围不懂行的人却以为它很普通。如果监止子对他们说明此玉多么珍贵，然后诚心诚意地展开公平竞争，那么这块美玉一定会被那些贪小利的愚人们拼死拼活地抢走。

而监止子采取了假装不懂美玉价值的方法，消除了周围人争抢的兴趣，又通过故意摔玉来推卸责任。那些糊涂的人都怕吃亏，所以纷纷躲开，最终让监止子捡到了大便宜。

道光皇帝在立储的大事上，一直下定不了决心。平心而论，四阿哥的文韬武略比六阿哥要稍逊一筹。

有一次，道光帝带着皇亲国戚到围场狩猎。四阿哥的老师杜受田叮嘱四阿哥说："你的骑术、箭术都不如六阿哥，所以到时候你不要争着捕杀任何猎物。皇上若问

你缘故，你就说现在正值春天，万物生发，不忍心射杀生灵，也不想以骑射技术与兄弟们一争高低。”

果然，在狩猎时，其他的皇子们都拼命显示自己的捕猎技术，只有四阿哥默坐一旁。当别人满载而归时，唯独他两手空空。道光帝问他原因，他就按照老师教的说了一遍。道光帝听了龙颜大悦，对身边的臣子说：“这才是仁君的风度。”

道光帝重病，自知将不久于人世，决定最后考察一下两位阿哥，把传位的大事确定下来。

杜受田沉思很久，然后对四阿哥说：“论治国之才和口才，你都不如六阿哥，所以你不要大谈国事，只要在皇帝面前表现出你的孝心和忠诚就可以了。”

到了道光帝的病榻前，两位阿哥的表现截然不同。六阿哥口若悬河，指点江山，针砭时弊，完全没有在意皇帝病中的痛苦，也没有说一句安慰的话。

而四阿哥则坐在床边，垂首而泣，泪流满面，哽咽得都说不出话来。道光帝被他的诚意和孝心所感动，认为他是仁孝之人，可堪大任。

最终，道光帝将帝位传给了四阿哥。不久后，四阿哥登基，年号“咸丰”。

皇帝无疑是精明的，四阿哥听从了老师的教导，尽力在父皇面前展现自己的仁慈气度和孝心。尽管他并未在文治武功上表现得比六阿哥好，也没有滔滔不绝地阐述自己的治国方略。只不过说了几句体贴的话语，流下了一些真诚的眼泪。然而这足够打动道光帝的心，使他最终选定四阿哥作为自己的接班人。

用蒙蔽的方式可以让愚人投降，却无法攻入智者的内心。对待智慧明理的人，要学会以诚攻心。运用饱含真情的语言，诚恳地阐明自己的看法和意见，就能与同样明事理的智者产生心理共鸣，在融洽友好的氛围中达成共识。

人与人交往，以真诚为贵。把真实的想法用恳切的态度体现出来，就能做到“润物细无声”，让对方愉快地接受你的建议，答应你的要求。

第二十章
擒心：不战也能征服人心

知人善任，可使人心服

【智谋原典】

人不乏其能，贤者不拒小智。

——《度心术·擒心》

【译文】

人们都有一定的才能，德行好的人不会疏远本领低的人。

可能很多人认为，激励下属最好的办法是给予奖励，其实，奖励的作用是一次性的。如果想真正让下属尽心竭力地发挥能力，全心全意投入工作，最好的办法是知人善任，让每个人做自己最擅长的事情。只有做自己擅长的事情，并从中获得成就感和满足感，属下才会对上司真正感到佩服和感激。

孟尝君是著名的战国四公子之一，曾经担任齐国的相国多年，以宾客众多闻名于当时。开始的时候，孟尝君对宾客的才能有很高的要求。他曾吩咐手下人对前来投靠的宾客们进行细心地鉴别，赶走那些所谓的“无能之辈”。

一次，又有一个门客因为本领低微被孟尝君训斥。没想到那个门客对他说：“本事大小难道可以用空谈来判断吗？原来大人只想依靠善论诗书的人啊。”

孟尝君听了之后非常生气。这时，名士鲁仲连劝他：“人都有他的长处，也有自己的短处，如果舍长用短，那么即使是像尧这样的大圣人也不能有所作为。”孟尝君听了鲁仲连的话之后，就改变了自己以往的做法。他不问门客才能高低，广为罗致，即使是犯过罪的人也不拒绝。

后来，孟尝君在出使秦国的时候遇到危险。秦王不仅囚禁了孟尝君，还想把他杀掉。于是，孟尝君就派人向秦王最为宠爱的妃子求救。妃子提出以孟尝君的白狐裘作为救人的条件。不巧的是，这件白狐裘在来秦国之初就献给了秦王。就在一行

人一筹莫展的时候，忽然有一个门客站出来说：“我可以帮助大人把白狐裘偷回来。”

得到了白狐裘，妃子很快就放出了孟尝君一行人。然而就在他们走到函谷关的时候，关门还没有到打开的时刻。此刻，又有一位善于学鸡鸣的门客挺身而出。于是，一行人又一次化险为夷。

等回到了齐国，孟尝君感慨地说：“人的才能，无论高低都不可小看，我是深受其惠了。”

唐代的韩愈曾在《师说》中提到“闻道有先后，术业有专攻”。每个人都有自己擅长的才能。孟尝君的两位门客虽然只是擅长偷盗和鸡鸣，但却在关键的时候拯救了大家的生命。所以，拥有慧眼的领导者不会因为某些人的才能看起来微不足道而放弃任用他们。

这一点在现代企业管理中同样适用。现代企业通常规模庞大，机构众多，员工们也是来自不同的地方，拥有不同的知识背景。只有将合适的人才放于合适的位置，才能使庞大的机器高效地运转起来。

年底到了，小魏又一次因为工作细致、账目清楚而受到公司的嘉奖。看着自己手中厚厚的红包，他对周经理充满了感激之情。

原来，小魏刚到公司时进入的部门是周经理所在的业务部。业务部最主要的工作就是处理并修改一些客户的稿子。小魏是理工科出身，虽然也是文学爱好者，但由于稿子常常涉及到较广的知识面，所以做起业务来总是很吃力。于是，为了提高自身的业绩，他不停的加班加点，可是结果仍不尽如人意。小魏感到非常沮丧。细心的周经理很快发现了这个情况。

一天，周经理来找小魏，对他说：“小魏，由于你对细节方面非常注意，又有很好的理工科背景，所以王经理想请你去财务部工作。你的意见如何？考虑一下吧。”

经过几天的考虑，小魏去了财务部。半年之后，公司嘉奖员工的名单上就出现了小魏的大名。如今到了年底，小魏又拿到了红包。他在心中对周经理生出由衷地感激。

每个人都希望自己的才能获得他人的肯定。而周经理就是小魏的“伯乐”。尽管小魏在业务部的业绩并不突出，但周经理还是发现了小魏的优点——对细节非常注意。这个优点在要求涉猎面非常广的业务中可能显得微乎其微，而对于财务工作却是一个天然的优势。正是由于周经理善于发现他人的优点所在，所以才有了小魏这位出色的财务人员。

人们都有一定的才能。因此，作为领导，不仅要在与下属的交往中表现出由衷地尊重与感激，还要善于发现他们的特长与优点。这样一来，不仅每个人都在适合自己的岗位上发挥作用，而且也更加有向心力，以你为领导的团队就会更加团结，公司业绩也会蒸蒸日上。

获得心理认同，方能打动他人

【智谋原典】

治吏治心，明主不弃背己之人也。

——《度心术·度心》

【译文】

管理管吏，要治理他们的内心，明智的君王不会抛弃曾经背叛自己的人。

感人心者，莫先乎情。情感具有很强的感染力，适当地运用情感的操控力量，可以取得心灵的共鸣，获得他人心理认同感，达到攻取人心的目的。

人类行为有个很重要的法则，那就是时刻让他人感受到温暖，如果我们这样做了，一切就会很顺利，并且可以得到友谊和快乐。如果我们破坏了这个法则，就会带来很多麻烦。

人非草木，孰能无情。三国时期，刘备就是凭借以情动人的方式，让众多能臣名将以死相报，舍命相随。战国的军事统帅吴起，与士兵同甘共苦，战士长疮流脓，他竟用嘴去吸脓，这些感人举动换得了将士们在战场上英勇杀敌，对吴起也誓死追随，一片忠心为他效力。这都是情感攻心成功运用的效果。

唐太宗李世民很懂得运用恩威并用的手腕，笼络英雄豪杰的心，使他们乐于听命。

比如有一次，李勣得了暴疾，太医诊断后说，只有用胡须烧成灰做成药引，才能治疗这种病。李世民听说后，立刻剪下自己的胡须，为李勣配药。感动得李勣磕头都磕出血了，不住地哭泣致谢。

还有一次，李勣陪李世民吃饭，李世民对他说："我仔细考察了群臣，想找一个可以托孤的大臣，没有比你更合适的了。你过去不负李密，现在自然也不会辜负我。"李勣听了，流泪辞谢，喝了个一醉方休，而李世民又把自己的龙袍脱下来盖在了李勣身上。

李世民对李勣的器重，情感攻心的运用，成功地收获了李勣的忠心，使其后来尽力辅佐李治，为大唐的繁荣立下了不可磨灭的功勋。

为人处世，有多少真情，就换来多少忠诚，懂得用心交往，以柔取胜，往往能达到意想不到的良好效果。李世民作为天子，能够将古人认为“身体发肤受之父母”的胡须，亲自剪下给大臣合药。仅这一个举动，就比多少官职、多少金银的赏赐更能获得人心。

在企业经营中，经营者总是希望能够获得员工或者顾客的喜爱和认可，希望可以留住顾客对自己企业或产品的一份厚爱。有时候，花费大量金钱的广告宣传攻势，并不能起到攫取顾客真心的作用，反而是发自内心的一份关爱，几句祝福，更能给对方带去无限温暖，营造一个温馨和谐的氛围。

经济危机时期，有一家水果经销公司受到了很大的冲击。经理想方设法宣传推销自己的水果，可是无论他们提供多么优质的水果，订购量和销售额都没有多大增长。

最后，经理想了一个办法，他命人准备了一批苹果，在还未完全成熟前，用标签纸贴在上面。等苹果熟透之后再揭下来。这样，原来贴标签的地方就成了一片空白。然后，又选出一百个比较重要的客户，将他们的名字写在空白处，并附上几句简单而贴心的祝福语。

客户们收到这样的苹果后都非常惊喜，虽然几个苹果并不值钱，但是看到自己受到如此重视，还是很感动的。就这样，这家公司颇具人情味的做法，赢得了客户们的认可，成为了这家公司稳定的客户，并介绍了许多新的客户和顾客，帮助这家公司顺利渡过难关。

其实，生活中许多这样的事情，都说明了一个道理：以真实的情感来打动人心，可以赢得对方的信赖和支持，为自己开拓一片广阔的天地。

以情动人，永远都是攻取人心的一大妙招。

宽恕比才能更能让对方心服

【智谋原典】

德不悦上，上赏者才也。才不服下，下敬其恕也。

——《度心术·擒心》

【译文】

美好的品德不能打动上级，上级看中的是才能。上级的才华不能真正服众，下属敬畏的是上级的仁慈与宽容。

宽容是荆棘丛中长出来的谷粒。古代君王都明白“宽则得众”的道理。越是大度容人，就越能得到别人的拥戴和心甘情愿的服从。心胸狭隘，不能容人，则会慢慢失去人心，变成孤家寡人。

在日常交往中，宽以待人的人往往能有很好的人际关系，而作为领导者，如果拥有宽广的胸怀，宽容的气度，能够谅解下属的偶尔过失，那么就会得到下属的敬重和爱戴，使他们在工作中更加努力、更加忠诚。

宽容下属的过失，给他们改过的机会，这是领导者高明的手段。让下属感受到你的大度和信任，这种心理所产生的效果是巨大的，所得到的回报也是非常丰厚的。领导是出于爱惜人才的考虑，而下属则会感激领导的宽容相待，从而决心将功补过，投桃报李，更好地工作。

其实，容人之过，给下属一些恩惠和体谅，这对领导来说都是举手之劳，不用花费多少力气和精力，然而对下属来说，则是最大的安慰。

有位老禅师，傍晚在庭院散步。他看见墙角边有一张椅子，便知道有人违犯寺规，溜出去散心了。

他将椅子挪走，自己蹲在墙边。过了一会儿，有一个小和尚翻墙而入。当他踏着老禅师的后背跳进院子之后，才发现自己踩的并不是原来的那张椅子。于是呆立一旁，不知所措。

出乎意料的是，老禅师并没有责骂他，只平静地说了一句：“夜深天凉，快去多穿件衣服。”

一句“夜深天凉，快去多穿件衣服”，比任何惩罚和教训都更能让小和尚打心眼里悔过感恩。有过错的人，都很希望得到别人的宽容和谅解，只要给他们一次改正的机会，再稍加引导，就会收到比批评教育更好的效果。

某公司，有一位部门经理，在一次去外地出差时，手提包被盗。包里面除了常用的钱物外，还有公司的公章。

事后，这位部门经理又内疚又担心，但还是要硬着头皮去见总经理。到了总经理面前，他心虚地讲完了所发生的事情后，头都不敢抬地等着挨骂。可出人意料的是，总经理不但没有骂他，反而笑着说：“我再送你一只手提包好吗？你前段时间的工作一直非常出色，公司早就想对你有所表示，但一直没有机会，现在机会终于来了。”一头雾水的他不知如何是好，但内心却充满了感激。

后来，他非常努力地工作，兢兢业业，为公司赚了不少利润。同时，也有不少其他公司看中了他，用非常优厚的待遇聘请他，可是他始终不为之所动。

古今中外能得天下者，首先必须掌握人心，得到部下及百姓的支持拥戴。在企业中，位居高位的领导者，也必须要有一颗容人之心。只有这样，才能让员工感念恩德，竭诚效力；否则，失去下属的忠心，企业将会离心离德，甚至四分五裂。

宽容具有不可抗拒的功效，它是赢得人气的处世智慧，也是决定成败的重要砝码。想要为自己的企业留住人才，就要宽容对待他的小过失和小缺点，这样才能舍小换大，得到他的大能力和大贡献。

第二十一章

夺心：欲擒故纵，使心无主

暂时屈服退让，方能攻心有道

【智谋原典】

屈人者亦人屈也，屈弗耻矣。

——《度心术·夺心》

【译文】

能屈服于他人的人也能让他人屈服，屈服并不是一种耻辱。

人生的竞技场上，处处与他人针锋相对，为争夺短暂的胜利而寸步不让，并非明智之举。聪明的人懂得先吃亏，懂得示弱，懂得向强势者屈服，这样做并不是逃避竞争，而是从长远的发展考虑，一方面需要积蓄力量、获得优势，一方面是要化敌为友，创造良好的发展环境。所以，在自己处于劣势之时，先给予对手一些好处，使对方改变与我方对立的态度，才是最佳的选择。

秦朝灭亡之时，刘邦军先于项羽军攻下秦都咸阳。不久，项羽也率军直奔关中。当时，刘邦的兵力远不如项羽，经过一番权衡，刘邦向项羽屈服，被项羽封到远离关中的蜀地。为了表示自己没有争夺天下的政治野心，刘邦入蜀之时还烧毁了栈道。这样一来，项羽就暂时放松了警惕，没有及时消灭刘邦。经过数月的准备，刘邦趁项羽忙于平定齐国叛乱之时，派大将韩信明修栈道，暗渡陈仓，重返关中，与项羽开始了长达四年的楚汉战争，最终击败项羽，建立汉朝。

刘邦在与项羽的对抗过程中，最开始是处于不利地位的。既然正面对抗胜算不大，不如屈服退让，把有利条件暂时让给对手，以此麻痹对手，使其失去戒心。对于生活在现代社会的人来说，要面对更为复杂的博弈，与他人的关系也不单纯是竞争，更多的时候，需要在与他人合作的过程中暂时屈服退让。

小王在工作了几年之后，对某种商品有了一定的市场经验，于是辞了职，进行

创业。虽然他在资金、技术、设备等方面的条件都具备，但是市场已经相对成熟，他的产品很难获得足够的市场份额，销量一直上不去。

面对这样的困境，小王想了一个办法。他将自己的产品以成本价卖给批发商，这样虽然不能盈利，却因为价格低廉而吸引了大量的客源，产品销量在很短的时间内提高了数倍。

过了一段时间，小王把批发商们都召集起来，给他们看自己的进货单据，再把自己的成本算给他们看。他说："我给大家提供的就是成本价，大家也都从中赚了不少钱。但是到今天为止，我可是一分钱也没有赚，再这样下去，我只能破产了。"批发商们对此非常感动，最后一致决定将进货价格提高百分之十。

之后，小王又找到自己的供应商，把之前的发货单据给供应商看。他说："最近我们的订单很多，所以从您这里进货量也大。但是，之所以有这么多订单，是因为我们给的是成本价，再这样下去，我们只能关门了。"供应商也不想失去这么好的客源，听了小王的话，他也同意把原料价格下降百分之十。

就这样，小王的产品既有了很高的销量，同时也保证了一定的利润，生意也越来越好了。

小王所采用的就是先予后取的策略。以成本价销售商品，看似是赔本买卖，不赚钱干赚吆喝。但是，这一做法却同时抓住了批发商和供应商的心：一方面让批发商认识到小王的产品质优价廉，扩大了其市场影响力；另一方面让供应商认识到小王是难得的大客户，使其愿意做出让步，以求与小王长期合作。

可见，无论是暂时的屈服退让还是给予好处，都是为了攻心，只有抓住了他人的心理，改变他人的态度和立场，才能从根本上获得优势。

想抛弃就放纵他，想利用就笼络他

【智谋原典】

利己纵之，利人束之，莫以情易耳。

——《度心术·纵心》

【译文】

与敌人相处时，有利于自己就放纵他，有利于敌人的就束缚、笼络他，不要因为情感的好恶而改变想法和做法。

在与对手竞争时，要学会放纵对手。在放纵面前，很多人都会犯骄横的毛病，而这也正是让你取得胜利的关键。放纵对手的战术用在职场中可谓是屡试不爽，因此，每一个行走在社会中的人一定要学会此术。

春秋初年，郑武公去世后，太子寤生即位，他就是郑庄公。郑庄公心里明白，自己虽然当了国君，但政敌们决不会就此善罢甘休，自己还得拼力争斗。不过，用什么方式与政敌斗争才好呢？他颇犯踌躇，因为那政敌不是别人，却是他的亲生母亲和胞弟！郑庄公出生时，因脚在先，头在后，让母亲武姜几乎难产送命，所以武姜十分讨厌他，而偏爱他的胞弟公叔段。兄弟俩长大之后，武姜曾几次请求立公叔段为太子，但郑武公碍于传统习惯，没有答应。对于这事，武姜和公叔段一直心怀不满，所以郑武公一死，他们便加紧了夺权步骤。

首先，由武姜出面，以母亲的身份为公叔段要求封地，要郑庄公把制邑封给公叔段。制邑是军事要塞，郑庄公没有答应，武姜又替公叔段要求易守难攻的京城，郑庄公只好答应了。

公叔段一到京城，就加高加宽城墙。郑国大臣们对此议论纷纷。祭仲对郑庄公说："分封都邑城墙的高度，先王都有规定。如今公叔段不按规定修城，您应及时阻止他，以免后果难以收拾。"郑庄公何尝不明白这个道理？但他心里另有打算，所以说："我母亲希望这样，我又有什么办法呢？"

公叔段看哥哥没有对自己采取限制措施，便更加放肆起来，下令让西部、北部边陲守军听命于自己，并私自收来了周围的城邑作为自己的封地。这种举措使郑国将士们愤愤不平。大将公子吕对郑庄公说："应及早下手制止他，否则军队慢慢就会被他掌握了！"郑庄公还是不紧不慢地说："用不着。不仁不义的事做多了，就会自取灭亡。"

公叔段看到哥哥还没有反应，更加肆无忌惮起来，聚集粮草，修治武器，扩充步兵和车卒，准备攻打国都，并约好了母亲作为内应。这下子举国上下的百姓都义愤填膺。郑庄公高兴地说："时机到了！"派人探听到公叔段起兵的日期，先发制人，提前派公子吕率领200辆战车向京城压过去。京城军民纷纷倒戈，公叔段跑到鄢地。郑庄公猛追穷寇，又打到鄢地，公叔段只好逃亡到共国去，郑庄公返回头来又对付母亲武姜，把她软禁在城池，并发誓永远不再拜见她。

对弟弟的夺权野心和母亲的所作所为，郑庄公是了然于胸的。但他并不怜骨肉之情妥善调解，而是采用"引其发展，陷其不义，突发制人"的手段，先放纵对方，任其胡为，争取到军心、民心后，再置对方于死地。

放纵对手的"战术"反映在生活、工作中就是不要墨守成规，要敢于用出奇制胜的方法，这样才可以掌握主动权。之所以称之为战术，就是因为它用在企业与企业或是人与人之间的竞争中都十分有效。

放纵对手，不仅仅是自己学会放纵，更多的还要让对手变得骄傲自大。如果你使用了放纵术，可对手却没有中招，那么也是达不到目的的。因此，更好地放纵对手，让对手在自己的圈套下中计，才是用好这一战术的关键所在。

公司派小王去中东地区发展空调市场。当时中东地区的空调市场几乎都被美国空调所控制。当小王初到这个地区的时候，并没有马上推销自己的产品与对方进行竞争。美国空调企业看到有竞争者进入自己的“地盘”，一直虎视眈眈地盯着对方的行动。当他们发现小王没有任何行动时，反而更加的警觉了。

小王依然还是没有急着去卖自己的产品，他做得更多的是市场调查。他发现，中东地区的酷热使人们都争相购买空调，但含盐分极高的潮湿的海风，从沙漠吹来的尘土，很容易使空调生锈并堵塞。因此，本来可以用十几年的空调，在那里最多只能用几年。

于是，小王开始行动了。他首先到处宣扬：“你们这里气温高，气候酷热，为了避免中暑，不使用空调是不行的。美国生产的空调质量好，使用他们的产品是明智的选择。”

然而，他却让技术人员暗地里对原产品进行了技术改造，使之能适应当时中东地区特殊的气候环境。不但要使新产品提高抗腐蚀性能，而且还要提高防堵塞性能。可是美国人听到他的这一言论，则是彻底地放心了。他们觉得小王公司是认清了形势，知道竞争不过自己，所以彻底地认输了。

当小王的建议被公司采纳并将新产品研制成功时，一上市就受到了中东地区人们的喜爱。而美国空调厂商面对这一局面，只好灰溜溜地让路了。

在小王的战术中，我们看到了他更好地放纵对手的策略过程。他表面上按兵不动，然后装作服输的样子，大肆褒扬对方。这样，当对方完全地放松警惕、越来越沾沾自喜的时候，他却在暗中加了一把力，最终将对手打倒。

更好地放纵对手需要有一个完整的麻痹对手的过程，有时一次不成还要用第二次，一招不行还要再用第二招。学会放纵对手，可以让你在竞争中顺利地走向胜利。

控制小人要用其欲望

【智谋原典】

小人纵欲，其心唯欲也。

——《度心术·纵心》

【译文】

小人心中只有欲望，纵容他们放纵自己的欲望，就可以牢牢控制他们。

在我们的工作和生活中，难免会遇到一些给自己穿“小鞋”的小人，他或许要靠踩着你的肩膀往上爬，或许要靠欺骗你达到他的目的，或许仅仅是因为嫉妒就想排挤你。

聪明的人在与小人打交道时，一般都不会轻易招惹小人、得罪小人，他们知道小人招惹不得、得罪不起。招惹或得罪了他们，本来好好的事业，被小人一陷害，结果就会不堪一击。论实力，小人并不强大。但他们不择手段，什么下三烂的招数都可能使出来。纵使赢了小人，你也会付出代价，惹得一身腥。因此，与其硬碰硬，不如来点软的。

在一个对外贸易公司里，曲云为人非常正直，几乎所有人包括领导在内都曾受过公司里小人的诋毁，唯独曲云是公司中幸免的人，因为他有一套对付小人的办法。

有一次，公司老总派曲云前往国外和外商洽谈一个重要的合作项目，并告诉他说：“你要用人，公司职员随你挑选。”

曲云回答道：“我没有其他过多的需要，只是请求让高亚军与我一起同行。”这个要求倒是把老总给弄糊涂了。因为高亚军在公司的狡猾和贪婪是大家有目共睹的，他不仅喜欢抢风头，还喜欢争功名。总之，小人的特点全在高亚军身上体现出来了。

曲云看着一脸疑惑的老总笑着说道：“这次谈判对公司来说很重要，我在外需要公司内部给我提供大量信息和全力支持，这件事要是做好了，事情也就成功了。本来高亚军就插手了这件事，现在难保他不眼红，如果他暗中作梗，岂不坏了大事？要是我把他放到自己的眼皮底下，派他点用场，分他点功名，就能堵住他的嘴，再则他还是很精明能干的，也并非一无是处。”

老总听后明白了曲云的用心良苦，知道曲云给高亚军机会表现自己，更是给他甜头，让他知道自己应该做什么，于是连连点头称赞。

也许你看过也经历过一些不公平的事，许多正直的人不屑于和小人为伍，最后却栽在这些小人手上，甚至一败涂地。曲云对待小人的思路和方法确实值得职场中人借鉴和学习。你给那些小人一点点软的、甜的，自然会化那些阴险招式于无形。同时，也会让你在职场中如鱼得水。

小人不一定是没有权势和地位的人，那些身居高位却只贪图眼前利益的人也是小人，对于这样的人，与其表明态度和他们势不两立，倒不如利用利益驱使他们为我所用。战国时期著名的谋士张仪就是这样做的。

张仪曾为破坏齐国和楚国的合纵关系而出使楚国，以割让六百里秦地的谎言骗楚怀王断绝了与齐国的联盟。这之后，秦国希望以汉中之地换取秦楚联盟。楚怀王因为之前被张仪所骗，所以提出不要汉中，而想抓到张仪，以解心头之恨。

张仪听到楚怀王的条件，就主动向秦惠王申请出使楚国。秦惠王担心他的安全，

不想让张仪去楚国。张仪说："首先，秦国是强国，而楚国是弱国，所以，楚王在权衡利弊之下，最后一定不敢拿我怎么样。其次，楚王的嬖臣靳尚与我关系很好，靳尚是楚王的宠姬郑袖的心腹，而楚王呢，又对郑袖的话言听计从。所以我只要通过靳尚让郑袖为我求情，楚王必然会放了我。"

张仪到楚国后，就被怀王囚禁起来，准备杀掉以祭先祖。但张仪通过楚国大夫靳尚向怀王夫人郑袖说情，郑袖于是劝怀王把张仪放掉。楚怀王受夫人蛊惑，又害怕得罪秦国，加上仍贪于土地，最后果然下令把张仪释放。张仪又趁机向楚怀王许诺各种好处，提议与秦国结盟，一席话说得楚怀王连连点头称是，他马上同意与秦国和好。

这个故事中，楚国大臣靳尚和王后郑袖固然是不顾国家利益的小人，而楚怀王虽贵为一国之君，却如此贪图眼前的片刻安全和少量的土地，被张仪随心所欲地操纵，真可谓是"高贵的小人"。

总之，对于小人，与其直接对抗，不如以利益驱动他们，这样既可以用其"才能"，又能够防止小人坏事，甚至在小人的"帮助"下把事情做得更好。

第七篇

《反经》：

长短一本读人经

经典简评

• **书名**：《反经》

• **作者简介**：赵蕤（约 659 – 742 年），字太宾，梓州盐亭人（今四川省盐亭县两河镇赵家坝人）。他读百家书，博于韬略，长于经世。和李白是唐代的“蜀中二杰”，李白对他极为推崇，曾经跟随他学习帝王学和纵横术。

• **成书时间**：唐代

• **内容简介**：《反经》，又称《长短经》，集王霸学之大成，“论王霸机权，正变长短之术”，被后人尊奉为“小《资治通鉴》”。涉及君臣德行、任人用长，酌情察势、智略权变等内容，在识人用人上，它告诫统治者务必重视人才，得人则兴，失人则崩。为此，它通过察相、品目、量才、知人、论士、任长等，系统地论述了如何识人选才、知人善任。

• **传世价值**：对于那些胸怀大志、追求卓越的现代人来说，无论奉上御下、结盟御敌，还是公关游说、为人处世等，《反经》均有不可忽视的借鉴意义。

第二十二章
察相：以“貌”取人

察人识人，须先察其神骨

【智谋原典】

贵贱在于骨法，忧喜在于容色。成败在于决断，以此参之，万不失一。

——《反经·察相》

【译文】

看一个人富贵与否，主要是看他的骨骼，辨其忧愁或喜悦主要是看他的容色。一个人在关键时刻能不能作出决断，往往预示他能不能成就大事。以这样的原则再参考他的相貌，就能做出万无一失的判断。

随着我们渐渐成长，我们的行为和态度，便会慢慢在脸上烙下印记。有些人笑纹很深，有些人嘴角永远下垂——无论你有什么样的特色，你的脸不但记载了你的过去，同时还勾勒出了你的未来。

曾国藩擅长识人之术，他认为通过一个人的骨相，不仅可以洞察其品性、预测命运，而且能够观照出其人的未来之路。

江忠源家道清贫，原本在湖南深山读书，因科考到了京城。郭嵩焘把江忠源以同乡晚辈的身份引荐给曾国藩。两人见面后言谈投机，曾国藩对江忠源的才华十分欣赏。江忠源告辞离开的时候，曾国藩一眼不眨地看着他走出门，若有所思地叹息了一声。然后他不无伤感地对郭嵩焘说，京城遍地都难寻如此人才，江忠源将来必定能够天下扬名，但是他会悲壮尽节而死。后来江忠源官至安徽巡抚，1854 年溺水而亡，应验了曾国藩的判断。

“神”发自内心，一般通过眼睛透露出来。眼睛清澈透亮，眼神端正，表明其人精力充沛，健康状况良好，同时内心坦荡，光明正大，态度诚恳。眼睛昏暗闪烁，目光游离，表明其人疲劳，或者内心有事，抑或心术不正。眼神喜欢向上的人，内心一定有傲气；眼神朝下的人，一定喜欢算计，习惯经常思考问题；眼神斜视的人，心中一定有鬼。一般说来，眼睛大而明亮，眼球凸，这种人个性强，智商高；眼睛较小、白眼球多的人心思细腻，性情变化不定，做事情往往不循常规，交人比较功利；双眼比较对称，面部器官比较和谐，这种人做事中规中矩，往往成功；眼窝较深，眼神坚毅的人一定智虑较深，经历的挫折也比较多。

早在古代，孔子就曾说过："观其眸子，人焉廋哉！"意思就是说：听一个人讲话，观察他的眼睛，这个人内心的好坏又怎么可能隐藏得了呢！确实，一人的想法常常会从眼神中流露出来，天真无邪的孩子，目光清澈明亮，而心怀不轨的人则眼睛混浊不正。所以，世人常将眼睛比做是心灵之窗，是交往中被观察的焦点。

"骨"不是指人体的全部骨骼，而是专指与"神"相配、能够传"神"的头部和面部的骨骼。此外，枕骨、颧骨、太阳骨、眉骨都是看骨相的重要依据。人的骨相更多地与先天资质有关，即使外貌有损伤，骨相也不会改变，足以判断人的显达。

日常生活中有"天庭饱满"这一说法，就是指天庭骨丰满圆隆，为贵人之相。颧骨不能太高，骨高且没有肉的人，个性很强，具有强烈的权利欲。眉骨凸起的人，自尊心强，精于实干，性格比较刚烈率直，但容易有过火行为。如果眉骨较粗的话，运势就比较强。太阳骨位于眉毛尾端、太阳穴的上部，以凸起为佳。枕骨位于人的后脑勺，一般来说，枕骨越凸起，脑容量就越大，人对外界信息的接受就越快，处理得就越准确。

"神"和"骨"是识人的两扇大门，"骨"为内，"神"为外，观神可辨忠奸，识骨可断显达，二者相辅相成，缺一不可。

相由心生，善恶面上观

【智谋原典】

高祖立濞为吴王。已拜，上相之曰：汝面状有反相，汉后五十年，东南有乱，岂非汝耶？

——《反经·察相》

【译文】

汉高祖封刘濞为吴王，之后对他说："看你的相貌，有谋反的迹象。这以后五十年的时间里，东南方向将有大乱，难道会应验在你身上吗？"

俗语说："相由心生。"人无论身在何处，容貌总是随身而行。无论是与人接触、交往，还是与人相伴同行，为他人留下最初印象的都是容貌。不仅如此，我们还可以从一个人的容貌中读出他的心声。

平原君是战国四公子之一。有一天，他在拜见赵王时提到了秦国大将武安君白起的相貌："白起这个人生得头小下巴尖，两只眼睛黑白分明，看东西目不转睛，是一个非常难对付的对手。首先，白起的头小下巴尖，这样的人办事果断，不会拖泥带水；其次，双眼黑白分明，正说明他对事情见解分明；最后，他看东西总是目不转睛，这样的人通常坚毅果决，不会为任何事所扰。像白起这样的人真是我们赵国的敌手，只可用持久战来慢慢寻找时机打败他，而不能贸然地与他正面冲突呀。"

平原君对于白起相貌的一番评论，不仅仅是对其相貌做了介绍，更是将其内在特质做了一番入情入理的评价。其实，平原君所用的就是一种"相面术"。一个人的容貌可以说就是人们随身携带的一张名片。他的个性、心思与为人善恶都可以从容貌、面相中解读出来。

以下便是部分较好的面相：

1. 行事稳重的面相。

（1）如果一个人鼻孔不向外翻露，那么其人做事谨慎，非常稳重，为人踏实，精明细致。

（2）耳垂明显的人，性情温和，胸襟开阔，广开言路，责任心强，懂得付出和担当。

（3）鼻头浑厚圆润的人，认真负责，稳定沉着，踏实勤勉，行事严谨，从不会三心二意，擅长理财。

2. 言而有信的面相。

（1）眼睛长得小的人，鼻子长得挺直的人以及嘴巴长得大的人通常都会讲究诚信，答应别人的事会竭尽全力完成。

（2）额头长得宽阔高耸的人及耳朵位置偏高的人做事沉稳踏实，为人诚信。

3. 积极自信的面相

（1）印堂长得大小适中的人常常会具有独当一面的能力。

（2）如果一个人长着大鼻子，这样的人生活积极，努力进取，事业心强，富有责任感，不惧挑战，确定目标就会一往无前。

（3）嘴巴在脸部比例适中的人，开朗大方，包容心强，看事看人总会看到积极的方面，对人从不挑剔，意志力坚定，具有恒心，为人处世原则性强。

（4）下巴宽厚的人，积极主动，勇于进取，说到做到，一言九鼎，从不失信他人，总会取得最后的成功。

4. 以大局为重的面相

(1) 眉毛和眼睛之间有很宽距离的人，胸怀宽广，做事稳重，具有谋略，脾气不温不火，让周围的人也感觉非常温和，能够稳住大局。

(2) 一个人的耳朵贴近脑袋，集体意识强，能够与他人很好地合作，广开言路，懂得付出，总是以大局为重，责任心强，做事稳重。

(3) 长着挺直中正鼻梁的人，为人正直无私，诚实敦厚，在感情方面，待人热心，总是给予别人无私的帮助，让朋友感受到无尽的温暖。

当然，也有人面相不佳。面相不佳之人中有相当一部分霸道自私，为人冷酷无情，只想着时刻维护自己的利益。唐代奸相卢杞就是有名的面相不佳者之一。

据史书记载，卢杞虽然口才颇佳，但“貌陋而色如蓝，人皆鬼视之”。意思就是说卢杞相貌非常丑陋，脸上布满了青筋，人们都把他当做鬼来看待。

卢杞的“青鬼之相”是典型的奸邪无情的面相。据古书记载，面部青筋众多且分布广泛，这样的人性情急躁，胸襟狭窄，气量小，会不顾一切牟取私利。这些特征与卢杞的生平经历基本吻合。他虽然贵为一国的丞相，但是心胸狭小，不能容物，喜欢为自己的私利打击报复。他曾经先后陷害与自己有私仇的杨炎、颜真卿等人，从而致使为国谋利的“两税法”中途夭折（杨炎主导），边患从此愈加猖獗。

除此之外，不佳的面相还包括事业难成的面相、无法当领导的面相等等。如印堂不干净的人难以和他人达成一致；山根尖细的人容易随波逐流，缺乏主见；法令纹短而浅者缺乏远见，威信不足，担任领导难得集体的拥护，甚至众人会不顾一切地跟他对干，自然难以顺利开展工作。所以，当身边的亲友或是同事出现上述不佳面相时，一定要多加小心，以免产生不必要的冲突。

观色识人，心思可见

【智谋原典】

虽云“以言信行，失之宰予；以貌度性，失之子羽”，然《传》称“无忧而戚，忧必及之；无庆而欢，乐必还之”。此心有先动，而神有先知，则色有先见。

——《反经·察相》

【译文】

虽说根据言语和相貌判断一个人就会发生像冤枉孔子的学生宰予和子羽那样的错误，然而《左传》上说：“没有伤怀之事忧虑却心情悲伤，那么忧愁一定很快到来；没

有快乐的事却莫名其妙地突然欢喜，那么快乐也会马上降临。”这就是说，人们的心理和神志对即将来临的忧与喜有一种超前的感应，心神预感到后，就会首先在面容上反映出来。

识人要以气为主，内在之气就是人的精神，外在之气就是人的气色。观察一个人的“气”，既要看精神又要看气色。

曾国藩通常对有善气、静气、轻气、书卷气、士子气、清刚之气、刚硬之气、倔强之气、口气飞扬的人有好感，而对有俗气、浊气、浮华气、庸暗之气的人不予重用，这样的人气不足。他所说的“气”，就是我们今天说的一个人从内到外给别人的感觉。

人生要经历幼年、青年、中年、老年四个时期，每个时期因为生理和心理的发育会表现出不一样的气色，就像一株树，刚长的时候，娇嫩稚气，在生长的过程中，生机蓬勃，颜色鲜绿，到达枝繁叶茂的时候，整棵树都色泽丰艳，而到了后期，色泽也会变得素朴。因此不要犯机械的错误，认为一个人的气色是一成不变的。幼年时稚气色淡，青年时气勃色明，中年时气盛色艳，老年时气实色素。同时，人的气色也随季节、气候变化，“春青、夏红、秋黄、冬白”就是人在不同季节的不同气色。

古时相面者认为气色平和是富贵的象征。而气色凶恶、容貌不端是贫贱的面相。观看人的气色可以知道情绪的好坏，并且能够预知人的命运。《麻衣神相》中有观色识人的描述：身三停及面部三停都生得丰满，相貌端正，精神安静，气色和平，是得到富贵的基础，如果相貌生得有缺陷，欹斜不正，色泽昏暗，气色相貌丑恶的，就属于贫贱相貌。而在这方面最精彩的记载要数《大戴礼记》，其中全面道出的观色识人的各种情况：

欢喜的颜色油然而生；愤怒的颜色佛然而生；有欲望的颜色呕然而生；恐瞑的颜色薄然出现；忧愁悲痛的颜色垒然而静；真正智能之士的颜色难以穷尽；真正仁德之士的颜色受人尊敬；真正勇敢之士的颜色震慑威赫；真正忠心之士的颜色可亲可敬；真正廉洁之士有难以污染的颜色；宁静之士有可以信赖的颜色；本质纯正的颜色明朗皓白，安定镇静；本质欺伪的颜色烦乱不堪，使人厌倦。

看一个人的气色好坏，最好是在他刚起还没有吃早饭的时候，这时的人神清气静，没有与人或事物打交道，心态自然，气色真实。观看气色主要看面部，同时也要综合人的各个部位。

除了少数喜怒不形于色和城府很深的人以外，一般人的各种感情都会在外部表露出来，即使有意隐瞒也不一定能够完全隐瞒得住。因此，对绝大多数人来说，都

可以通过气色来了解其思想性格和内心情绪。

魏晋时期皇甫谧所著的《帝王世纪》有一段记载，说的是商容和殷商百姓恭候周朝军队进入商都朝歌的情景。当毕公来到时，殷商百姓都说这是他们的新君主。但商容却不同意，他认为来人颜色面貌十分威严但呈急躁之色，所以其并非国君。因为君子遇到大事会呈现出诚恐之色。之后太公姜尚到来，这时百姓们都说，这位大概是新君主了。商容依旧否定，他说姜尚的颜色相貌，像鹰一样果敢勇武，像虎一样威武雄壮。此人率军对敌勇往直前、奋不顾身，会增加军士们的勇气，但不可能是新君主。此时，周公旦来到了，殷商百姓又说，这应该是新君主吧。商容还是不同意，他说此人脸上充满着欢欣喜悦之气，其志向是除去奸佞小人，他并不是天子，而可能是周朝的相国。最后，周武王出现了，殷商百姓说这位无疑一定是新君主了。商容终于不再否认，他说这一位的确是新君主，因为他作为圣德之人，为天下百姓除掉昏聩腐朽的恶君，但是见恶不露怒色，见善不现喜气，颜貌气色十分和谐，所以当是新君主。古人讲，“诚于中而形于外”。无论城府多深的人，总会有他透过面容表示心灵真实状况的时刻。在日常生活与交往中，时刻注意察言观色、辨行鉴貌，通过这些来了解对方的心态与情绪，从而采取合适的措施，这不仅能使对方感受到体贴与宽容，更能使交往双方处于一种动态平衡的适宜状态，使交往不断深入、不断加强。

第二十三章

知人：用心读心，人心自现

人有好恶，先入为主多臆断

【智谋原典】

汉光武，聪听之主也，谬于庞萌；曹孟德，知人之哲也，弊于张邈。何则？夫物类者，世之所惑乱也。

——《反经·知人》

【译文】

汉光武帝刘秀是很善于听其言知其人的皇帝，却被庞萌所迷惑；曹操是识人的高手，还是被张邈骗了。这是什么原因呢？事物的表象相似但实质不同，是很容易迷惑人的。

识人是我们必须掌握的一项本领，而我们识人时难免会掺杂一些个人主观因素，先入为主地以自己的尺子去度量他人，这种识人的方法不利于我们对某个人做出客观、准确的判断。

生活中，我们对人先入为主的情况很多，当我们喜欢一个人时，就会忽略他的缺点而肯定他的一切；当我们讨厌一个人时，就会忽略他的优点而否定他的一切。例如看到一个人衣着整洁，对他印象不错，则很可能认为他做事细心，有条理，甚至负责任；反之，若对某个人印象欠佳，就往往忽视他的优点。

卫灵公非常宠爱一个叫弥子瑕的美貌少年。一天夜里，弥子瑕家中传来他母亲患急病的消息，弥子瑕撒谎说已得到卫灵公的允许，就乘王室的牛车赶回家探望母亲。按理说，随便乘国王的车是要被处以刖刑的。但卫灵公知道这事后却说："冒刖刑之险，赶赴母亲病床前，是好样的。"

有一天，弥子瑕同卫灵公在花园里散步。花园里的桃子看上去甜得很，弥子瑕就尝了一口，果真非常好吃。弥子瑕把咬过的桃子递给卫灵公，卫灵公又大加赞赏

说："有好吃的东西不一个人独吞，而是让给我，对我真好。"几年过去了，弥子瑕渐渐失去了少年时代的美貌，卫灵公对他也不那么宠爱了。卫灵公想起过去的事来，于是说道："你扯谎，说得到我的允许，乘了我的牛车；另外，还让我吃你吃过的桃子，该当何罪？"于是卫灵公处罚了弥子瑕。

对同一个人，爱他的时候，即使是触犯了法律，那个人也能得到赞赏；一旦这种爱没了，爱就变成了恨，甚至将其处之以法。由此可见人心的变幻难测、主观武断。

还有些人喜欢想当然地去识别一个人，没有事实根据，跟着感觉走。例如"亡斧疑邻"的故事：

从前有一个人遗失了一把斧头，他怀疑被隔壁的小孩偷走了。于是，他就暗中观察小孩的行动，不论是言语与动作，或是神态与举止，怎么看都觉得那小孩像是偷斧头的人。因为没有证据，所以也就没有办法揭发。隔了几天，他在后山找到遗失的斧头，原来是自己弄丢的。从此之后，他再去观察隔壁的小孩，再怎么看也不像是会偷斧头的人。

从以上两个故事中，我们要反省自己识人及与人相处之道，要时刻记得，认识一个人，切忌以自己的主观想象作为衡量别人的标准。主观意识太强，经常会造成识人的错误与偏差。

识人难，但也有规律可循，重要的是我们应该学会客观而辩证地看待一个人。仅凭原有的印象或者经验就给他人下结论显然有失公允，也不是一种正确的识人方式。如果犯了这样的错误，你就很可能错失一位助你生存得更好的人。

我们每天都要不断跟人相交、相处。很多时候，能否精准识人成了我们交际的关键。想要做到精准识人，尤其是人才，一定要牢记两大禁忌。

禁忌一：凭出身识人。

生活中，大家总喜欢用"狗眼看人低"来讽刺那些仅仅以他人的出身来评价是非的人。虽然这种讽刺有些难听，但仅凭借出身背景来识人确实是非常片面与武断的。

商鞅是魏相公叔座的家臣。公叔座死前，曾极力向魏惠王推荐商鞅，让魏惠王重用商鞅。但是，魏惠王认为商鞅只是个家臣，身份太低微了，那些劝告只是公叔座病得糊涂而乱讲的。所以，公叔座死后，魏惠王并没有重用商鞅。由于一些嫉贤妒能者企图加害商鞅，商鞅只好投奔秦国。在秦国，商鞅受到秦孝公的重用。结果，秦国日强，魏国日弱。

在魏惠王的眼中，商鞅正是被"以出身辨人才"的偏见所埋没和扼杀的。

禁忌二：凭个人爱好识人。

颜驷历经汉文帝、汉景帝和汉武帝三朝，直至白发老翁之时，仍在郎署（汉朝官名）为郎（宿卫之官名）。很多人都好奇，为何颜驷一生如此不得志？究其原因，就不得不说三位皇帝的喜好了。正如颜驷所言：“文帝好文而臣好武，景帝喜好年老的而臣尚年少，陛下喜好年少的而臣已年老，因此历经三世都没有晋升的机会，只好一直在此当差了。”试想，如果文帝好武，景帝喜好年少，武帝喜好年老的话，颜驷一生的机遇必定大不相同。

虽说人非草木，有自己喜好与厌恶的事物是常情。但如果识人鉴人的时候也完全根据自己的喜好来，往往会大失精准。在识人过程中，若不能察明对方的本质，而完全从自己讨厌对方的心理出发，很容易忽略了对方的优点，甚至把对方的优点当做缺点。相反，若完全从自己喜欢对方的心理出发，会很容易忽略了对方的缺点，甚至把对方的缺点当做优点。

识人难，精准识人更难。但想成就一番大业，你就得善识人，精准识人。

从个人嗜好识别其真面目

【智谋原典】

察其所安，观其所由，以知居止之行。率此道也，人焉廋哉？人焉廋哉？

——《反经·知人》

【译文】

观察一个人安身立命之所在，考究他所作所为的动机，借以了解他的日常行为。依照这样的原则和办法去观察人，无论他是怎样的人，又怎么能伪装、掩饰得住呢？

生活中，每个人都有自己的嗜好，而这点在商务活动中，偶尔也会有所体现。这些被认为很私人的爱好和特点，刚好可以成为人们进入商务伙伴内心的敲门砖。因为，嗜好完全是自己喜欢的，往往能够满足人们内心深处的需要，它们是由每个人的性格决定的。所以，当我们依据嗜好判断一个人时，具有较高的准确性。

1. 嗜好做高危活动

滑翔、跳伞、攀岩，越是有危险的地方，他们越想去尝试。面对体能的挑战，这些人必然有一个良好的体质基础。他们外表强健，但心思缜密。选择的运动不仅仅需要考验他们的身体协调性，还考验心理承受能力和思考问题的能力。他们在做事之前，总会思虑清楚后再行动。

性格上，顽强而固执，做事情具有毅力，做出的决定从不轻易更改。无论遇到

怎样的困难，他们都能用坦然的态度去面对。具有胆识和魄力，敢于向一些未知的领域进行挑战。

2. 嗜好打篮球

喜欢打篮球的人，往往有较强的竞争意识，希望在工作中做出超越他人的成绩。这样的人，不仅有较高的追求，也愿意为之付出巨大的努力，而且有较强的抗压能力和自我调节能力，能很快从挫折和失败中恢复，继续朝目标前进。

3. 嗜好烹饪

如果一个人喜欢烹调美食甚于享用美食，那么他很可能不甘于一成不变的生活状态，而是更愿意想办法丰富生活，让生活有些小变化。这样的人多具有较强的想象力和创造力，而且也往往善于运用创造性的方式来完成一件事情。

4. 嗜好下棋、打扑克或者桥牌

爱玩棋类游戏或者扑克、桥牌的人，通常都很聪明，而且也喜欢通过这种博弈的过程来体现自己的高智商，并从中获得满足感。这类人的思维方式具有很强的逻辑性，善于分析问题，而且有很强的的专注力，善于把精力集中在所做的事情上。

5. 嗜好旅游

喜欢到处旅行的人多性格外向开朗，好奇心旺盛，喜欢有所变化、略带刺激性的事情，对未知事物通常都有较高的兴趣。此外，这类人也善于与人相处，具有很好的交际水平，乐于与他人分享自己的经历与知识。

6. 嗜好步行

这类人不喜欢剧烈的运动，对生活的追求是四平八稳即可。没有过多的奢求，为人处世的态度常年如一。他们始终保持稳重的态度，具有耐心，喜欢宁静的生活，没有过多的表现欲望，只对自己能够用心做好的事情感兴趣。

7. 嗜好搜集东西

不固定地喜欢搜集一些特殊的物品，例如酒瓶子、卡片、笔、毛巾等等。这些物品并没有什么收藏的价值，但成全了他们的某种喜爱。这类人大多上进心较强，整日忙碌，但内心却有浓厚的怀旧情结，他们喜欢回忆，容易孤独，重视感情。生活中，不过分放纵自己，但希望能用搜集的物品来让情绪得到舒缓。

8. 嗜好钓鱼

喜欢钓鱼的人做事重视过程，就像花费在钓鱼上的时间往往很长，也未必会有所收获，但仍能自得其乐。他们喜欢在做事情的过程中体会到快乐和自我肯定。结果并不重要。工作中，他们显得有些散漫，心不在焉，但非常有耐性，当情况发生变化时，也能较好地调整自己。

9. 嗜好写作

这类人思考能力很强，但语言表达能力较弱。他们常常觉得想法无法用语言清晰表达出来，为了能让自己的话更清晰、更有条理，更喜欢写出来。他们敏感而不擅长交际，或者比较小心谨慎。一般情况下，只有理清了思路才会做出决定。他们适合思考，有独特的见解和想法，但是应变能力不强。

所谓诚于中而形于外，个人嗜好是习惯和性格的间接而真实的反映，通过了解一个人的嗜好，可以借以窥测其真实的性格和日常行为习惯，进而可以大致判断对方是怎样一个人。依照这样的原则和方法去观察别人，无论他是怎样的人，也不可能完全伪装、掩饰得住。

识人非相人，日久见人心

【智谋原典】

春申君曰："先生即舜也。"

汗明曰："不然，臣请为君申言之。君之贤不如尧，臣之能不及舜。夫以贤舜事圣尧，三年而后乃相知也。今君一时而知臣，是君圣于尧而臣贤于舜也。"

——《反经·论士》

【译文】

春申君说："先生你就是舜呀！"

汗明说："并非如此，请让我为你细说。你的贤明不如尧，我的才能比不上舜。像舜这样贤能的人服事圣明的尧，三年以后才能被了解。现在你顷刻之间就了解了我，这就等于你比尧圣明，而我比舜贤能。这可能吗？"

关于察相，有句话说，"有相无心，相随心散；有心无相，相由心生"，识人用人单靠相人来下结论是不够全面的，必须经过长期的观察才能判断。

识人和择友是人生的重要课题，一生之成败，事业之兴衰，都与所选朋友和人才贤否有重大关联，不可不慎重。

识人大家曾国藩能够经由观察人的行为举止，以鉴识其品德与才能，但这种识人之术也并非万无一失。有时候，当一个人带着目的接近你时，就会刻意隐藏本来面目，让你一时之间无法看穿他的真实想法。

曾国藩在行军打仗时，一个书生模样的人来投，大谈行军打仗的策略，说得头

头是道。曾国藩觉得他是一个人才，就派了一个官职，希望他能够为湘军效力。可是，一个月以后，有部将上报，说那人卷了一千两军饷逃跑了。曾国藩这才明白过来。原来，那个人是来军营里骗钱的。

即使聪明如曾国藩，也有看错人的时候。当一个人将自己隐藏得很深的时候，如果我们还按照自己最初的感觉来评价他的话，很可能被他制造出来的假象给蒙骗了。所以，君子和小人有时是相对的，仅从外表上并不能完全确定。跟人交往时，一定要有耐心，细细观察，经过了一番考验之后，才能确定这个人是不是值得交的朋友，能不能把重要的事情托付给他。

所谓“知人知面不知心”，自古以来，能够完全了解一个人、看透一个人，是一件很不容易的事情。虽然不容易，但还是要去体味，毕竟识人是与人交往的基础。只有在对一个人的性格品质有所了解的情况下，才能决定与其相处的模式以及关系的远近。

一个阳光明媚的清晨，小林和老师在一片幽静的树林里散步。

小林对老师说：“小东这人很不好！”

老师问：“为什么这么说?”

小林说：“他经常挑剔您的学说，并且不喜欢您的扁鼻子。”

老师笑了笑，缓缓地说：“可我倒觉得他这人很不错。”

小林很迷惑地问：“您怎么会这样认为呢?”

老师说：“他对他的母亲很孝顺，照顾得非常周到；他对他的老师十分尊敬，从来没有对老师有不恭敬的行为；他对朋友很真诚，常常当面指出别人的缺点，帮忙改正；他对孩子很友善，经常和孩子们在一起做游戏；他对穷人非常富有同情心，我曾经亲眼看见他搜出身上最后一个硬币，放进了乞丐的帽子里……”

“但是，他对您不那么尊敬！”小林说。

“问题就在这里，”老师拍着小林的肩头说，“一个人如果站在自己的立场上来看待别人，常常会把人看错。所以，我看人，从来不看他对我如何，而看他对待别人如何。”

老师的话非常有道理，要想客观地认识一个人，不能总是站在自己的立场上，因为这会把自己的利益放在其中考虑，很有可能有失偏颇。

识人不同于相人。与人交往，不能只凭借别人的相貌或体征评断其秉性，需要长时间去了解。当然，也不要在开始的时候就把很重要的事情交付于不知根知底的人，以免上当受骗，后悔莫及。

第二十四章

任长：量才任用

 因人设事，人尽其用

【智谋原典】

夫刚略之人，不能理微，故论其大体则弘略而高远，历纤理微则宕往而疏越；亢厉之人，不能回挠，其论法直则括据而公正，说变通则否戾而不入；宽恕之人，不能速捷，论仁义则弘详而长雅，趋时务则迟缓而不及；好奇之人，横逸而求异，造权谲则倜傥而瑰壮，案清道则诡常而恢迂。

——《反经·任长》

【译文】

性格刚正、志向高远的人，不善于做细致琐碎的事情。所以我们既要看到他志趣恢宏远大的一面，也要看到他处理琐碎小事的粗鲁和大意；严厉亢奋的人，不会灵活处事，这种人在法理方面可以做到有理有据，正直公平，需变通时则可能就会变得暴躁而不通情理；宽容的人，往往不讲办事效率，至于说到仁义，其为人则弘大周全而宽厚文雅，但不能迅速准确把握时事；好奇求异的人，放纵不羁，追求新奇，运用权谋、诡计则卓异出众，以清静无为之道来考究，这种人往往违背常规而不近人情。

管理者的高明之处，就在于能够不拘一格用人才。英才都是可遇不可求的，没有英才可用的组织是可悲的，而有了英才不能尽其所长，非但是对其才能的浪费，更是一个组织和管理者最大的悲哀。

人才比市场更重要，为此，一个聪明的管理者会经常寻找出类拔萃的人才，争取过来委以重任，按照传统管理学的观点，因人设事是管理中的大忌，但凡事不能一概而论，不能完全否定因人设事，也不能说因事设人就多么符合现代潮流。不管因人设事还是因事设人，关键看人与事是否为企业所需，是否符合公司的长远发展。

柳传志在管理上有许多独到之处。其中“因人设事”就是他有别于其他管理者

的用人之道。在柳传志手下有两员十分优秀的大将——杨元庆和郭为。二人各有特点，难以互相替代。于是柳传志就来个“因人设事”，他让杨元庆做联想的 PC 的传统业务，让郭为管理 ERP 业务。

后来，柳传志又开始发展房地产业务，而且做得有声有色。联想为什么要去开发房地产？这其中的原因还是“因人设事”。

陈国栋在进入联想工作之前是人大的一个讲师。当时联想在惠州有一个很大的工业园区，管理得一塌糊涂，郭为就派陈国栋去管理这个园区，结果园区被建设得很漂亮，员工的积极性也很高。柳传志觉得他是一个很有能力的人。

陈国栋提出房地产业是很好的投资项目，柳传志就开始考察他的学习能力、制定战略的能力、实施的能力、带头的能力。结合市场调查，认为陈国栋适合从事房地产业，就因人设事，特地开拓了房地产这一块交给陈国栋做。

柳传志不讳言，联想控股旗下每一项业务的诞生，莫不遵循着他本人“因人设事”的风格。柳传志认为一般来讲这是个贬义词，本来没事情，为了人，设事情。但在他那里“因人设事”是褒义词，他是本来“有事”，然后因为有了合适的人才肯做这个事情。

柳传志说：“应该先搭台再唱戏，任何一个项目要先有人再谋事。”在他看来，企业就好比是舞台，人才是演员和主角。只要有才能的人能唱戏、愿意唱戏，他都会不遗余力地将台子搭起来，让人演得得心应手。如果没有演艺超群的好演员，而是一群跑龙套的小角色，再好的台子也是白搭。所以有时候他愿意等待、守候，愿意去寻觅，直到等到中意的人，就会毫不犹豫、锣鼓喧天、轰轰烈烈地大干起来。

企业将员工放在首位，作为事业成败的第一要素，必将能发挥每个人的最大潜力，在企业的舞台上充分展现自己，人人演出成功，企业这个大舞台自然会成功。

我们再回顾一下电视连续剧《潜伏》中的一段情节：

余则成在军统天津站任职期间到底有些什么任务？作为潜伏者，他获取到一些重要情报，搅乱了天津站的内部人事；而作为军统工作人员，观众对他工作最深的印象恐怕就是敲诈穆连城。余则成一到天津，接到的就是这样的任务，通过威逼利诱，从汉奸穆连城那里为吴站长搜罗到了大批财富。余则成的本意当然不想干这些勾当，他希望能涉入一些更重大的事件里，这样才能方便他拿到情报。可是一轮到这些事情，站长却都委派给了李涯。

这就是吴敬中的用人之道——给合适的人合适的职位和任务。余则成办事细心、低调，又是他以往的学生，所以可以纳为“自己人”，帮他敛财，成为他最喜欢的“招财童子”。而李涯对党国忠心不二，恪尽职守，可谓“拼命三郎”，所以吴敬中把大计划都交给他来执行。由此可见，吴敬中对下属相当了解，用人之道值得借鉴与学习。

领导者独木难成林，需要下属的辅佐。但并不是任何人都有这个能力或资本协助领导的，这时，作为领导的你就要在人群中选出你需要的人。

用人可用其所长，忌求全责备

【智谋原典】

语云："琼艘瑶楫，无涉川之用；金弧玉弦，无激矢之能。是以介絜而无政事者，非拨乱之器；儒雅而乏治理者，非翼亮之士。"

——《反经·论士》

【译文】

《国语》中说："美玉做的船和桨，没有渡江的功用；金玉做成的弓弦，没有发射箭矢的功能。因此清高却不做事的人，不是拨乱匡时的人才。温文尔雅而无治理才能的人，不是聪慧的辅佐。"

鲁迅先生曾说过："倘要完全的书，天下可读的书怕要绝无；倘要完全的人，天下配活的人也就有限。"良才如美玉，美玉有微瑕而不掩其光泽。选用人才最忌讳求全责备，要用其所长。卓有成效的管理者选择和提拔人员时，一定会有一个标准，这个标准就是他能做什么。

所以，管理者的人事决策，不在于如何减少人的短处，而在于如何发挥人的长处。任何人有其长，亦必有其短，管理者用人的要诀之一，就是如何发挥人的长处。如果不能见人之长，用人之长，而是念念不忘其短，那就不能有效发挥人的能力。

几个公司的老总在一起聚会，其中有一个老总说准备将三个不成才的员工炒掉。他们是：总是喜欢鸡蛋里挑骨头的 A 先生；成天忧心忡忡，怕这怕那，担心工厂出事故的 B 先生；喜欢神侃海聊的 C 先生。另一个老总听后，微微一笑说："将他们三个让给我吧。"这个老板想这是辞掉他们的好机会，于是大手一挥："你真要？今天就可以让他们去！"

第二天，三人来到了另一个老总这里。他说："现在给你们三人任务，A 负责检查产品质量，B 负责生产安全和公司保卫，C 到外面去搞商品宣传。"三人一听忍不住大拍手掌，兴冲冲地走马上任。不久，由于三人工作十分努力，工厂赢利直线上升。

这个故事说明了最英明的用人之道，最优秀的人才永远是最适合他的岗位的人，一个领导认识到这一点才能更好的安排下属的工作，为自己服务，也让公司得利。

下面再举一个汉高祖刘邦的故事，看刘邦是如何知人善任的。汉朝初建时，某次，刘邦大宴群臣，酒过三巡，刘邦笑问："我何故可得天下？项羽何故错失天下？"当时就有两人同起，朗声答道："陛下攻城略地，每得一城，便作为封赏，可见您能与天下人共谋利益，所以人人为陛下效命，才得天下。项羽嫉贤妒能，生性多疑好猜，战胜不赏功，得地又不分利，人心涣散，所以错失天下。"高祖听了，笑着说道："你们只知其一，不知其二。据我想来，得失原因，须从用人上说。运筹帷幄，决胜千里，我不如张良；镇国家，抚百姓，运饷至军，源源不绝，我不如萧何；统百万兵士，战必胜，攻必取，我不如韩信。这三人都是当今豪杰，我能委心任用，故得天下。项羽只有一范增，尚不能用，怪不得为我所灭了！"这"三不如"的说法，体现了刘邦的用人之明，这正是他打败项羽的关键所在。

不仅如此，刘邦用人也没有什么门户之见，既不重学历，又不要经验，只要有才，你就可以来。比如张良是贵族，陈平是游士，萧何是县吏，樊哙是屠狗的，灌婴是贩布的，娄敬是赶车的，彭越是强盗，周勃是吹鼓手，韩信是待业青年，这些人都有自己的长处，因此刘邦一概纳于旗下。

可见，用人的过程就是发挥优点，抛弃缺点的过程。如果仅能见人之短而不能识人之长，就无法充分发挥出人才的能力。因此，接纳下属的短处，发扬他的长处，甚至化其短处为长处，才能真正做到物尽其用，人尽其才。

才能参差，合适的事给合适的人

【智谋原典】

夫人才能参差，大小不同，犹升不可以盛斛，满则弃矣。非其人而使之，安得不殆乎？

——《反经·量才》

【译文】

人的才能大小是不同的，就像用升无法盛下斗中的东西一样，盛不下就会溢出来，溢出来就全浪费了。用了不该用的人，怎么能没有危险呢？

企业要想留住员工，很重要的一点是确保他们的能力、兴趣及性格与所从事的职业相匹配。也就是说，当员工的能力、兴趣与他所从事的职位相符，个人秉性也与公司的文化相符时，不仅员工流失率会大大下降，而且工作效率会始终保持在一个高水平线上。

相反，如果没有考虑每个人的才能的不同，没有根据具体的事情来判断一个人是否具有相应的能力，而是单纯以才能的高低去考察人，就很可能造成用人的失误。

陶朱公原名范蠡，他帮助越王勾践打败吴王夫差以后，转而经商，不久之后成了一位富翁。后来，他的二儿子犯了法，被囚禁在楚国。陶朱公想用重金赎回二儿子的性命，于是决定派小儿子带着许多钱财去楚国办理这件事。

长子听说后，坚决要求父亲派他去，陶朱公的夫人也认为这样的大事应该交给更加有能力的长子去做。陶朱公不得已就派长子去办这件事，并写了一封信，让他带给以前的好友庄生。

长子到楚国后，按照父亲的嘱咐，把钱和信交给了庄生。第二天，庄生向楚王进谏，说某某星宿相犯，这对楚国不利，只有广施恩德才能消灾。楚王听了庄生的建议，命人封存府库，实行大赦。

陶朱公长子听说马上要大赦，心想弟弟一定会出狱，那么给庄生的金银就浪费了，于是又去见庄生，要回了钱财。虽然庄生原本也准备在事成之后把赎金还给陶朱公，但是陶朱公长子的行为令他很生气，于是庄生又进宫向楚王说："现在外面盛传陶朱公的儿子在楚杀人被囚，他家里拿了很多钱财贿赂大王左右的人，所以大王并不是为体恤社稷而大赦，而是由于陶朱公儿子的缘故才大赦啊！"楚王于是下令先杀掉陶朱公的次子，然后再大赦。

长子回家后，陶朱公说："我早就知道他一定会害了他弟弟的！他年少时就与我一起谋生，备尝艰辛，所以会看重钱财。而小儿子一出生就生活在富有的环境中，所以轻视钱财，挥金如土。我坚持要派小儿子去办这件事，就是因为他舍得花钱啊！"

可见，才能并没有绝对的高下之分，其差别只是体现在做具体的事情时是否适合。而企业管理的精髓之一就是分解工作，分配各种资源，把工作指派给最为合适的人。

一个证券公司的经理曾经非常困惑，很多工作十分努力的员工，在接受他委派的任务后却不能圆满完成，这使他百思不得其解。后来，一个离职员工的话使他茅塞顿开。这个员工对他说："经理，我很喜欢咱们公司的工作环境和工作氛围，但是我发现这里的工作并不适合我。开始您让我去跑销售，别人很轻松就完成的任务，我很多天都无从下手。那时我非常不开心，觉得自己很笨，甚至非常灰心。后来我进行了职业测评，结果让我很惊讶，原来我不是比别人笨，也不是我不愿意干好，而是我在做一个不适合自己的工作。经过职业测评我发现，我是一个内向的人，与人沟通的能力和意愿较弱，回避失败的倾向非常高，而冒险和争取成功的倾向非常低。但我处理细节的能力非常强，因此专家建议我应该去做财务、库管之类需要细心、操作性强的工作。所以我决定重新调整自己的人生。”

经理顿时如醍醐灌顶，他意识到：“在分配给员工任务之前，我有必要对每个员工都有一个全面的了解。我需要了解员工属于哪一种性格，适合哪一类型的工作。性格活泼的人，适合有挑战性的工作；性格内向的人，适合稳定的工作；有人擅长与人打交道；有的则适合与物打交道。按照这种共性分类分析，就能把工作分配给最适合的人了。”

这个经理的顿悟值得所有经理人学习，把任务分配到员工头上的时候，一定要考虑员工个人的意愿、兴趣和特长。只有把合适的任务分配给合适的人，才可能有最为完美的结果。

如果任务与员工的能力和兴趣不能实现完美匹配，那么一定会出现大材小用或者小材大用的现象。假如出现小材大用，造成的结果是员工不能胜任工作，而其他员工则不会服气；同样，如若出现大材小用，就会使员工会为自己怀才不遇而感到前途无望，他甚至会考虑离开。

领导有道，方能用贤

【智谋原典】

> “故上主以师为佐，中主以友为佐，下主以吏为佐，危亡之主以隶为佐。”欲观其亡，必由其下。故同明者相见，同听者相闻；同志者相从，非贤者莫能用贤。
>
> ——《反经·量才》

【译文】

“所以最好的君主会用堪为导师的人来辅佐自己，中等的君主会让良友来辅佐自己，下等的君主会用官吏来辅佐自己，亡国的君主却只用奴隶来辅佐自己。”要想知道一个国王是否会亡国，只要看他的手下是些什么人就够了。本来，有同样见识和同样追求的人才会相互亲近，不是贤德的人，就不会任用贤能。

物以类聚，人以群分，管理者贤能，善于用人，才能选贤任能，充分发挥人才的功用。也只有管理者善于用人，才会出现人才积聚的现象。

相比之下，很多管理者不是不重视人才，而是容忍不了人才为人处世的态度，常常会因为与人才没办法沟通，或者被他们伤了自尊心而生气，一怒之下就辞退了人才。

当今社会，需要工作的人非常多，所以管理者会想：你不想好好做，还会有人想要好好做的。对于人才，管理者不应以自己个人的得失标准去权衡，而是应该以大局为重，从公司的长远利益来考虑。只有管理者能够重视人才，给人才提供足够的发展空间，才能留住人才。

正如一位智者所说，即使将他所有工厂、设备、市场和资金全部夺去，但只要保留他的技术人员和组织人员，五年之后，他仍然是这一领域的领跑者。他之所以如此自信，就是因为他能有效地发挥人才的价值，善于用那些比他更强的人。

企业的生存和发展离不开人才，一个成功的企业家就要善于寻找人才、借助人才，使人才为企业所用。

人才与厂房设备等资源最大的不同在于人会思考、有感情。领导者只有知人善任，人才才会感恩图报。知人善任要注意以下几点。

1. 鼓励人才发展，不要怕下属超过自己。

2. 批评时对事不对人。人非圣贤，孰能无过。下属做错了事，要批评他做错的事情，却不能对他进行人身攻击。批评的目的在于指出错误，以期改进，而不是让下属丧失自信或感到自己的人格不被尊重。

3. 承担职责，扶持正气。下属办事不力，并不一定是下属的过错，作为领导者，应首先检讨自己在领导上是否有错误，该承担哪些职责，决不能将过错推卸到下属身上，否则将会严重影响下属的士气。

妒才是管理者的一个大忌，管理者最重要的责任是善于用人，而不是和属下比谁更能耐。管理者的职责是招募到比自己更强的人，并鼓励他们发挥出最大的能力为自己服务。这本身就已经证明了你的本事，同时不费吹灰之力就可以让自己的事业大有起色，在这个过程中最占便宜的还是管理者自己，因此不能“占了便宜还卖乖”。

那些时常害怕下属超越自己、抢自己风头而对功高盖主者施行严厉打击的领导者是很难变得更强大的，因为他总是缺少比自己有谋略的人的协助，而仅靠一个人的能力和智慧是不可能将企业做大做强的。

第八篇

《荣枯鉴》：

荣枯一部小人经

经典简评

• **书名**：《荣枯鉴》

• **作者简介**：冯道（882－954年），字可道，自号长乐老，逢五代乱世，享年72岁，他一生事五朝（后唐、后晋、后汉、后周和契丹）、十一帝，前后31年，人称官场“不倒翁”。

• **成书时间**：五代

• **内容简介**：冯道于官场左右逢源，《荣枯鉴》就是由其特殊人生经历淬炼而成，给人们提供了一个审视小人的独特视角。阅读完本书，定义小人、防范小人、并最终战胜小人这些真正的谋略，就要靠读者自己去回味了。

• **传世价值**：正如曾国藩所说：“一部《荣枯鉴》，道尽小人之秘技，人生之荣枯，它使小人汗颜，君子惊悚……”只要找到踪迹，不仅可以洞悉、防范小人，更可以反向而为我所用，从而谋取正道。

第二十五章

圆通：找到实现利益的最短路线

 亦真亦假，假话以真话做掩护

【智谋原典】

施小信而大诈逞，窥小处而大谋定。

——《荣枯鉴·明鉴》

【译文】

偶尔装装实在，大阴谋就能得逞；多偷偷看细节，大的决策就能成功。

最成功的说谎者是那些使最少量的谎言发挥最大的作用的人。一旦有所选择地利用诚实，你就能在他人坚实的防卫盔甲上打开一个突破口，就可以按照自己的意愿去蒙蔽和操纵对方，将他们玩弄于股掌之中。

元末群雄割据，朱元璋和小明王韩林儿是友军。公元1366年，在朱元璋受到陈友谅和张士诚的两面夹攻时，小明王韩林儿惨败于元军，又被张士诚大将吕珍围攻，情况十分危急。小明王多次派人向朱元璋征兵解围，众将都反对派兵，连军师刘基也坚决不同意。朱元璋却力排众议："我自有安排!"于是毅然派兵去救小明王。

朱元璋认为，小明工在红巾军和群众中影响最大，有号召力，是一面旗帜。他尊小明王为主，一来是利用小明王影响，争取人心；二来敌方打击的矛头首先冲着小明王，有助于实现他今后的更大图谋。于是，他亲自率军北上，杀退吕珍，保住了安丰。

安丰战后，朱元璋先把小明王迎到滁州，对小明王态度十分恭谨，完全是一副诚心顺服的样子。小明王更是对朱元璋感激不已。他哪里想到，朱元璋迅速安排亲信，对他实行封锁、隔离，自己的一切统统在朱元璋的掌握之中。

随着朱元璋节节胜利，兵多地广，他觉得小明王已无多少利用价值，而且越来越成为绊脚石，于是策划了借刀杀人之计。不久，朱元璋派专使到滁州晋见小明王，

禀报小明王在应天已做好准备，要迎驾回应天。小明王听得心花怒放，他满口答应下来，准备回应天过皇帝的安乐日子。

小明王高高兴兴坐船向应天进发，途中却无故倾覆，小明王及随侍宫女全部被淹死。临死时，小明王还念念不忘感激朱元璋的迎驾之德呢！他哪里知道是朱元璋的密令害死了他。

朱元璋为掩人耳目，把船工斩首示众，还假惺惺地痛哭了一场。两年后，朱元璋在应天正式登上皇帝宝座，国号大明，他终于实现了自己称帝的野心。

从小到大，父母师长都教育我们做人一定要诚实，不要说谎。的确，说假话的名声很不好。但在现实中，很多时候不是我们爱说假话，而是人们爱听假话。想在现实社会上行走得更加平坦、顺畅，需要学会适当地说假话。

先说九句真话，是表示真诚的一种方式。最后一句假话，往往因为信任的惯性也同样被采信，这是一种非常隐蔽的说话技巧。

但切记说假话要适可而止，千万不要滥用，在以下几种情况下，我们可以适当说些假话，能取得很好的效果：

1. 事情办砸时，让自己免受伤害

谁都想把事情办好，但是谁都有把事办砸的时候。这时可适当找些借口，以减轻对自己的伤害，从而争得再次成功的时机。

2. 保全面子的时候

假话，有时也是一种骨子里的幽默，有时还可以用自嘲、调侃的方式表达出来，保全面子还不失个人风趣和风度。

3. 在取悦他人的时候

没有哪个人不喜欢别人盛赞自己，包括老板、领导、朋友、情人等。因此，在遇到必要的场合时，要学会在众人面前，多赞美你的领导、朋友等，即使其中有些许夸张的成分，相信他们也会欣然接受，并对你充满赞赏与感激的。

当然，在说假话时一定要抱着善意来讲；否则，谎言有一天被拆穿的时候，你将失去任何解释的机会。假话一定不要说太多，不到万不得已的时候，不要轻易使用。

领导面前不抱怨，委婉表达你的意见

【智谋原典】

顺其上者，伪非过焉。逆其上者，真亦罪焉。

——《荣枯鉴·示伪》

【译文】

顺应上头的意思，哪怕是装的，也不是什么过错。悖逆上头的意思，哪怕是为了他好，也会被认为是过错。

职场中，许多人因为不满意自己的工作而时时对领导抱怨，这种情绪又影响到其工作的质量，让其更加不满意，如此恶性循环，离成功也就越来越远了。

把情绪带到工作当中，只会造成你和领导之间的互相猜忌。

老板总是希望看到员工快乐地工作，并且快乐工作已经成为职场上的流行主题。如果你不能控制自己的情绪，将负面情绪掺杂到工作中去，老板就会将你剔除出队伍。老板没有义务看你的脸色。并且老板们相信：带着情绪工作的人一定干不好工作。所以，即便你对领导的意见再大，如果你不想丢掉工作，那就让这些意见都烂在心里。

刘亮凭自己的勤奋和努力，只用了两年的时间就成了一家公司的副总经理。不论是开始做普通职员，还是后来做副总经理，刘亮都表现得非常出色。后来他发现总经理阿玲形同虚设，每次刘亮向她请示工作时，阿玲都认真听他说话，最后只说一句：“你放心去做吧。”算是应允了。一切几乎都是刘亮在决策，但一遇上签合同，客户总要和总经理面谈，这让刘亮很不服气：不就是老板的小姨吗？一点水平也没有，为什么要压在我头上？

刘亮想谋总经理位置的念头一现，就不想放弃了。他明明知道阿玲是老板的小姨，这事不太好办，但随着自己的业绩越来越出色，他的信心也越来越大了，他想：老板想给小姨工资，放在哪个位置都可以办得到，何必一定要做总经理呢？

老板很随和，听了几次刘亮的怨言，都不动声色，只是笑问：“我那小姨不会过多干涉你的工作吧？”刘亮回答：“也许将阿玲放在别的位置上，公司的收益会更好。”老板脸上依然笑着，但心里已有了盘算。

后来，老板真劝小姨阿玲别做总经理了，这下惹火了阿玲，作为大股东的阿玲越想越气，不久就炒了刘亮的鱿鱼。刘亮万万没有想到事情会是这样的结果，始终想不明白究竟是什么原因。

你可以向老板请示、要求，而不能抱怨。请示可以使你得到下一步的行动计划，要求可以使你得到你想要的资源支持。而如果你经常向领导抱怨，只能让你和成功擦肩而过。

人都有七情六欲，都会有情绪不稳定的时候，只不过因为工作的需要，我们必须学会把情绪压抑住，尤其不能对领导发泄情绪。树立权威是领导必要的管理艺术，

而你如果当众顶撞领导，或者对领导发脾气，这显然与领导“树立权威”的原则相违背。他们是不可能容忍这种情况出现的，因此留给你的只能是冷板凳。

跟领导就工作上的事情展开一些讨论，完全是很正常的。当意见不一致的时候发生辩论也是可以的，甚至有时候你不认同领导的意见，给他提出一些修正的方案，只要方式恰当，也完全可以。但若不注意沟通的方式，必然会失去领导的欢心和信任。

换位思考一下，如果你是领导，下属在众人面前咄咄逼人地驳斥你的方案，你会作何感想？一定也不舒服吧？何况你猛烈抨击领导的观点，毫不顾及领导的感受。领导毕竟是领导，在意公众形象。如果你丝毫不为他考虑，一定要用自己的高明来突显他的无知，甚至对他进行人身攻击，质疑他的智商，即使胸怀再宽广的领导恐怕也难以容忍这样的下属。所以，跟领导沟通一定要讲究方式和方法。

首先，尽量维护领导的面子。“人活一张脸，树活一层皮。”面子对于领导来讲尤其重要。很多情况下，即使下属很有道理，也千万不要失礼，更不要因为自己的失礼而让领导的面子受到损害。做到以“礼”服人比以理服人更高明。在与领导交谈时，应该表现出对上级应有的尊重。注意力要集中，不要显出无精打采、漫不经心的样子，太过无所谓的态度，必然会大大伤害上级的尊严。

其次，无论上级是对是错，你都要先听他说，然后再婉转地表达自己的见解。在上级的观点正确的情况下，下级对他应表现出应有的尊重。假如你觉得上级错了，想和上级理论一番，甚至直接指出他的过失。这样，上级虽然在心里认为你可能是对的，但在面子上仍然会挂不住，一定会把你视为一个难管理的下属。

最后，即使你确定领导的决策不妥当，你有更好的方案，在跟他交流意见时也一定要讲究方法，切不可自以为是，咄咄逼人。最好先旁敲侧击一番，看看领导的意见，然后再委婉地表达自己的想法。

打破惯性，常规之下无捷径

【智谋原典】

善恶有名，智者不拘也。

——《荣枯鉴·圆通》

【译文】

善与恶都是有明确界限的，但真正有智慧的人不会拘泥于此。

世事无常，并非凡事都有章可循。不为常理所限，不为善恶虚名束缚，方能得大成功。规则是人定的，也就可以由人来打破。

清人王永彬所撰写的劝世书《围炉夜话》一语中的：“为人循矩度，而不见精神，则登场之傀儡也；做事守章程，而不知权变，则依样之葫芦也。”精通谋略的人总是能够积极动脑，及时“制造出”急需的东西，以解燃眉之急。

北宋年间，将军狄青领兵南征。因为主和派散布谣言，致使军中众多思想迷信的官兵笃信此次南征“凶多吉少，难操胜券”，一时军心涣散。

一天黄昏，狄青冒雨巡视时路经一座古庙，见冒雨进香占卜者不少，便进庙询问。庙中和尚说，都说这座庙神佛灵验，有求必应，所以进香者终年不绝。

狄青听罢，心中顿生妙计。次日，他率领众将士入庙拜佛，虔诚地供香跪拜后，便对将士们说：“本帅当众占卜一卦，欲知南征凶吉。”说毕，他请庙祝捧出百枚铜钱，然后当众合掌祈祷：“狄青此次出兵南征，如能大获全胜，百枚铜钱当尽数字面朝上！”说毕将所有铜钱都掷了出去，竟果如其言，尽数字面朝上。将士们无不惊喜万分，奔走相告，一时士气大振。

狄青当即下令不准再动铜钱，以免冒犯神灵，违者军法从事。同时令心腹将士取来百枚长钉，把铜钱牢牢钉在地上，然后对全军说道：“此战必胜，这是上天助我！等到班师之日，再来感谢神灵取钱吧！”

宋军士气高昂，将士无不奋勇当先，直把入侵者杀得溃不成军，乖乖送上降书顺表。

宋军班师回朝，狄青高兴地带领一班将校到古庙谢神还愿，拔钉取钱时，一位偏将忽然惊呼：“奇怪，奇怪！这百枚铜钱怎么两面尽是字？”

狄青哈哈大笑：“此举其实是本帅借神佛之灵，鼓舞士气罢了！”众人恍然大悟。

手段都是为目的服务的，当规则阻碍目的的实现时，就要打破规则，寻找达到目的的最佳途径，而不是拘泥于形式。

不要坐等机会，做人要善变通，你利用的机会越多，创造的新机会也越多，成就非凡的可能性也会大很多。

处理大事最重要的是清楚而且能决断，处理难事最重要的是学会变通而不死板。

清朝时，江宁县一姓陈女子，因未婚夫李某家贫，父母又索要聘礼太重，以致无法结婚。后来陈氏女被富商设圈套奸污了。乡中有些无赖知道了这件事，借故去勒索富商，但没有成功。这些无赖便去捉奸，将富商和女子解赴县衙。县太爷袁子才将二人分开审问。陈氏女哭诉被逼迫经过，实情非得已，心里始终怀念其未婚夫李某。袁子才听了，心里有数，半夜秘密提审富商，勒令他写下一张二百两银子的借据，剥下外衣，赶出衙去。然后叫出家里一位留短发做粗工的女仆来，吩咐她几句话，换上了那件外衣，看押起来。第二天一早，袁大老爷升堂了，先审问陈氏女。此女不发一言，只低头哭泣。

再审奸夫，答："与陈女做密友同居很久了。"

大老爷公堂一拍说："竟敢与良家女子私通？"

丢下签来。"与我打八十大板！"

如狼似虎的衙役，不由分说，当堂剥下奸夫的裤子，一看，都呆了。"禀告大老爷！是个女的，不是男的。"

"啊！女的？"袁子才假戏真做，露出惊讶神气，双眼向原告那班捉奸的无赖一扫，怒斥："你们这班人怎么搞的，拿本官来开玩笑呀？"

过了几天，袁子才又命人把陈氏女的未婚夫李某找来，试探得知他并不怪罪未婚妻，于是袁子才便叫人将富商那张借据去钱庄兑了现，把二百两银子送到李某家里。李某接到此款，立即去女家纳聘，这对男女有情人终成了眷属。

如果知县袁子才不问青红皂白就给收监定罪，不但毁了陈氏女的一生名誉，而且毁了一门好姻缘。袁知县的"移花接木"虽然有点荒诞不经，但从人性角度来说却又合乎情理，是袁知县的变通解救了陈氏女的无辜。

很多事情都可以灵活处理。当然，在法规面前，不能不认真，但在不违背法规又能通融的情况下，还是要灵活一些为好。

常规之下无捷径。在规则之下，人们往往形成一种思维定式，这时，如果打破这种思维定式，不按规则出牌，就会占得上风。

求人也要对症下药

【智谋原典】

知人不惧，知心堪御。

——《荣枯鉴·揣知》

【译文】

充分了解了一个人，就不会害怕他；了解一个人的心，就可以有针对性地驾驭他。

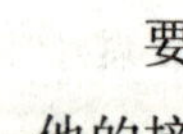

要让人为你办事，就要了解对方是什么样的人。每个人的脾气性格不同，所以他的接受方式也不同。因此，就要因人而异，运用恰当的技巧，对症下药，顺水推舟地把事办成。千万不可意气用事，引起被求对象的反感。

马超率兵攻打葭萌关的时候，诸葛亮对刘备说：“只有张飞、赵云两位将军才能对敌马超。”

张飞听说马超前来攻关，主动请求出战。

诸葛亮佯装没听见，对刘备说：“马超智勇双全，无人可敌，除非到荆州叫云长来，方能取胜。”

张飞说：“军师为什么小瞧我？我曾单独抗拒曹操百万大军，难道还怕马超这个匹夫！”

诸葛亮说：“你在当阳桥，是因为曹操不知道虚实，如果知道虚实，你怎能安然无事？马超勇猛无比，天下的人都知道，他渭桥六战，把曹操杀得割须弃袍，差一点丧命，绝非等闲之辈，就是云长来也未必能战胜他。”

张飞说：“我今天就去，如战胜不了马超，甘当军令！”

诸葛亮便顺水推舟地说：“既然你肯立军令状，便可以作先锋！”

在《三国演义》中，诸葛亮针对张飞暴躁的性格，常常采用“激将法”来说服他。每当遇到重要战事，先说他担当不了此任，或说怕他贪杯酒后误事，激他立下军令状，增强他的责任感和紧迫感，激发他的斗志和勇气，清除轻敌的思想。

求别人办事的时候，倘若能够明白对方属于哪种类型的人，说起话来就比较容易了。现列举四类人供参考：

1. 死板的人

这种类型的人比较木讷，他通常不会注意你在说些什么，甚至你会怀疑他是否听得进去。求这种人的时候，你就要花些工夫注意他的一举一动，从他的言行中寻找出他所真正关心的事来。你可以随便和他闲聊一些中性话题，只要能够使他回答或产生一些反应，那么事情也就好办了，接下来，你要好好利用此类话题，让他充分表达自己的意见。

2. 深藏不露的人

深藏不露的人不肯轻易让人了解其心思，有时甚至说话不着边际，一谈到正题就“顾左右而言他”，防范心理极强。当你遇到这么一个深藏不露的人时，你只有把自己预先准备好了的资料拿给他看，让他根据你所提供的资料做出最后决断。

3. 草率决断的人

这种类型的人，乍看好像反应很快，你求他时，他甚至还没听明白你到底要干什么的时候，忽然做出决断。由于这种人多半是性子太急了，因此有时为了表现自己的“果断”，就会显得很草率。

倘若你遇见这种人，最好把谈话分成若干段，说完一段之后，马上征求他的意见，没问题了再继续进行下去，如此才不会发生错误，也可避免发生因自己话题设

计不周到而引出不必要的麻烦。

4. 行动迟缓的人

对于行动比较迟缓的人，交涉时最需要耐心。求人时，可能也经常会碰到这种人，此时你绝对不能着急，因为他的步调总是无法跟上你的进度，换句话说，他是很难达到你的办事标准的。所以，你最好按捺住性子，拿出耐心，言谈上永远别透出恼火的意思，并且尽可能配合他的情况去做。

另外应该注意的是：有些人言行不一致，他可能说话明快、果断，但是行动上并不与之相符。总之，求人要做到“见什么佛烧什么香，遇什么人说什么话。”有的放矢，方能成功。

第二十六章
交结：重感情，有时也需权衡利益

远离小人，但别得罪小人

【智谋原典】

智不拒贤，明不远恶，善恶咸用也。

——《荣枯鉴·交结》

【译文】

真正的聪明人不拒绝好人，也不疏远坏人，因为两者都有自己的作用。

大千世界，各色人等都有存在，尤其是小人，让人防不胜防。现实生活中处处都存在小人，若处理不好与小人的关系，你必定会吃亏。与小人相处时，我们既不要依附他们，也不要得罪他们。

俗话说：斩草要除根。处世亦如此，不要与祸害为邻，祸害就不存在。这里祸害可以理解为那些身边的小人。要想不受到这些小人的陷害，就要学会应对他们。那么，要如何去做呢？不但远离他，不与他为邻，还要避免得罪他。

“安史之乱”平定后，功高权重的郭子仪并不居功自傲，为防小人嫉妒，他比原来更加谦虚谨慎。

一次，郭子仪得病，一个叫卢杞的小官来探望他。听到卢杞来了，郭子仪马上命令所有女眷包括歌伎，一律退到屏风后面去，他独自凭几以待。

卢杞走后，姬妾们问他：“您平日接见客人，都不避讳我们在场，为什么今天接见一个书生却要这样慎重？”

郭子仪说：“你们不知道，卢杞这个人，很有才干，但他心胸狭窄，睚眦必报，长相又极为丑陋，半边脸是青的，好像庙里的鬼怪，你们见了万一忍不住失声发笑，他必定会怀恨在心，一旦得志，你们和我的儿孙就没有一个活得成了！”

郭子仪对卢杞这种小人太了解了，所以在与他打交道时都很小心。后来，卢杞做了宰相，凡是过去得罪过他的，统统陷害致死，唯独对郭家礼敬有加。他认为郭令公非常重视他，大有知遇感恩之意。这件事充分反映了郭子仪与小人相处的智慧。

生活中，谁都不愿意与小人打交道，可不管愿不愿意，谁都不可避免地碰到小人。那些工作在我们身边的小人，他们的眼睛牢牢地盯着周围大大小小的利益，随时准备多捞一份，为此不惜一切代价，准备用各种手段来算计别人，令人防不胜防，说不定什么时候就会在背后给你来一刀。

徐远是一个很有人缘的人，深得领导和同事们的喜爱。他最令人佩服的并非是出色的业绩，而是无论跟谁合作都能与对方保持良好融洽的关系。

有一次，他与一个有多年工作经验的同事一起去办事，过程中两人产生了意见分歧，徐远坚持了自己的主见，说服了老同事同意他的做法。

又有一次，他与另一个同事一起办事，两人也有不同的想法。可是这一回，徐远没有与同事争论，而是委婉的暗示对方，他的做法可能会有不好的结果，如果想避免这个结果，又应该如何去做。等这个同事领会到这一点并说出合理的方案之后，徐远就按照他说的去做，并且最后在领导面前把功劳让给了他。

徐远的一个好友对这件事很不理解，就问他：为什么在经验丰富的老同事面前那么寸步不让，在一个能力和经验都不如自己的同事面前却那么谦虚谨慎？徐远说："老同事为人宽厚，不会把工作上的争论放在心上；另一个同事虽然能力不如我，但是比较固执己见，又好面子，如果不小心伤了他的自尊，恐怕他会把情绪带到工作中，影响任务的达成。"

其实，徐远嘴上不说，心里还是把老同事归为"君子"，把经验不足的那个同事归为"小人"。他的做法其实就符合了那句老话——"宁得罪君子，勿得罪小人"。

在现实生活中，小人不一定有多么恶劣的品性，但性格上多少会有些狭隘，度量不足以容人。和这样的人一起合作办事，就应该谨慎一些，有时候宁可吃些小亏也无妨，这样不至于让对方记仇，反而可能会赢得对方的敬意。

广交对自己有用的朋友

【智谋原典】

私人唯用，其利致远。

——《荣枯鉴·明鉴》

【译文】

要保证与人交往的人，都是对你有用处的人，这样才能使你的利益长久。

孔子说，“益者三友，友直，友谅，友多闻”，意思就是说交友就要交对自己有益的朋友，而不要去交一些狐朋狗友。

当然，交友都是相互的，有用的朋友大多地位较高，除了需要你也具备一定的能力和地位之外，还需要你拿出结交的诚意。

戴华开办了一家小小的服装公司。他将全部精力都投入其中，在他的出色经营下，公司发展得很快。

但不久，戴华发现了问题。他认为，公司总是做与别人相似的衣服是没有出路的，必须要有一个优秀的设计师，能设计出别人没有的新产品，才能在服装业中出人头地。然而，这样的设计师到哪儿去找呢？

一天，他外出办事，发现一位少妇身上的蓝色时装十分新颖别致。通过她的谈话，戴华了解到这套衣服是她丈夫杜敏设计的。于是，他有了聘请杜敏当自己公司设计师的念头。

然而，当戴华登门拜访时，杜敏却闭门不见，令戴华十分难堪。但他知道，一般有才华的人难免会有些傲气，只有用诚心才能去感化他。所以，他毫不气馁，接二连三地走访杜敏的家，三番五次地要求见面。他这种求贤若渴的态度，终于感动了杜敏，接受了戴华的聘请。

杜敏果然身手不凡，他向戴华建议采用当时最新的衣料来制作服装，并且设计出了好几种颇受欢迎的款式。

戴华是第一个采用新材料来做衣料的人。由于造价低，而且抢先别人一步，尽占风光，公司的业务蒸蒸日上。在不到 10 年的时间里，就成为服装行业的“大哥大”。

戴华通过自己的诚意结交上了杜敏，并在杜敏的协助下，将自己的服装事业迅速做大做强。如果没有杜敏的帮忙，戴华的公司可能还要走很长一段弯路。

一位成功学家认为：“一个人的成功，15% 取决于专业本领，85% 取决于人际关系与处世技巧。”单靠一个人的力量是成不了大事的。多结交志同道合、对自己有帮助的朋友，丰富自己的人脉资源，是成大事的重要基础。

曾国藩在京城期间，非常注意择友，他与倭仁、吴延栋、何桂珍、何绍基等人交往最为密切。当时，这些朋友都还没有得势，但靠着共患难中结下的珍贵友谊，在曾国藩后来建功立业的过程中，这些人都给予了极其重要的帮助。

比如，曾国藩原来也有写日记的习惯，但是主要记的都是些生活琐事，而在倭仁的影响下，他主要记自己一天的得失，时刻反省自己，不断强化对自己的要求。正是从这时开始，曾国藩的人格发生了巨大的变化。

这些朋友有一个共同的特点，那就是专心学问，不尚空言，都是心怀大志、不甘堕落之辈。他们经常往来，互相鼓励，互相针砭。曾国藩择友，强调的是志同道合，对那些甘于平庸或者大言欺人的人，他是敬而远之的。

有个叫庞作人的，慕名来拜访曾国藩。曾国藩见他说话不着边际，和他的交往就逐渐减少了。当曾国藩官至两江总督，指挥四省军务时，庞作人便跑到江南，希望能凭自己的三寸不烂之舌混个一官半职。但曾国藩拒绝了他，他只好灰溜溜地走了。

由上可知，曾国藩择友非常慎重，都是选择志同道合、对自己有助益的朋友结交，而这些朋友后来也都成了他事业成功的助推器。

俗语说，就算你浑身都是铁，又能捻几根钉，个人能力带来的机会有限，而交际本领则可以给你带来更多的机会。广泛结交对自己有用的朋友，对个人取得成功绝对是一条捷径。

冷庙也烧香，不轻视任何人

【智谋原典】

贵不贱人，贱不贵人，贵贱久焉。

——《荣枯鉴·交结》

【译文】

显贵的人永远不轻视别人，潦倒的人永远不尊重别人，贵贱就这么一直持续下去了。

建立人际关系要学会在冷庙中烧香，不要只挑香火繁盛的热庙进香。热庙因为烧香人太多，菩萨的注意力分散，你去烧香，也不过是众香客之一，显不出你的诚意，菩萨对你也不会特别在意，所以即便你有事相求，它对你也不会特别照顾。

但冷庙的菩萨就不是这样，平时门庭冷落，而你却很虔诚地去烧香，菩萨对你当然特别看重。同样烧一炷香，冷庙的菩萨却认为这是天大的人情，日后有事去求他，他自然特别照应。如果有一天风水转变，冷庙成了热庙，菩萨对你还是会特别看待，不把你当成趋炎附势之辈。

黄蜂与鹧鸪因为口渴得很，就找农夫要水喝，并许诺付给农夫丰厚的回报。鹧鸪向农夫许诺它可以替葡萄树松土，让葡萄长得更好，结出更多的果实；黄蜂则表示它能替农夫看守葡萄园，一旦有人来偷，它就用毒针去刺。农夫并不感兴趣，对黄蜂和鹧鸪说："你们没有口渴时，怎么没想到要替我做事呢?"

可见，平时不注意与人结交，有求于人时才热心许诺，就为时已晚了。

一个人是否能发达，要靠机遇。你的朋友中如果有怀才不遇的人，这个朋友就是冷庙，你应该对他与热庙一样看待，时常联络感情。他可能暂时无力帮助你做什么，但心中却绝对不会忘记欠你的人情，日后他一旦否极泰来，肯定会给你丰厚的回报。那时就算你不去请他帮忙，他也会自动帮你；如果你有求于他，他更会高兴地全力帮你。

胡雪岩本是浙江杭州的小商人，他不但善经营，更会做人，精通人情世故，懂得"惠出实及"的道理，常给周围人一些小恩惠。

他一直想成就大事业。他认为，在中国单靠经商是不太可能出人头地的。他想到大商人吕不韦另辟蹊径，弃商从政，结果名利双收，所以他也想走这条路子。

当时，杭州有一候补小官叫王有龄，胡雪岩与他也稍有往来，随着交往加深，两人越发志气相投。

王有龄对胡雪岩说："雪岩兄，我并非无门路，只是手头无钱，十谒朱门九不开。"

胡雪岩说："我愿倾家荡产，助你一臂之力。"

于是胡雪岩变卖了家产，筹集了几千两银子，送给王有龄。王有龄去京师求官后，胡雪岩仍旧操其旧业，对别人的讥笑并不放在心上。

后来，王有龄官场得意，问胡雪岩有何要求，胡雪岩说："祝贺你，但我并无困难。"

王有龄是个讲交情的人，他悄悄令军需官到胡雪岩的店中购物，使胡雪岩的生意越来越好。后来，胡雪岩更是借助与王有龄的密切关系，在官场和商场左右逢源，成为清末著名的红顶商人。

胡雪岩眼光独到，"冷庙烧香"做得很好，得他之助而发迹的王有龄，当时对他并没有什么帮助，但胡雪岩仍然甘冒倾家荡产的危险去帮助他。待到王有龄发达了，自然就对胡雪岩倾力相助了。

对朋友的投资，最忌讳的是急功近利，因为这样就近乎做买卖。如果对方是有骨气的人，更会感到不高兴，即使勉强接受，也会不以为然，日后就算回报，也不会很乐意。

如果你认为某位相识之人能成事，就该及时结交，或者乘机进以忠告，针砭其

过失，勉励其改过迁善。如果自己有能力，更应给予力所能及的协助。尤其物质上的救济，不要等他开口，可主动提供。有时对方急着要，又不肯对你明言，或故意表示无此急需。你如得知此情形，更应尽力帮忙，并且不能有丝毫得意的样子，应该一面使他感觉受之有愧，一面又使他有知己之感。日后如有所需，他必奋身图报。即使你无所需，他一朝否极泰来，也绝不会忘了你这个知己。

第二十七章

闻达：如履薄冰，滑抵彼岸

善与人结盟，彼此守望相助

【智谋原典】

君子不党，其祸无援也。小人利交，其利人助也。

——《荣枯鉴·解厄》

【译文】

君子不爱拉帮结派，所以一旦有了祸事，就很少有人帮他。小人因利益结交了很多人，成事解围，全都靠这群人帮助。

君子一向独善其身，自视清高。然而这个时代，依靠单打独斗是很难成功的。所以君子也需要一些手段，即便不参加党争，也要有人帮忙打理一些事情。

要知道，一个人的力量再大也是有限的，要跟强大的对手斗争，最好是“集中优势兵力”。这就要求与别人结成统一战线。任何人都可能成为你的“梯子”，你要做的就是去接近他们。

结盟要建立在共同利益基础上，是利益调和的产物。竞争是永恒的，合作只是竞争的重要手段。聪明的企业家着眼于长远，在对待盟友和竞争对手时善于处理好眼前利益和长远利益的关系，不四面出击，而是广交朋友，周密考虑，谨慎从事。

张果喜，江西果喜实业集团老总。1979 年，张国喜开始生产出口日本的佛龛，占据了日本大部分佛龛市场。有“巧手大亨”之美誉的张果喜，深明“合纵结盟”的重要性，在开拓日本市场时，善待盟友和对手，很快便成为日本佛龛市场的“龙头老大”。张果喜与日商建立了稳固的代理关系，全部佛龛产品都由日商代理经销。

随着张果喜生产的佛龛在日本市场的畅销，一些颇具眼光的日本商人为降低进货成本，想绕过代理商直接从张果喜那里进货。张果喜慎重考虑了这个新情况。从眼前利益看，销售商的直接订货，减少了中间环节，厂方确实可以多得一些钱，捞

到实惠；但从长远考虑，接受直接订货，就意味着将失去已花费了很大力气开辟的销售渠道，甚至他们会走到自己的竞争面，得不偿失。张果喜婉言谢绝了那几家要求直接订货的零售商，继续维持与日本代理经销商的盟友关系。日本代理商知道此事后，很受感动，对张果喜更为信赖，在推销宣传方面下了不少工夫，从而使张果喜的产品在日本市场越来越稳定。

张果喜清醒地看到，生产佛龛是一种利润丰厚的行业，对手众多，竞争异常激烈。如果照以前那样，单靠原有的销售网络和一两个合资的株式会社与强大的竞争对手抗衡，只能处于劣势而被人家踩在脚底。权衡利弊，张果喜决定扩大“同盟军”，把一些原先的对手拉到自己一边。这就是张果喜的连横合纵，其真谛在于摆脱眼前利益和一己之利的束缚，正确处理与盟友和竞争对手的关系，最终得以稳住阵脚。

中国有句俗语：“众人拾柴火焰高”。意思是说，通过联合的力量，以实现个人力量所不能实现的目标。很多小企业、小公司，在激烈的竞争中，被冲撞得东倒西歪，飘飘摇摇，虽然也有顽强的生命力，但终难形成气候。这就告诉我们，小企业、小公司，要在竞争中站稳脚跟，就得联合统一战线，共同出击，以群蚁啃象之势，去迎接各种挑战。

东北有家非金属矿业总公司——辽河硅灰石矿业公司，因长年亏损，1983 年改换门庭，从事非金属矿的开发与经营，所开采的优质硅灰石全部销往日本、韩国，公司效益也真正红火了几年。

据称，日本商人将石头买上船，在回日本的航程中就加工成立德粉、钛白粉，中途返航，再运往上海、天津等地。

辽河硅灰石矿业公司于 1990 年从日本引进加工生产线，掌握了生产立德粉、钛白粉的技术，并从 1992 年起，开始生产建筑涂料。从 1993 年开始，所产硅灰石滞销，生产的涂料市场滑坡，公司严重亏损。1997 年，辽河公司宣布破产，原来的各分厂，全部被私营单位买断。

1999 年，日商再次光顾辽河公司，与私营小公司老板商榷购买 200 万吨硅灰石粉的合同。可是，各自为政的小公司并没有这个魄力，也不可能在 1 年半的时间内完成合同任务。

眼睁睁看着煮熟的鸭子就要飞了，就在日商即将离开之际，辽河其中一家公司的经理郝为本横下心，与日商签了合同。

郝为本心里清楚，如果不能按期交货，日商的索赔，会让他倾家荡产，弄不好还得蹲大牢。但到口的肥肉，总不能不吃吧。

郝为本拿着合同，请其他几家小公司的经理聚到一起，认真研究，联合起来吃这条大鱼。经过任务分配，平均利益，几家公司立刻行动起来。

几家公司经过有力的联合，一年半时间内，按时完成任务。

上述事例正印证了虾米同心协力联合起来吞掉大鱼的事实。因此，在现实生活中，当你觉得仅凭一人之力难以应付竞争对手时，完全可以采取这种办法，它会给你带来更多收获。

揣摩领导意图，把事情做圆满

【智谋原典】

善察者知人，善思者知心。

——《荣枯鉴·揣知》

【译文】

善于观察，能了解别人；善于思考，你才能了解别人内心的活动。

正确领会和实现领导的意图，是好下属的重要标志。说话办事违背领导意图，可能“出力不讨好”，把事情弄糟。我们通常所说的领导意图，是指领导个人、领导班子或领导机关通过文字或口头下达的命令、批示、决定、交办意见等。这些都需要下属用心去理解、体会。

平时深入观察，仔细揣摩，熟谙领导的习性，这样才能正确地理解领导的意图。否则，在你具体执行过程中，就会发生很大偏差，甚至南辕北辙。与领导的想法完全背道而驰，你将会费力不讨好，陷入十分尴尬的境地。

小王、小李同时通过面试进入一家蔬菜批发公司。半年后，小王升职了，小李却还原地踏步，很是不服，就跑去找经理理论。经理没有直接回答他，而是叫小李去菜市场看看土豆卖什么价格。小李虽心有怨气，还是去了一趟菜市场，很快就把土豆的价格上报给经理。经理看了一眼，没有回应，直接叫来小王，给他布置了同样的任务。两个小时后，小王回来了，交给经理的是一份报告，上面把卖土豆的摊位数、价格、质量、购买情况，以及与昨天、前天价格的对比，用简单清晰的图表一一列出。小王还跟经理说：“经理，因天气原因，现在西红柿的价格较便宜，我们的西红柿库存已不多了，是否考虑补点货？”经理满意地点点头，回头对小李说：“小李，现在你明白了吧？”

同样是去市场调查土豆的价格，小王只是简单地对土豆当天的价格作了了解，而小李却花大力气将菜市场卖土豆的摊位数、价格、质量、购买情况，以及与昨天、前天价格的对比，都调查得清清楚楚，并用清晰的图表一一列出。谁做事更有想法

和更让领导满意，一清二楚。看到这些，相信小王对小李升职而他原地踏步不会再有任何不平。

做事要让领导满意，除了保质保量地完成领导交给的任务外，还应想领导之所想，尽可能将领导也没有注意到的问题也考虑进去并加以解决，这才有利于自己在职场快速取得成功。

唐朝的大臣封伦也是位察言观色的高手。封伦本来是隋朝的大臣，隋朝灭亡，他便归顺了唐朝。有一次，他随唐高祖李渊出游，途经秦始皇的墓地，极为宏伟，经过楚汉战争之后，地上建筑被破坏殆尽，只剩下了残砖碎瓦。李渊十分感慨，对封伦说："古代帝王劳民伤财大肆营建陵园，有什么益处！"

封伦一听，明白李渊是不赞同厚葬的，立即迎合说："上行下效，影响了一代又一代的风气。自秦汉两朝帝王实行厚葬，朝中百官、黎民百姓竞相仿效。古代坟墓，凡是里面埋藏有众多珍宝的，都很快被人盗掘。若是人死而地知，厚葬全都是白白地浪费；若是人死而人知，被人挖掘，难道不痛心吗？"

李渊称赞他说得好，对他说："从今以后，自上至下，全都实行薄葬！"

善于揣摩上意的官场老手封伦，从李渊的一句感慨闻出了反对厚葬的味道，立即迎合着李渊的心意，说出了一番令人信服的厚葬无意义的见解。不但得到了李渊的赞赏，而且更加坚定了李渊倡导全国实行薄葬的想法，使之成为一条颁布全国通行的旨意。

人们通常不会轻易将自己的真实意图直截了当地表达出来，作为领导，更是如此。多数情况下，领导的真正意图需要下属经过仔细考虑、揣摩去做。在特定的情况下，面对特定对象的特定心理和意图，对症下药有时可能是最好的选择。

无论是在职场还是官场，领导都是你必须小心侍候的，你只有时刻注意揣摩领导的心意、领悟领导话中的意思，才能把握住领导行事的方向，也才有可能将领导交代下来的任务做圆满，真正符合领导的心意。

留有余地，才能笑到最后

【智谋原典】

事不可绝，言不可尽。

——《荣枯鉴·明鉴》

【译文】

做事不要不留退路，说话不要完全说尽。

"不给自己留后路"，这种破釜沉舟，一往无前的精神值得赞颂，可是现实生活和工作中往往充满了变故与无常，勇往直前固然可敬，但也可能因此被撞得头破血流，最终走到山穷水尽。

有人不明白这个道理，他们一和别人发生矛盾时就取下策而用之，与人反目为仇，谩骂指责，把话说得狠绝以解心头之恨。这样做痛快倒也痛快，但他们没想到，在把别人骂得狗血喷头的同时，也就暴露了自己人格上的缺陷。而那些聪明人常常懂得给自己留余地，左右逢源，例如在中国历史上闻名的管仲。

管仲与鲍叔牙以及召忽三人很要好，决心在事业上互相合作。他们曾经一起做过生意，但他们更想合作治理齐国。

当时齐国君主有两个儿子，一个叫纠，一个叫小白。召忽认为公子纠是长子，一定能继承王位，因此对管仲和鲍叔牙说："对齐国来说，我们三人就像大鼎的三条腿，缺一不可。既然公子小白不能继承王位，那干脆我们三人一同辅佐公子纠吧。"管仲却说："这样等于吊死在一棵树上。万一公子纠没继位，我们三人不是都完了。国中的百姓都不喜欢公子纠的母亲和公子纠本人。公子小白自幼丧母，人们必定可怜他。究竟谁继承王位很难说。不如由一个人侍奉公子小白，将来统治齐国的肯定是这两个人中的一个。这样，不管哪一个当了齐王，我们当中都有功臣，可以相互照顾，进退有路，左右逢源。"于是他们决定由鲍叔牙去辅佐公子小白，由管仲和召忽辅佐公子纠。

后来，管仲射杀公子小白，鲍叔牙叫小白装死。管仲以为小白已死，从容地陪公子纠回国继位。不料公子小白已先回国当了君主，成了齐桓公，鲍叔牙成了功臣，管仲和召忽成了罪人。但鲍叔牙并没有忘记旧情，他立刻在齐桓公面前说情。再加上管仲素有贤名，齐桓公不但没杀他，反而让他当了宰相，协助自己干出一番霸主的事业。

管仲的过人之处在于他能够全面客观地分析和考虑问题。如果当时管仲三人全辅佐公子纠，那么一旦公子小白掌权，他们三人就都没命了。在波谲云诡的政治舞台上，绝不能将鸡蛋都放到同一个篮子里。

管仲策略启迪我们：凡事不可做绝，看问题也不能只看到眼前的顺利局面，忽视未来可能出现的不利局面，从而一厢情愿地去处理问题，应该做到"未雨绸缪"、"防患于未然"。

另外，留有余地还体现在身处两方之间，不能明确地投靠其中一方，以防止得罪另外一方而遭其报复，这时可以选择两边讨好，左右逢源。当然，这需要很高明的技巧和手腕。

商场向来如此，运用好此招便可左右逢源，久立不倒。在险恶的世情中，要想长久地生存，自然需要有一些异于常人的手腕。脚踏两只船，时刻保证自己有所得，便是一门非常实用的绝活。

脚踏两只船的做法，总是让人鄙视。的确，如果情感问题中出现这种行为，是非常令人不齿的，到最后必定是竹篮打水一场空。但如果将其运用到生存上，却不失为一大方略。漫长而坎坷的人生旅途中，谁也无法预知在前方等待我们的是什么，为自己预留后路是明智的的做法，也无可厚非。

《势胜学》：

善于借势，平步青云

经典简评

• **书名**：《势胜学》

• **作者简介**：薛居正（912－981 年），字子平，开封浚仪（今河南开封）人，自幼有大志，后唐清泰初进士。从参政到宰相，历 18 年间，始终得到皇帝的重视。后因服丹砂中毒而死，卒年 70 岁。

• **成书时间**：北宋

• **内容简介**：古今成大事者，必借势而为；"无势相佐"必定难成气候。北宋初期名臣薛居正，在官场多年，深谙其中的利害得失。《势胜学》作为他一生为官治世的核心，是"大可以兴邦取国，小可以治世齐家"的谋略经典。薛居正在该书中为世人如何审时度势、谋势、取势、驭势、得势、成势指点了迷津。

• **传世价值**：《势胜学》的精粹在于它从一个政治家的角度阐述了"势"的重要性，并且教世人运用其去审时度势、谋势、造势，进而驭势、得势，从而成就一番霸业，适用于士农工商各个阶层的人们。

第二十八章

度势：等待时机，借势成事

大气度决定大格局

【智谋原典】

势不凌民，民畏其廉。势不慢士，士畏其诚。势不背友，友畏其情。

——《势胜学》

【译文】

势力强大不欺凌百姓，百姓敬畏的是公正廉洁。势力强大而不怠慢读书人，读书人敬畏的是正直真诚。势力强大而不背弃友谊，朋友敬畏的是情真意切。

如果没有海纳百川的肚量，是很难容忍别人的缺点以及对自己利益的损害的。若是处理不当，就会给自己造成许多损失，轻则失去朋友，重则成众矢之的，将自己陷入孤立无援的境地之中。

能够容忍别人的过失，以宽容为怀，是一个人非常优秀的品质。很多成功者就是凭借着对他人的宽容走上了成功之路的。

刘邦夺得天下后，大势初定，准备进行封赏。有一天，他看见一群人在宫内水池边交头接耳，好像发生了什么事。刘邦心生疑惑，便向张良问询。张良说他们在准备谋反。

刘邦大吃一惊，忙问张良原因。张良说："皇上在各位将士的支持下夺取了天下。但现在所封的都是您以前的老朋友，杀的都是您最恨的人，今天没有受到封赏的人，以后肯定难逃一死。这怎么不使大家害怕呢？"

刘邦赶忙向张良征求意见。张良问刘邦："皇上平时最憎恨的是谁呢？"刘邦说："我最恨的是雍齿。他曾经投降了魏，后来又投降赵，再从赵投降张耳。张耳投降我时，我才收容了他。想起他来我就恨得牙痒痒。"张良说："请您立即把他封为侯，这样就可改变眼下人心浮动的局面。"

不久后，刘邦在宫中招待群臣。在宴席快要结束时，他宣布封雍齿为什邡侯。将士们见刘邦能宽容的对待他最憎恨的人，知道不用再担心自己的性命，便都忠心的拥护刘邦。

刘邦之所以能在楚汉战争中取胜，霸王项羽之所以失败，关键一点就在于气量大小，是否懂得“小不忍则乱大谋”的道理。刘邦气度恢弘，能够一忍再忍，而项羽却什么都难忍难容，结果落得自刎乌江的下场。

宽广的胸怀就如江海之大，必能容纳百川，成就大业。无论是卓越的政治家，还是杰出的企业家，凡是事业有成的人，都是有着很大的度量的。这样才能造就大的格局，使得各方面矛盾都能化解，让各种关系协调发展。

有气度，还要乐于吃亏。吃亏是福，乃智者的智慧。很多人认为吃亏是必要的，但又是非常痛苦的。其实，我们吃亏是为了得到其背后更大的利益。

生活中，一点亏都不想吃的人，只会让自己的路越走越窄。想成就大事业的人，如果鼠目寸光，小肚鸡肠，不能容人，那是很难办成大事的。只有努力树立自己诚信宽厚的形象，开创事业的时候，赢得更多人的理解和赞许，才能不断壮大自己的势力，为后来打拼天下奠定坚实的基础。

形势不明朗，以不变应万变

【智谋原典】

未明之势，不可臆也。彰显之势，不可逆耳。

——《势胜学》

【译文】

形势不明朗，就不能凭主观臆断去筹谋计划，形势非常明显时，不能违背它。

一个人要想有所作为，仅靠一味蛮干是不行的；明辨时态，度势而行，看准时机并把握住，这才是成功者最明智的选择。

因此，当时机尚未成熟时应默默无为，一旦时机成熟了就应立刻行动起来，毫不犹豫地朝着预定的目标挺进。这正是善谋者高明的韬晦之道，看似消极平静，实则精细机敏。

晋朝的王猛，年轻时被人们认为是一位奇人，徐统听说之后，便召他为功曹。但是王猛不仅不答应徐统的征召，反而逃到华山隐居起来。他认为凭自己的才能不应该仅仅做个功曹。所以他暂时隐居，看看社会风云的变化，等候时机的到来。

东晋的大将军桓温带兵北伐，击败了苻健的军队。王猛到桓温的大营求见。桓温请他谈谈对当时社会局势的看法。王猛在大庭广众之下，一边把手伸到衣襟里去捉虱子，一边纵谈天下大事，滔滔不绝，旁若无人。

桓温见此情景，心中暗暗称奇。他觉得面前这位穷书生非同凡响，就想请王猛辅佐他。

王猛却拒绝了桓温的邀请，继续隐居华山。因为他观察了桓温其人并分析东晋的形势之后，认为桓温怀有篡权野心，但未必能够成功，自己在桓温那里也很难有所作为。

前秦的苻健去世后，继位的是苻生。他昏庸残暴，杀人如麻。苻健的侄儿苻坚想除掉这个暴君，于是广招贤才，以壮大自己的实力。

苻坚早就听说王猛大名，便请他出山。果然，两人一见面便像遇到了知音，他们谈论天下大事，意见不谋而合。王猛觉得苻坚才是值得自己一生效力的对象，于是他便留在苻坚的身边，为他出谋划策，协助苻坚夺取大权，治理天下，干出了一番轰轰烈烈的大事业，成为杰出的政治家。

盲目地进攻只会让自己疲惫不堪，等待时机，一跃而起，全力投入，定会大有作为。退居一旁是为了保持清醒的头脑，把握形势。做一个旁观者，看清局势再进攻，进攻时就能做到成竹在胸。

有位编辑要向一位名作家约稿，那位作家一向以难于对付著称，所以这位编辑在去他家之前，感到既紧张又胆怯。

开始并不成功，因为不论编辑说什么话，这位作家都说“是、是”或者“可能是这样的”，编辑根本无法开口说明要求写稿的事。他只好准备着结束这天的访问，打算改天再来向作家说明这件事。

就在编辑准备起身告辞的瞬间，他的脑中闪过一本杂志刊载有关这位作家近况的文章，于是就对作家说：“先生，听说您有篇作品被译成英文在美国出版了，是吗?”

作家猛然倾身过来说道：“是的。”

“先生，您那种独特的文体，用英语不知道能不能完全表达出来?”

“我也正担心这点。”他们滔滔不绝地说着，气氛也逐渐变得轻松，最后作家竟然答应为编辑写稿子。

在编辑和作家的这场言语博弈中，编辑的绕圈子运用得的确恰当，可圈可点。试想，如果编辑直接跟作家说明来意的话会是怎样？肯定会被一口回绝的。但后面他选择绕个弯子走，先跟对方拉拉家常，讨论一下对方近期的作品。这在作家看来，这位编辑并不只是来要求他写稿，他还读过他的文章，对他的事情十分了解，自己

当然不能辜负人家的良苦用心。

当情况不明的时候，我们先要保持沉默，静下心来认真听取别人的言语，从中仔细体察对方的真正意图，就像张网捕鱼一样，静心捕捉别人的言辞与意志。了解了别人的意图，就可以运用自己的主观能动性针锋相向了。

两个人做相同的事，建立的功业却大不相同。并非是在方法上出现错误，而是因为没有看清形势，掌握适当时机。大凡能把握时机的就能昌盛，而断送时机的就会灭亡。

天下之事，总是瞬息之间变化莫定。以前所用，今天或许就会被抛弃；今天被抛弃的，也许以后还会有大用途。处世并无固定法则，所以一个人必须要洞察形势，见机行事，懂得权衡变化，以不变应万变，这样才能达到目的，获得成功。

虽有智慧，不如乘势而为

【智谋原典】

不知势，无以为人也。势易而未觉，必败焉。

——《势胜学》

【译文】

不明白事物发展的趋势，就不是一个有智慧的人。形势变化了却不能及时察觉，一定会导致失败。

孟子曾说：“虽有智慧，不如乘势”。善于把握和利用势是智者的策略，能否审时度势，抓住时机，善择而变，往往是成败的关键。

在战争中，势的影响非常重要。顺应时势的一方，总是能获得民心，得到更多的支持和帮助，最后取得成功；而违背时势的一方，则会失道寡助，最后落得身败名裂。

三国时期，荆州失守，刘备不听诸葛亮劝阻，决定率大军伐吴。蜀军从长江顺流而下，锐不可当，深入东吴腹地几百里。

东吴将领陆逊深谙兵法，他仔细观察并分析了当前形势，认为此时蜀军势头正猛，若与其正面交战，则胜负难定。如果暂时退却，消耗对方士气，则有可能迎来转机。

于是陆逊将大军撤出山中。而蜀军此时士气正旺，却无法找到目标进行打击，只好在山林中辗转等待。结果蜀军越来越被动，士气消磨，斗志渐无。

陆逊看到这种情况，认为形势已经扭转，此时正是实施反击的大好时机。于是下令全军出战，火烧蜀军大营，使其损失惨重，全线溃败。

可见，“势”的掌握的确是决定双方胜败的重要因素。陆逊懂得谋势，在力量形势都不利于自己的时候，通过发挥“势”的作用，使各种因素得到最有效的协调和运用，从而让自己握势在手，顺利获胜。

无论是在生活中、战争中还是生意场上，竞争的实质就是以“势”为中心的博弈。

你要善于洞察，学会谋势，用心发现生活中各处蕴藏着的“势”，然后迅速作出判断，为自己筹划最有利的形势。要注意全局之势，让自己的行动顺势应势，适应时、地、人等各种因素，高效地利用“势”。最后，一定要捕捉最佳时机，占据有利形势，然后果断出手，乘势而上，一举夺得胜利。

在经济活动中，企业要想获得成功，就要做一个顺势高手，平时观势、谋势、蓄势，一旦关键时刻到来，就可以顺势而发，拼力一搏，让自己在激烈的竞争中立于不败之地。

“爽王世家”服饰总经理班振忠，其成功之道就在于懂得明辨时态，夺势而行。

班振忠投身服饰行业已有二十多年。最初他销售的只是衬衫，但只做了不久，就在同行大规模加入而竞争加剧的情况下，果断收手，转而经营其他项目。

在对市场进行详细考察和敏锐的分析判断之后，班振忠决定经营裤类产品。经过努力，他的公司获得了很好的效益。

几年之后，班振忠根据市场经济的态势变化和国家政策等因素，决定实施差异化的产品和品牌经营策略。没过多久，班振忠睿智的思路就经过了实践的检验。他在裤业批发零售行业崭露头角，逐渐占据了更多优势。

市场永远是激流涌动，企业时时都会被推到风口浪尖上。在班振忠的事业如日中天时，裤类产品行业出现了一些较大的变化。班振忠审时度势，适应现实，理性地选择了“规范制胜”的新的销售模式，从而在激烈的竞争中，让自己的生意维持稳定，而且越来越好。

现在，“爽王世家”品牌影响力已经越来越大，并且拥有了极具规模的销售网络。班振忠说：“我知道前方有未知的风险，我的每一次选择都来源于对形势的认真看待，我之所以能有今天，就依赖于对事业各阶段、各方面的准确把握，顺势而为。”

从班振忠的事业轨迹中，可以看出善于乘风驭势的重要作用。企业家要想有所作为，不能一味蛮干。只有具有驾驭时势的眼光和魄力，针对随时变化的态势，采取有的放矢的行动，才能在企业发展道路上开拓一片新的境地。

虽然“势”是无形无状的东西，但它却体现和规定了事物的发展方向。做人要懂得顺应形势的发展，切不可一味地闷着头，毫不关注形势的发展，莽撞行动。只要顺势而上，就能事半功倍；逆势而行，则会辛苦疲惫、得不偿失。

势弱时寻契机，果断突变

【智谋原典】

善者不怨势劣，尽心也。

——《势胜学》

【译文】

善于运用谋略的人，处于劣势时也不抱怨，而是尽心准备，等待合适的时机。

“鹰立如睡，虎行似病”，意思是说，雄鹰和猛虎捕食时，在出击之前往往是一副打盹生病的懒散样子。而实际上，它们只是在做着捕食的准备，等待时机，麻痹对手，最后发出致命的一击。

聪明的人，不论处在强势还是弱势的状况下，都懂得掩藏自己的才华和目的，暗中洞察世事，积蓄力量，为日后干出一番大事业做准备。尽管暂时处于弱势，但只要不悲不怨，蓄势待发，总有一天会扭转局势，由弱变强的。

成语故事“一鸣惊人”中的楚庄王，即位三年，却从来不理朝政。每天喝酒打猎，沉湎于声色之中。他还命令大臣们不许劝谏，谁劝就让谁死。

有一个叫伍举的人问楚庄王：“楚国山上有一只鸟，一停三年，不飞不叫，这是什么原因?”

楚庄王心中明白他的意思，便说：“这不是普通的鸟，它不飞则已，一飞冲天，不鸣则已，一鸣惊人。”后来，楚庄王大举改革，广揽人才，整顿朝纲，使楚国日渐强盛，最终成为春秋五霸之一。

楚庄王三年不问政事，其实暗中一直在静观时局。只是他即位时很年轻，对朝中大事尚不清楚，而且人心叵测，忠奸难辨，他也不敢轻举妄动。因此，为了隐藏自己的弱点，他便运用了这个掩人耳目的办法。三年之后，他对世事时局，忠良之士和奸佞小人等种种状况，都了然于胸了，这时才大刀阔斧地整治国家，成为著名的贤明君主。

当今社会风云突变，任何个人和企业都很有可能遭遇不利，陷入困境。这时一定不能沉浸在悲痛、哀怜之中，要懂得弱者示弱，努力在不动声色中寻找翻身的机会，让自己尽快化险为夷，走出困境。

在工业迅速发展的时期，各汽车公司都相继推出了色彩鲜艳的汽车，适应了市场需要，而一家汽车公司的汽车却一直保持黑色不变，显得呆板严肃，因而销售量大幅下滑，经济状况非常不景气。

然而，这家公司的总裁却拒绝了别人的建议，坚持生产黑色汽车。

该公司的经营状况越来越艰难，有人甚至认为公司即将倒闭了。面对众人的猜测和谣言，该公司没有任何回复。

不久之后，公司突然宣布停止生产T型车。闻知消息，举世震惊。更奇怪的是，工厂停工后，工人依然正常上下班。这更引起了人们的兴趣和关注。

几个月后，该公司宣布新的A型车即将上市。这种汽车造型典雅大方，色彩明丽，乘坐非常舒适。此外，由于它是由购买废船后拆卸的钢铁制作而成的，因而大大降低了成本，使售价低廉。

该公司A型车一上市就受到消费者的青睐，销售盛况空前，也为该公司带来了又一次的辉煌局面。

这家公司的举措，再次证明了势弱者要顺势而动，谋势变强的道理。强弱其实是相对的，今日之强，有可能会变成明日之弱；此时之弱，也可以变成彼时之强。只要认清自我，看清形势，积极调整，就有可能创造一个绝佳的转变之机，实现突破，成为势强者。

再绚烂的花朵也有凋谢的时候，再光辉的旭日也有落下去的一刻。每一个人都不可能总是处于强势的状态中，不可能永远占据优势地位，总会有势弱的时候。

只有坚忍不拔，循势而为的人，才能成功化解自己的危机和困难，走出低谷，变弱为强。

第二十九章
造势：积极谋势，势成则事成

顺势而动，无势造势

【智谋原典】

天生势，势生杰。人成事，事成名。

——《势胜学》

【译文】

上天造就时势，时势造就英雄豪杰。人创造声势以成就事业，事业反过来成就人的名望。

在当今社会，实力很重要，但要想做成一件事，只有实力是不够的，必须要创造一个有利的态势，让实力尽可能充分地发挥。

在2005年“中国最具影响力的100位民营企业家”评选中，曾昌飚的传奇人生引起了很多人的好奇。

他在23岁时就开了一家服装市场，后来又跨入钟表行业，还承包了平壤第一百货商场，震惊了中国甚至全世界。

曾昌飚的身上具有温州商人一贯的魄力和精明，他曾说过：“成功者首先要让自己步入到成功的行业中，凝聚众多成功者的力量为自己造势。这是星星之火，用好了便可以帮助自己的事业燎原。”

他曾经把在沈阳的温州商人联合起来，共同创造市场效益，将这种财富的获得变成一种“势”，让它体现出巨大的影响力，波及整个行业。

可见，想要成大业，谋大事，就一定要学会为自己造势，这样才能充分提升自己的优势，让自己立于不败之地。

有句话说得好：三流企业做事，二流企业做市，一流企业做势。造势，就是要根据事物的发展运行规律，依靠过人的眼光和非凡的魄力，为自己谋求一个新的发展平台，更好地发挥自身优势，在事业上有所突破，有所作为。

有一家公司在江南一带打开市场后，销路很快扩大，企业发展势头也非常迅猛。但公司还希望能够尽快开拓中原地区新市场。于是，该公司采取了一项特别的造势战略。

他们在中原某城市送给每位小学生一顶小黄帽，用以提醒来往机动车司机与骑自行车人群注意来往行人安全，当时该城市还没有采用这个办法来保护小学生的交通安全。该公司在免费赠送全市小学生的帽子上印上自己公司产品的名字。全市孩子们一下子都戴上了同样的小黄帽，这引起了广大市民的关注和媒体的报道。该公司也成功造势，打进了中原市场。

成大事之人，在条件不成熟时不轻易行动，而是借助方方面面的力量，为达到自己真正的意图摇旗呐喊。他们用舆论来为自己制造声势，牢牢地锁定目标，制造“非我莫属”的声势。

在一定情况下，造势的水平和效果可以决定一件事的成败，也是对个人和集团执行能力的考验。造势是想成大事的人必修的一门功课。其中，胆识和智慧是必不可少的资本。有智慧，才能把握环境和局势的变化，运用各种可以利用的力量，明白该造什么势、该怎么造势；有胆识，才能勇于出手，敢于承担造势可能带来的各种不测和风险。

激流直下的水，可以将巨石漂浮起来，就是靠着势的作用。成功造势，就是在掌握实际情况的基础上，深谋远虑，敢想敢做，抢占先机，努力为自己的行动扩大声势。通过多种途径向大众推广，从而占有更多更有利的优势资源，甚至带动某个领域的潮流与发展方向，以成就自己的事业。

小智谋事，大智谋势

【智谋原典】

无势不尊，无智非达。迫人匪力，悦人必曲。

——《势胜学》

【译文】

没有势就得不到尊重，没有智慧就谈不上通晓情理。逼迫别人不能依靠蛮力，想要取悦人一定要委婉地表达。

“小智谋子，中智谋局，大智谋势。”拥有大智的人，在战略决策中都懂得避开用蛮力，而巧妙用势。

聪明的人做事注意用势，所以能胜；愚蠢的人只知道用力，因此会败。其实，势才是真正的力。势就像一把弓箭，只有会用的人，才能在弓张满的时候，选择恰当的时机发射出去，形成极为强大的杀伤力。古今成大事业者，无不善于谋势、应势、用势。正所谓"肯取势者可为人先，能谋势者必有所成，会用势者可得天下。"

西汉末年，朝政日益衰败，天下大乱的征兆日益显现。

后来，王莽篡汉称帝，建立新朝。刚一建国，他便着手改革西汉各项制度，想要解决遗留的大量社会问题。其中，"王田令"和"私属令"是各项改革措施的核心。

然而，王莽改制并没有顺应当时的历史趋势，反而违背了客观规律，企图用国家强制手段迅速改变沿用已久的社会各项制度。

最终，王莽的改革失败了，不但原有问题没有解决，反而致使社会矛盾激化，变得更加尖锐。

刘秀顺应民心之时势，起兵反抗王莽，经过十几年艰苦征战，终于平定天下。

建立东汉后，刘秀也采取多项措施解决战争中遗留的社会创伤。

他深知天下疲耗，生产凋敝，人民需要安定的生活。于是实行休养生息政策，轻徭薄赋，释放奴婢和战俘，减轻刑罚，不尚边功。使得人口、田地大幅度增加，国家财政收入也越来越多，为东汉的强盛奠定了基础。

王莽和刘秀都处在西汉末年社会动乱、急需变革的大趋势中，又都采取了许多旨在解决社会问题的政策措施。然而最终结果却大相径庭。原因就在于刘秀知势用势，让自己的举措符合实际情况，获得了四两拨千斤的效果；而王莽却只是有勇无谋，改革中追求过激过快，甚至不惜用国家法令强制执行，结果自然是事与愿违，自己也落得身败名裂的下场。

强弱之间的差别并不是壁垒分明，双方就好像身处棋局一样，善弈者谋势，不善弈者谋子。懂得用势，才能够做到以弱胜强，轻松取胜。

自古以来，只会以硬碰硬的人往往是吃力不讨好，而那些能够灵活避开对方的剑锋，把握时机，善于利用瞬间优势的人，才会成为真正的赢家。任何事情都不是只有死拼硬撞才能解决。正所谓条条大路通罗马，尤其是在今天，为人处世更要明白一个道理：硬拼不是王道，巧干胜于能干。

2008 年，许多企业还在经济危机突然来临中而毫无准备的时候，阿里巴巴早已开始做了充分的工作以应对危机。

阿里巴巴采取了一系列渡过难关的措施。在全球企业大幅裁员时，阿里巴巴的招聘规模却进一步扩大，将全球顶尖人才尽可能地招致麾下。

总裁马云表示："越是困难时期，公司资源越应该向员工倾斜，紧迫感和危机感要来自高层管理者。”因此，尽管处在经济的寒冬时期，阿里巴巴还是给员工提薪、分发奖金，并增加培训计划。

除此之外，阿里巴巴还通过“深挖洞，广积粮”的指导方针，整合旗下的子公司，帮助中小企顺利“过冬”。

最终，阿里巴巴在金融危机中不但没有遭受损失，反而通过加大推广力度等措施，使其国际交易市场的用户数量达到有记录以来最高，利润增幅也非常明显。

阿里巴巴应对金融危机的策略，正说明了实事求是，乘势而行的重要性。在形势不利的情况下，暂时接纳当前的势头，不逆势抗争，同时要迅速发现新形势，挖掘优势，从而开创一片崭新的局面。

能否准确地把握势，最能体现个人和团队在应对变化、危机等方面的能力和智慧。学会用势，就像大禹治水一般，如果只是简单粗暴地堵截，是不能从根本上解决问题的。只有疏浚河道，让水流畅通，才能在轻松的疏导中排除洪灾的危害。

无数的历史经验和智慧告诉我们，与对手硬碰硬，不但不容易达到目的，还有可能耗光有限的精力。所以要想出奇制胜，就必须找到关键的环节，循势出击。

放开手脚，谋大事不拘小节

【智谋原典】

守礼莫求势，礼束人也。

——《势胜学》

【译文】

严格死板地恪守礼节，就不能求取有利态势，礼节只能使人受到束缚，放不开手脚。

想做大事，就不能顾虑细枝末节，行大礼也不必计较小的谦让。只有善于取舍，才能成就大事。

顾全大局的人，不拘泥于区区小节；要做大事的人，不追究一些细碎小事。因为一点瑕疵就扔掉玉石，就永远也得不到美玉；因为一点蠹蚀就扔掉木材，天下就没有可用的良材。所以，要做成大事，就要统观全局，不能纠缠在小事之中，因小失大。

有一年，狄青要出守边塞，猛士刘易熟知兵法，善打恶仗，对狄青守卫的边境情况非常熟悉，狄青便带他一起去。

刘易有个嗜好，就是特别爱吃苦荬菜，一顿饭吃不到苦荬菜就会骂不绝口，甚至还会动手打人。到边塞后，从内地带的苦荬菜很快就吃完了，而边塞又见不到这种菜。

一天，士兵送来的菜里缺少了苦荬菜，刘易便把饭碗扔到地上，并大闹不止。士兵将此事情报告给狄青。本来这样的人是不能留在军中的，但狄青考虑到刘易在作战中的本领和卓绝的战斗能力，如果与其发生冲突，就会影响戍边大业。

于是，狄青好言安抚刘易，并立即派人回内地去取苦荬菜。一部分将领见这种情况，非常不服气。狄青解释说："如果与刘易争强斗胜，传出去势必会给敌人以可乘之机。我们现在要加强团结，绝不能争一时之短长。"

这些话传到刘易耳中，令他非常感动，他觉得狄青宽宏大量，顾全大局，而自己则不该再给狄青添麻烦了。

于是，刘易懊悔地去找狄青，向他道歉，而且从此之后，刘易再也没为苦荬菜闹过事，尽心尽力地协助狄青戍守边疆。

古往今来，多少成大事者善于取舍，不拘小节而获得成功。现实中的事物存在着多种矛盾，一个人不可能全面顾及，只有善于把握主要矛盾，不拘泥于小节，才能将大部分精力投入到解决最主要的问题中去，减少细枝末节的阻碍，更快地获得成功。

所以，如果有大志向，就不要纠缠小事的过节。当忍的地方，就忍耐。如果什么事情都不想忍耐，势必会在琐屑之事中浪费精力，而无暇顾及更多更重要的事情。只有适当的忍耐，才能养精蓄锐，给自己足够的时间和空间，去实现更大的梦想。

不仅做大事要注意这点，就是生活中一些小事，如果掉进琐事的圈套中，不懂得处理好重点和小节的问题，也会让人烦心不已。在解决问题时，不要为一些表象、肤浅的事情所淹没，集中精力于大事上。有些事其实不用那么去在意小节，粗枝大叶的做事态度反而更有助于你做成事。

企业若想取得成功，也应不拘小节。管理企业时，要从繁琐的管理事务中脱身出来，从全局的角度为企业把脉。只有这样才能避免分散不必要的精力在小事上，才能心无旁骛，专心致志地完成大的目标，才能顾全大局，最终获得成功。唯有如此，个人才能达到目标，企业才能领先于市场，社会经济才能飞速发展。

第三十章

用势：弱小者因借势而强大

水涨船高，造势不如借势

【智谋原典】

借于强，谀不可厌。借于弱，予不可吝。人足自足焉。

——《势胜学》

【译文】

向强者借势，要善于奉迎，但不能使其感到厌恶；向弱者借势，要先给予一些小利，不能吝啬，要使他人满足，自己的愿望才会顺利实现。

一个人的判断力、社会经验等受到种种影响，会呈现出许多不足之处。如果善于借用别人的智慧和能力，择其善者而从之，就会很容易获得成功。

任何成功者，他的身边不可能没有任何的亲人、朋友，他的成功不会只是凭借一己之力就能获得。更何况我们大多数人都只是普通人，就更不可能在生活的急流中孤军奋战。所以，学会借助他人的力量，既是一种技巧，又是一种智慧。

当你无力去做一件事时，不妨向周围的人求助，也许对你自己来说是费力不讨好的事情，对他人来说却可以轻松搞定。所以，与其自己苦苦拼搏而不得，不如借助身边的强者或者朋友的力量，达成自己的目标。

在现存植物中，最高的当属美国的红杉，大约高 100 米。

通常情况下，植物越高，它的根也会扎得越深。然而红杉的根却只是浅浅地浮于地表。

经研究发现，从来没有一株红杉是单独生长的，它们只能在一大片红杉林中存活。彼此根部紧密相连，结成一片，牢不可摧，再大的飓风也无法撼动他们。

正是由于红杉根部较浅，所以才使得他们可以更方便地吸收水分和养分，快速地生长，而不必像其他植物一样，耗费掉许多能量用来扎下更深的根。

的确，在现代社会中，人们的交流协作越来越频繁，一件事的复杂程度也越来越高，只靠自己一个人的力量是无法应对的，这时，学会借助别人的力量，就显得非常必要了。

一个成功者，必定是一个懂得借势的人。他会科学合理地规划自己的力量与借助他力之间的平衡协作关系，知道什么时间去借什么样的势。因而能够让自己收到“出力不多，获益最好”的效果。

无论是在普通的日常生活中，还是在筹划大事业上，都要学会借助他力为自己移去障碍，开拓更加宽阔的发展道路。如果不懂得寻求他人的帮助，不能借用他人的声势力量，那么任何事业的成功都无从谈起。

青岛啤酒的借势成功，就是一个很好的例子。

青岛啤酒提出了“激情成就梦想”的品牌口号，对年轻一代非常具有吸引力和感染力。

中央电视台《梦想中国》栏目，采用这一口号作为活动主题，是国内所有赞助活动中的首例。此举将两大强势品牌的理念和利益融合在一起，相互借助对方的优势，扩大各自的影响，起到了非常好的效果。

青岛啤酒在《梦想中国》独家赞助以来，仅仅半年就收到了极高的广告回报，而且通过《梦想中国》的全国海选活动以及节目的播出，将企业的文化价值、内涵及企业形象，广泛传播到了全国消费者心中，进一步扩大了青岛啤酒的知名度和品牌影响力。

想要扬帆远航，必须借助风力，企业能够成功地借势，是智慧和能力的体现，可以让自己的发展道路更加宽阔、平坦。企业经营者必须在面对形势和环境变化时，敏锐地把握当前事态，并准确预测到未来趋势，从而迅速做出反应，充分顺势、借势，以发挥自身的优势，取得更大的成功。

不光是在经济活动中要注意借势的作用，就是在日常生活中，这也是必不可少的。一个篱笆三个桩，一个好汉三个帮。只靠一己之力独闯天下，单打独斗，那是很难在复杂的社会关系中站稳的，更别提能有什么大的作为了。

想要更快地获得成功，就必须在自己努力拼搏之外，尽可能地寻求他人的帮助、扶持和支援。特别是要学会发现自己生命中和事业上的“贵人”。当你遇到棘手的问题时，不能只凭自己苦心钻研，如果能够向懂行的人求教，那就可以使难题迎刃而解。

要善于发现能够帮扶自己的人，他们可以是身居高位的前辈，可以是拥有一技之长的高人，也可以是与你相互帮助、各取所需的人。总之，借助他人的带动和支持，可以让自己快速地成长起来，更快更好地攀向事业的高峰。

用人谋势，分清善恶

【智谋原典】

善人善功，恶人恶绩。善念善存，恶念恶运。

——《势胜学》

【译文】

善良的人有善良的功绩，邪恶的人，其事迹邪恶。善念能带来好运，恶念则会带来霉运。

掌权者如果用人正确，听取合理的建议，可以建立功业，让自己借势而上；而用人错误则会导致不可想象的恶果，让自己失去大势，一溃千里。

宋太祖赵匡胤统一北方之后，准备征伐南唐。但南唐地处江南富饶之地，拥有大量财富，相比之下，长期战乱的北方反而贫穷脆弱。

有一年，一位僧人来到南唐国都。他眉宇清秀，气度不凡，而且深谙佛法，充满智慧。很快，他的口才和文采便引起了南唐后主李煜的兴趣和关注，李煜经常听他讲解佛法，问禅求道。

僧人向李煜建议说，仅仅诵读经卷并不能体现礼敬佛陀的诚意，必须要建造寺院佛塔，供养三宝，才能得到更多的功德福报。

李煜认为很有道理，便拨出巨款广建佛寺佛塔，并在牛头山为这位僧人单独修建一座宏伟庞大的寺院，作为赏赐。

僧人拥有李煜的偏袒和纵容，便在牛头山寺庙广收佛徒。许多僧人都从各地慕名而来。他们从不劳作，每天只在寺内讲经说法，举行各种佛事活动。他们的生活奢侈，挥霍无度，而这些费用全部由国库供给。

几年以后，宋太祖已是兵强马壮，准备南征。李煜这才感到恐慌，招募兵士想要抵抗。然而此时才发现，长年持续建造佛寺，供养众僧，国库已近空虚，根本无力对抗北宋。

不久，北宋大军挥师南渡，而牛头山的僧人们竟然大开山门，迎接宋军进入。原来，这些僧人都是宋朝的间谍，目的就是为了削弱南唐的国力。

在一个企业之中，最让人头疼的不是业绩不佳的员工，而是影响其他人工作状态，使整个团队失去协调性和凝聚力的员工。《势胜学》中说：“德有失而后势无存也，心有易而后行无善也。”这里所谓的善与恶，并非是指令人称道的善举或是罄

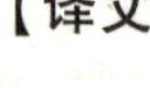

竹难书的罪行，而是看一个人有没有“德”，有没有正确的价值观和人生观。没有正确的价值观和人生观的人，也就是“心有易”，其行为也难免会产生不良影响。这样的人，即使个人能力优秀，业绩出色，对企业来说也是弊大于利。

卫斯是一家国际公司的副总裁，他讲述了发生在自己身边的小故事。

有一次，他正在某次业务交流会上倾听某公司一位女士谈善待员工的重要性。她说完之后，另一家企业的经理自听众席上提出一个问题：“在公司经历快速成长的时候，怎样才能做到既善待员工又兼顾公司的经营理念呢?”

“你做不到。”这位女士回答，“你不可能一下子找来五十个员工，把公司的理念教给他们，然后期望他们个个都安分守已。没有人能做到这一点。五十个人当中，总难免会有几个‘害群之马’，而且这几个害群之马会带坏其他人。”

这时，又有一个公司的老总马上站起来表示：“在我们公司，我们用‘恶性肿瘤’形容这种员工。因为他们就像癌细胞一样会扩散。最好的解决办法就是把这些‘肿瘤’‘割除’，以免他们的不良行径贻害他人。”

这些公司的领导们使用的说法虽然不太好听，可也是反映出了企业中普遍存在的现象。正如舞台上总会有一两个奸角，员工里面也并不全是忠诚之辈、老实之人，也会有一两个类似于奸角的人。对于能力不足员工，可以通过培养锻炼来提高其业务水平；对于干劲不足的员工，可以通过多与其沟通交流，多给予其机会去创造业绩，以提升其动力。但是，对于破坏团队协作，在员工中造成不良影响的人，企业是不应该将其留下的。

或许你认为，开除或解雇员工是一件令人不快的事，因为这或多或少地反映了公司存在着某些缺陷或不足之处。但是，如果解雇的是一个存在一天对公司就为害无穷的“捣乱分子”，就应该当机立断，否则公司将后患无穷。

势盛而止，功成身退

【智谋原典】

势有终，早备也。

——《势胜学》

【译文】

势力终有消亡的时候，要提前做好准备。

在历史的舞台上，统治者与开国功臣之间“兔死狗烹”的剧目，一次又一次地上演。有些人只能与其共患难，而不能共富贵。

因此，我们必须把眼光放长远，要多一些耐心和耐力，少一些焦灼和浮躁。只有适时功成身退，果断地见好就收，然后才能获得“柳暗花明又一村”的结果。

越王勾践卧薪尝胆，灭吴复国，这其中起了关键作用的是他的两大功臣：一个是范蠡，一个是文种。勾践灭吴之后，就在欢庆胜利的时刻，范蠡急流勇退，隐姓埋名，弃政经商去了。

他出逃之后，曾给文种送来一封信说：“狡兔死，走狗烹；飞鸟尽，良弓藏；敌国破，谋臣亡。越王可与共患难，不可与共欢乐，你如果不赶快离开，将有大祸临头。”

文种虽然认为范蠡太多心了，但从此以后他也不大过问国事了，终日称病在家。可是，勾践并没有放过他，赐给他一把名为“屡镂”的利剑。

文种明白，勾践容不下他了，便自刎而死。

对于一些掌权者来说，有能力的人是他们的工具，用完了就不再希望他们与自己来分享胜利果实，只可共患难，不可共富贵。这不仅反映了历代功臣的悲剧命运，也揭示了最高掌权者的性格特征。所以，只有明白势力终有消亡的一天，像范蠡一样在势盛时悄然隐退，才能化险为夷，保全自己。

这一点在现代社会中也是一样。李嘉诚有一句座右铭：好的时候不要看得太好，坏的时候不要看得太坏。李嘉诚正是因为懂得见好就收的道理，才能在商场上打拼多年而立于不败之地。

成功总是需要有无畏的进取精神。世事无常，变化莫测，时代兴衰交替，商品技术也在不断革新，因此企业家必须不断地向前，才能跟上时代的步伐。然而无论在商场上还是人生路途上，一味的往前冲，有时极有可能导致自寻死路。除了有冒险和进取精神之外，能够适时进退、见好就收才是真正的智者之举。

一位企业家在经营中发现了一个赚钱的商机：生产 IP 拨号器。

这种产品技术原理很简单，基本上是电话的原理，只不过多了块控制芯片。全部成本只有五十块钱左右，可是由于是新生事物，所以市场价却高达一千多元。

于是这位企业家马上行动，买来了数万元的生产调试设备，招聘了一批技术人员，日夜兼程地设计、生产、调试，并在最短的时间内推向市场，大赚了一笔。

就在别人以为他会继续扩大生产规模时，他却做出出乎所有人意料的举动。他卖掉了设备，辞退了技术人员，转租了厂房。

面对大家的疑惑，他解释了自己的做法。他清醒地认识到，IP 拨号器是利润很高的产品，竞争对手肯定会纷纷跟进，而且好多都是实力雄厚的生产厂商和大通信公司。一旦他们介入，自己的产品便毫无优势可言。与其到时候灰溜溜地被别人打败，还不如自己适时撤退。

功成身退，见好就收是一种超前的、精明的价值判断，是一种有进有退、张弛有度的战略智慧。在士气正旺时选择退出，不仅是一个人勇气和胆识的考验，也是人生事业长远发展的一条出路。

《解厄鉴》：

破解人性的致命弱点

经典简评

• **书名**：《解厄鉴》

• **作者简介**：晏殊（991－1055 年），字同叔，北宋著名词人。他一生在官场历任要职，范仲淹、欧阳修等皆出自其门下。他还以词著于文坛，尤其擅长小令，有《珠玉词》130 余首，风格含蓄，为后世所熟悉。

• **成书时间**：北宋

• **内容简介**：晏殊作为一个词人，如何在封建官场历任要职而荣耀一生呢？一部《解厄鉴》给出了答案。晏殊分析了困厄产生的原因，指出欲望乃是受困的根源；进而阐述如何解除现实中遭遇的各种困境，并分析了困厄的谋略意义，给身处困厄之境的人指了一条明路。

• **传世价值**：《解厄鉴》在为身处困境的人指出脱困之路的同时，也为世人指明了通向谋略圣境的道路。对于现代人，无论是商界大鳄，还是政界精英，抑或是其他杰出人士，都需要这样一部谋略著作为自己的人生解惑。

第三十一章

读懂人性，在利益博弈中才能取胜

想别人怎样对待你，就怎样对待别人

【智谋原典】

待己如人，大计不失。

——《解厄鉴·省身》

【译文】

像对待自己那样去善待别人，在大的事情上就不会出现差错。

己所欲，先施与人。想让别人如何对你，你先要想想如何对待别人。

心理学研究表明，通常我们喜欢的人，是那些也喜欢我们的人。他（她）不一定很漂亮，或很聪明，或者有社会地位，仅仅是因为他（她）很喜欢我们，我们也就很喜欢他（她）。

那么，我们为什么会喜欢那些喜欢我们的人呢？这是因为喜欢我们的人使我们体验到了愉快的情绪，一想起他们，就会想起和他们交往时所拥有的快乐，在我们看到他们时自然就有了好心情。

而且，那些喜欢我们的人使我们受尊重的需要得到了满足。因为他人对自己的喜欢，是对自己的肯定、赏识，表明自己对他人或者对社会是有价值的。

有心理学家曾通过实验证明：人们对那些他们认为喜欢他们的人持更积极的态度。这就是喜欢的互逆现象。

喜欢的互逆性规律也有例外发生，有时我们喜欢某个并不喜欢我们的人，我们不喜欢的人有时却很喜欢我们。我们只能说在其他一切都相同的情况下，人有一种很强的倾向，喜欢那些喜欢我们的人，即使他们的价值观、人生观都与我们不同。所以，你若想让别人善待你，你先要对别人表示善意。

基于这种认识，在人际交往中，我们应该学会换位思考，将心比心，这样就会

消除很多不必要的误解和伤害

我们常常与身边的人产生矛盾，他们也许是父母、爱人或者朋友。其实彼此之间并非有什么深仇大恨或者不可调和的矛盾，有时仅仅是因为沟通出了点问题，彼此不能互相理解，从而使得感情出现裂痕，可是双方又没发觉或者发觉到了却不知如何去修补裂痕，以致裂痕越来越大，误会越来越深，最后导致关系破裂。

人是有感情的动物，每个人都有脆弱的一面，当别人伤害到你的感情，当你感到自己被忽略、被否定时，通常都会觉得很受伤，也会因此与伤害你的人产生隔阂。这时如果有一个人对你说，他理解你的感受，理解你为什么要这么做，他希望能够帮助你，希望带给你快乐，这时你心中的寒冰便会慢慢消融，不再把自己封锁起来，而会试着去理解他人，当你理解了那些伤害你的人，你便不会再对他们有憎恨，矛盾也就不存在了。

凯芸是一个穷人家的孩子，由于家境艰难，在她高中毕业后考上一所专科学校时，父母表现出很无奈。她非常想去学校读书，但是又不愿意去求父母，带着遗憾和些许怨恨，她来到了北京。

几年的努力打拼，她取得了不小的成绩——成了一家网络公司的客户经理。虽然她工作出色，但她的遗憾和对父母的怨恨依然没有减少，因此和家里的关系很僵，她很少回家，也很少给父母打电话。不过，她每年还是会按时给家里寄钱。她的父母也深知她的委屈，但不知道怎么样才能弥补曾经带给女儿的伤害。

2003 年，非典肆虐，北京闹得很凶。一次，父母在电视上看到了北京已经戒严了，十分担心女儿，母亲忍不住给凯芸打了个电话。虽然她们只说了不到两分钟，虽然凯芸在电话里还是很冷漠。但当挂断电话的时候，凯芸已经泪流满面了。因为她终于明白父母还是爱自己的，还是担心自己的，当年没给她继续读书实在是无奈之举。一个多年尴尬、僵持的关系，竟然被一个温馨的问候给化解了，这就是爱的力量。

当你学着理解别人，理解别人做某件你无法接受的事的苦衷时，你或许就不会再有愤怒和抱怨。所以，当你因为某件事而生气，并且决定采取什么措施时，先控制一下自己的情绪，试着去理解别人做这件事的真正目的，是不是有什么不得已的苦衷，以免你遗憾和后悔。

一个善解人意的人，不会轻易就跟别人闹矛盾，面对别人无端的指责，他也不会放在心上，而是会想，我能理解他为什么这么生气，换成是我，我也会这样生气的。也因为如此，善解人意的人，不会有真正的敌人。

 不求单次博弈，而求长远利益

【智谋原典】

致远者实，近利者虚。

——《解厄鉴·求实》

【译文】

目光远大、追求宏远目标，是实实在在的利益；而目光短浅、只关注眼前利益的，终有一天会一无所获。

鼠目寸光的人紧抓眼前利益不放，只有目光长远者才会看到长远的利益，他们基于这种认识，通常不会计较眼前利益的得失，长远而更大的利益才是他们真正在意的。

东汉时期，有一个名叫甄宇的太学博士，他为人忠厚，遇事谦让。有一年临近除夕，皇上赐给群臣每人一只外番进贡的活羊。

具体分配时，负责人为难了：因为这批羊有大有小，肥瘦不均，难以做到平均分配。大臣们纷纷献策：

有人主张抓阄分羊，好坏全凭运气；

有人主张把羊通通杀掉，肥瘦搭配，人均一份；

……

朝堂上一时人声鼎沸，群臣七嘴八舌争论不休。这时甄宇说话了："分只羊有这么费劲吗？我看大伙儿每人随便牵一只羊走算了。"说完，他率先牵了最瘦小的一只羊回家过年。

众臣既惭愧又敬佩，纷纷效仿，羊很快分发完毕，无人有怨言。

此事传到光武帝耳中，甄宇得了"瘦羊博士"美誉，朝野称颂。不久在群臣推举下，他又被擢升为太学博士院院长。

甄宇牵走了小羊，没有对此斤斤计较，却也因此得到了群臣的拥戴、皇上的器重。利益面前，如果能主动让利，不但利于人际关系的和谐，而且能建立良好的声誉，而声誉是无形的资产，终有一天会给你带来回报。

然而，生活中却有很多人目光只会停留在眼前利益上，无论做什么都不舍一分一厘，只求一时赚得小利。这种做法，其实就是把每一次得失当成单次博弈去考虑，只求单次博弈的利益最大，却使其他人不愿意再次与之合作，从而影响了长远利益，可谓捡了芝麻丢了西瓜。

李嘉诚出任十余家公司的董事长或董事，但他把所有的袍金都归入公司账上，自己全年只拿5000港元。以20世纪80年代的水平，像长实这样赢利状况甚佳的大公司主席的袍金，一间公司就有数百万港元，5000港元还不及公司一名清洁工的年薪。进入90年代，袍金更是递增到1000万港元上下，而李嘉诚20多年依旧维持不变。

李嘉诚每年放弃了上千万元利益，却获得公司众股东的一致好感，爱屋及乌，他们自然也信任长实的股票。甚至李嘉诚购入其他公司股票，投资者也随其买进。李嘉诚是大股东，长实的股票被抬高，长实的股值大增，收益最大的当然是李嘉诚。因为李嘉诚的这种豁达和股东对他的信任，每当他想展开大的举措，总会很容易得到股东大会的通过。

1994年4月至1995年4月，李嘉诚所持长实、生啤、新工股份所得年息共计有124亿港元——尚未计算他的非经常性收入，以及海外股票的价值。

曾有人问李嘉诚的儿子李泽楷："你父亲教了你一些怎样成功赚钱的秘诀吗?"李泽楷说，赚钱的方法他父亲什么也没有教，只教了他一些为人的道理。和别人合作，假如他拿七分合理，八分也可以，那么拿六分就可以了。

没错，主动让利可以争取更多人愿意与他合作。大家想想看，虽然他只拿了六分，但现在多了一百个合作人，他现在能拿多少个六分？假如拿八分的话，一百个人会变成五个人，哪种更有利可想而知。也正是这种风度和气量，才有越来越多的人乐于与他合作，所以李嘉诚的成功，更得力于他睿智的处世交友之道。

人生中，是只追求直接的眼前利益，还是把眼光放长远一些，发现更大，但可能比较隐蔽的大利益呢？这可是门很大的学问。

满足其需求，才能驱使其出力

【智谋原典】

上唯忠，能次之。下唯实，术次之。不明其心，厄之难止。

——《解厄鉴·隐智》

【译文】

上司最看重的是忠实诚恳，其次是办事能力。下属最看重的是实际利益，其次是地位权势。不明白各类人的心理，困厄就难以停止。

只有先满足他人的欲望，才能有望对方满足自己的需求。如果能够充分理解这一点，那么想要说服他人就有如探囊取物了。

虽然头衔是虚的，不能增加人的经济收益，但却可以在极大程度上满足人的自我成就感。运用这种方法，通过给予他人一个光辉闪耀的头衔，能够得到爱好声誉者的极大帮助。

陈华是一位拥有敏锐观察力和卓越才能的人。然而，在他就任公司的行政主管时，他所管理的事务却乱作一团，因此，他被撤销了行政主管一职，而担任顾问兼工程师。那么，怎样才能使这样一个事业上受挫的人不遗余力地投入到工作中，为公司效力呢？

这时，公司高层给予了陈华一个耀眼的头衔——“首席技术监督官”，相当于技术总监助理。虽然这个职位实际上并不高，但这个头衔很快为全公司的员工知晓，大家都知道有一个叫陈华的工程师被称为“首席技术监督官”。而陈华也极力维护这个头衔所带给他的荣誉，他不遗余力地工作着，创造了很多奇迹，为公司的发展作出了极大的贡献。

头衔是一种公开化的赞誉，面对它，几乎没有人能够真正抗拒。头衔能够激发员工的工作热情，当然，还能够赢得他们的忠诚。这当中是有其心理学依据的。

一方面，从个体心理学的角度看，当一个人被赋予某种头衔的时候，他对自己的自我认知就发生了改变。潜意识中，他将自己和这种头衔统一起来，如果他不按头衔的要求去做的话，他就会产生认知失调，也就是自我认知和言行冲突，从而产生心理不适。因此，为了避免认知失调产生，他一定会以积极的言行来极力维系头衔带给他的荣誉。

另一方面，从社会心理学的角度看，当一个人被赋予某种头衔的时候，实际上是被赋予了某种社会角色。人有一种将自身的言行与自己所扮演的角色统一起来的本能，人很难抛开自己所拥有的头衔而做出格的事情。

一家公司原来是人才济济，产品技术含量高，在国内同行业数一数二的，由一个大股东兼任老总，得到大家的认可。大家齐心协力，创造了很好的收入和效益。

后来老总撤出了，从公司副总中提了老总，原有的班子之间存在的各把一摊、各自为战、互不服气的矛盾爆发了，从相互钩心斗角到相互拆台，人心散了，效益没了，人也散了，大量的营销、技术、管理人才跑到竞争对手那里去了，企业从赢利转到亏损，导致一个好端端的“行业领头羊”的企业滑到了破产的边缘。

人的意志行为多是在寻求自己欲望的满足，激励产生作用的前提是人有欲望。想让别人心甘情愿为你办事，你就应该设法先满足其欲望。而管理的本质，就是利用人的欲望来诱导他为组织尽心尽力。

第三十二章

有自知之明，处困厄之外

谦逊的人，更易获得他人帮助

【智谋原典】

贵者宜谦不宜傲。

——《解厄鉴·慎言》

【译文】

富贵之人应该懂得自谦，不要过于骄傲自大。

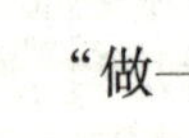

内心保持谦逊谨慎，能够帮助你看到自己的差距，永不自满，可以使你能冷静地倾听他人的意见和批评，从而保持不断进取的精神，也才能增长更多的知识和才干。同时，谦逊的态度可以使你在人际交往中满足他人的自尊心理，博得其好感。而一味地傲视他人的人，特别是那些根本没有真才实学的人，最后只能落得被人冷落的尴尬。

肖潇大学刚毕业，面貌英俊，热情开朗。他去应聘一家五星级宾馆的前台工作。

人事主管说："我们宾馆经常接待外宾，所有前台人员必须会说四国语言，这一指标你能达到吗？"

"我精通法语、德语、英语和阿拉伯语，我的外语成绩相当优秀，有时我提出的问题，教授们都答不上来。"肖潇回答。

事实上肖潇的外语成绩并不突出，他只不过是自我标榜。但他显然低估了对方的智商。在肖潇提交求职简历时，公司顺便收集了关于他的详细信息，包括肖潇的大学成绩单。

听了肖潇的回答，主管笑了笑，但显然不是赏识的笑容。接着主管又问道："做一名合格的前台人员，需要多方面的知识和能力，你……"

人事主管的话还没说完，肖潇就抢先说："我想我是不成问题的。我的接受能力和反应能力在我所认识的人中是最快的，做前台绝对会很出色的。”

人事主管马上站了起来，并且严肃地对他说：“对于你今天的表现，我感到很遗憾，因为你没能实事求是地说明自己的能力。你的外语成绩并不优秀，平均成绩只有 70 分，而且法语还连续两个学期不及格；你的反应能力也很平庸，几次班上的活动你都险些出丑。年轻人，在你想要夸夸其谈时，最好给自己一个警告。因为每夸夸其谈一次，诚实和谦逊都要被减去十分。”

在现实生活中，像肖潇这样的人并不少见。很多人只知吹嘘自己曾经取得的辉煌，夸耀自己的能力和学识，以为这样可以博得他人的好感和赞扬，赢得信任，但往往事与愿违，他们越吹嘘自己，越被人讨厌；越夸耀自己的能力，越受人怀疑。

谦逊基于力量，高傲出于浅薄。夸耀自己和自我表扬并不会为我们赢得好的机会，只会断送我们的前程。因为一个喜欢标榜自己的人，往往会失去朋友——没有人愿意和一个喜欢自我表扬的人在一起；还会失去别人的信任——别人不但对你的能力产生怀疑，更严重的是你的品德和灵魂也会遭人批评。无疑，一个没有好人缘、不可信的人是不会与成功结缘的。

总之，不管从事什么工作，都不可能靠傲慢和等待去完成，只有躬身自省，主动做事，才有成功的可能。

勇于承认无知，弱点也是优势

【智谋原典】

不求于全，则不损于实。

——《解厄鉴·求实》

【译文】

不追求完美无缺，就不会轻易失去原有的一切。

任何人都会有自己不熟悉的领域，承认自己在某方面无知，并不会被别人轻视，别人反而会因为你的勇敢和坦诚而对你倍加尊敬。如果一味装作自己无所不知，不但会因此失去很多朋友和好的机会，更会因此让自己变得更加无知。

一位学问高深、年近八旬的老太太，原是大学教授，会讲五种语言，读书很多，语汇丰富，记忆过人，而且还经常旅行，可以称得上是见多识广。然而，人们从未听到过她卖弄自己的学识或对自己不了解的事情假称通晓。遇到疑难时，她从不回避说：“我不知道。”也不用自己的知识去搪塞，而是建议去查阅有关专著、资料，以做参考。看到老人的谦逊气度，每个跟她接触的人才真正懂得了怎样才能被别人敬重，怎样才能获得做人的尊严。

其实，那些平时动不动就说“我知道”的人，往往头脑迟钝，易受约束，不善同他人交往。迅速和现成的回答，表现的是一种一成不变的思想；而敢于说“我不知道”，所显示的则是一种富有想象力和创造性的精神。如果我们承认对这个或那个问题也需要思索，或老实地承认自己的无知，那么我们自己的生活方式就会大大地改善。

在国际学术会议的场合中，虽然坐满了国际知名的学者，但大家使用最频繁的一句话便是“我不知道”，或者是比较文绉绉的“在本项研究主题中，我们没有足够证据可得出任何可靠的结论”。

真正的聪明人都会承认“没有人知道一切事情”，他们常常说自己不知道，随后就去寻找他们所欠缺的知识。承认自己不知道无损于他们的自尊，对他们来说，“不知道”是一种动力，并不是说出来就大失面子，因为自己的“不知道”，反而会促使他们去进一步了解情况，学习更多的知识。

在求助心理医生的病人中，很多都是社会各界精英。他们在自己所从事的行业里是很杰出的，但是在医生同他们接触的过程中，却常常发现他们在生活的其他方面非常幼稚。他们在钻研提高自己的专长方面下很多工夫，所以在与工作无关的其他知识方面就不够成熟。他们对自己专业范围之外的简单问题，也可能一无所知。

人们应该明白，要掌握所有的知识，是既不可能也没必要的。所以，明智者集中精力成为某方面的专家。他们知道，“万事通”的人多是失败者，而成功者只需要精通一门或几门知识。真正的成功是在你从事的领域里能够出类拔萃。

做人就要敢于坦然承认自己的不足和无知，敢于承认自己不完美，不要为了面子，强把自己说成无所不知，让自己反而大失脸面。

坦然承认“不知道”，才可能接受他人的谏言，有的放矢地去弥补自身的不足，这样才能不断进步取得成功，甚至取得更大的成功。

成功在于只做自己擅长的事

【智谋原典】

自知者弗窘也。

——《解厄鉴·省身》

【译文】

自知的人不会身陷窘境。

人的理想具有多面性，但人在各方面的能力是极不均衡的，不可能什么都精通；而且人的精力也有限，很难同时做很多事。因此，在现实生活和工作中，喜欢什么、想要什么固然重要，能做什么和能做成什么又是我们不得不考虑的另一回事。要想在竞争中获得生存和发展的权利，最好的方法就是充分利用和发挥自己的资源、优势，做自己最喜欢也最擅长的事情。

对一个各方面都强大的国家或个人，聪明的做法不是仰仗强势四面出击，而是将有限的时间、精力和资源都用在自己最擅长的地方；反之，对一个各方面都处于弱势的国家或个人，也不必自怨自艾，抱怨自己的先天不足。要知道，所谓强者，它的资源也是有限的，为了自身利益，强者一定会留一定资源给弱者。

杨振宁曾在芝加哥大学做实验物理的研究，然而他的研究工作并不太顺利。虽然师长们对他的见识非常欣赏，但缺乏动手能力却成了杨振宁的死穴。他自幼便是左撇子，好不容易才被母亲纠正过来。

关于杨振宁的笨手笨脚有个笑话：杨振宁小时候曾用泥捏了一只鸡，拿给父母看，父母为了鼓励他，夸奖说："这支藕做得真不错！"而在芝加哥大学，"哪里有爆炸，哪里就有杨振宁"的笑话，更是一直流传至今。杨振宁后来在他的导师特勒的建议下，转攻理论物理学。1957 年，因和李政道合作提出了宇称不守恒理论，最终获得诺贝尔物理奖。

即便像杨振宁这样的大科学家，在自己的专业领域，也有自己非常不擅长的方面，并因此走了一段时间的弯路，但他能及时地规避自己的短处，转而从事较擅长的理论物理学的研究，并获得了诺贝尔物理奖。

据调查，有 28% 的人正是因为找到了自己最擅长的职业，才彻底地掌握了自己的命运，并把自己的优势发挥到淋漓尽致的程度。这些人自然都跨越了弱者的门槛，迈进了成大事者之列；相反，有 72% 的人正是因为不知道自己的优势，总是别别扭扭地做着不擅长的事，难以脱颖而出，更谈不上成大事了。

有这样一句话曾经广泛流传：没有哪一个认识到自己天赋的人会成为无用之辈；也没有哪一个出色的人在错误地判断自己天赋时能够逃脱平庸的命运。

如果你用心去观察那些成大事者，几乎都有一个共同的特征：不论聪明才智高低与否，也不论他们从事哪一种行业、担任何种职务，他们都在做自己最擅长的事。

做最擅长的事，不一定是做别人做不了的事，相反，可以更进一步理解为做最简洁的事、重复做简单的事；重复做了你当然就擅长了，离成功也就不远了。成功就是把简单的事重复做，如果这件事情本来很复杂，那就先把它简单化，然后再重复去做。可遗憾的是，没有多少人愿意反复地去做那些简单的事，因此，成功只属于少数人。

对很多人来说，发现自己擅长做什么，是一件比较困难的事情。事实上，很少有人在没有经历任何挫折和痛苦的情况下，就表现出伟大的天赋与非凡的才能来。

尽力做好手头的每一件工作，并且按照内心的天赋所指引的方向抓住每一个重大的机会，你会最终找到自己最擅长的领域，从而不断进步。

第三十三章
言语谨慎，则步步踏实

祸从口出，善言也要三思而后说

【智谋原典】

言之祸，无论优劣也。

——《解厄鉴·慎言》

【译文】

说话也会造成灾祸，无论好话还是坏话都可以导致恶果。

气球再漂亮、再鲜艳，吹得太大也很容易就会爆炸。

因此，说好话时一定要坚持适度的原则，必须慎重开口。赞美一个人时，有时候稍微夸张一点更能充分地表达自己的赞美之情，别人也会乐意接受。但如果过分夸张，脱离了实际情况，就容易让对方感到很尴尬，会觉得你缺乏真诚和别有用心，反而会因此对你满怀戒备。

历史上有一位臭名昭著的马屁精冯希乐。一次，他去拜访长林县令，一见面，他就夸赞道："大人真是仁慈啊！猛兽都因感动于您的仁和，而离开了您管辖的县界。昨天我就看到了虎、狼等相继离去。"结果没过多久，就有人来报告："昨夜老虎夺去了三条人命！"长林县令于是责问冯希乐："这是怎么回事呢？"冯希乐面红耳赤地回答道："一定是离开时，因饥饿，才伤人的。"

冯希乐夸张得脱离了实际情况，信口雌黄，说野兽已被县太爷的仁义教化所感动而离开，结果是自打嘴巴，马屁当场被戳穿，实在是自取其辱。

若想讨好别人，当然需要对别人说好话，但也不能因此将好话说得太过夸张离奇，这样非但难以取得预期效果，反而容易得罪别人。

人心不可测，好心未必有好报。身边某些人有不当之处时，你出于一片善意给予指出或者加以规劝，对方如果是心胸开阔之人，自然会对你感激不已；但若对方

是心胸狭窄之人，你可能就会在不经意间触及其痛处，因而招致嫉恨，为自己带来不测祸事。

清朝同治皇帝继位时年仅六岁，由两宫皇太后垂帘听政。慈禧常单独召见廷臣，有事不与慈安太后商量，慈安太后对此很是不满。

1881 年初，慈禧忽然得了重病，征集中外名医治疗都没有效果。后来用产后疏导补养的药治疗，竟“奏效如神”。于是慈安太后知道慈禧失德不检，便以庆贺慈禧康复为名，在钟粹宫摆下酒席，和慈禧共饮。酒过三巡，慈安太后让左右的人下去后，就谈起咸丰晚年的事，说：“20 多年来两宫相处还算好，有一件事早想和妹妹说了，请妹妹看一件东西。”慈安说着起身从一个匣子里拿出一卷黄绫纸来。原来是咸丰帝临终写给慈安太后的手谕，大意说若以后那拉氏不安分，可出示此诏命大臣把她除掉。慈禧听后脸色大变。

慈安太后完全出于好心告知慈禧此事，想借此遗诏规劝慈禧今后处处须检点。为了不使慈禧猜忌，慈安当场将遗诏在蜡烛上烧了，说：“此纸已无用，焚之大佳。”慈禧表面感激涕零，暗中心怀鬼胎。不久，慈安太后患病，很快就死了，事实上是被慈禧所毒死的。

慈安太后完全是一番好意，对慈禧推心置腹，好言相劝，但却因此为自己带来杀身之祸。慈禧的野心和狠毒自然难辞其咎，但慈安太后深居勾心斗角无处不在的后宫多年，说话行事竟然如此坦率，不加斟酌，即便不是愚蠢，至少也可算是过于天真了。

当你想指出别人某些缺点的时候，最好不要直接说出来，而要巧妙回避不宜直言的问题。你还可以采用类比的方式，借助事实说话，也可以含糊其辞，在一些不必要或不便于把话说得太实的时候，开口一定要慎重。这种说话的技巧若合理运用，便能化解生活中的许多尴尬和危机。

场面话可听可说，不可信

【智谋原典】

语之弊，由人取舍也。

——《解厄鉴·慎言》

【译文】

说话是否会给人带来害处，全在自己取舍。

有时，说一些无碍于原则与是非标准的场面话，是一个人在纷纭复杂的社交场所立足的一种本能。但聪明人都应该明白，场面话可说不可信，你应该读懂说话人的心境以及场合，要听出说话人的话外真意。同时，学会说场面话，常常能够让你轻松应对交际中的各种麻烦。

张文在一单位任职，十几年没有升迁，通过朋友牵线，拜访一位掌管调动的单位主管，希望能调到别的单位，因为他知道那个单位有一个空缺，而且他也符合资格。

那位主管表现得非常热络，并且当面应允拍胸脯说："没问题!"

张文高高兴兴地回去等消息，谁知半个月、一个月、两个月过去了，一点消息也没有。打电话过去，不是不在，就是正在开会。问朋友，朋友告诉他，那个位子已经有人捷足先登了。他很气愤地问朋友："那他又为什么对我拍胸脯说没有问题?"他的朋友也不知如何回答才好。

事实上，那位主管只不过说了一些应景的"场面话"，而张文却天真地相信了这些话，并开始守株待兔起来。

什么是"场面话"？简言之，就是让别人高兴的话。既然说是"场面话"，顾名思义是为了应付"场面"才讲的话，这种话不一定代表内心的真实想法，也不一定合乎真实，但讲出来之后，就算别人明知你"言不由衷"，也会感到高兴。

生命不会从谎言中开出灿烂的鲜花，但说些无伤大雅的场面话，却是你在社会中生存下去不得不会的一种本领。工作之中，交际场上，一个人不能完完全全地在别人面前表现最真诚的一面，我们也不能对别人说过的每一句话都信以为真。场面话是可说不可信的，一旦你违背了这条原则，善良便成为愚钝，真诚也会成为伤害自己又危及他人的东西。

有城府的人懂得潜藏隐秘，他们所说的话大都只是些场面之言。所谓"说者无心，听者有意"，如果你把别人的场面话都当真，那就只能说明你的天真和幼稚。

要想在现实交际场合游刃有余，就不得不学会说一些应景的话，因为善说场面话毕竟也是一种应酬的技巧和生存的智慧。

1. 学会几种场面话

当面称赞他人的话：如称赞他人的孩子聪明可爱，称赞他人的衣服大方漂亮，称赞他人教子有方，等等。这种场面话所说的有的是实情，有的则与事实存在相当的差距，有时正好相反，而且这种话说起来只要不太离谱，听的人十有八九都感到高兴，而且旁人越多，他越高兴。

当面答应他人的话，如"我会全力帮忙的"、"有什么问题可以来找我"等。说这种话有时是不说不行，因为对方运用人情压力，当面拒绝，场面会很难堪，而且

当场会得罪人；对方缠着不肯走，那更是麻烦，所以用场面话先打发一下，能帮忙就帮忙，帮不上忙或不愿意帮忙再找理由，总之，有缓兵之计的作用。

2. 如何说场面话

去别人家做客，要谢谢主人的邀请，并称赞菜肴精美、丰盛可口，并看实际情况，称赞主人的室内布置，小孩的乖巧聪明……至于“场面话”的说法，也没有一定的标准，要看当时的情况决定。不过切忌讲得太多，要点到为止最好，太多了就显得虚伪而且令人肉麻。

总而言之，如果你能学会讲“场面话”，对你的人际关系必有很大的帮助，你也会成为受欢迎的人。

人心莫测，逢人只说三分话

【智谋原典】

不知机而无泄，大安也。不避亲而密疏，大患也。

——《解厄鉴·慎言》

【译文】

不知晓机密就不会泄露，这可以保证安全。谈话不回避亲属就可能使秘密泄露，这是大祸患。

说话的时候要分场合，因为每个人都有私人领域，涉及别人私人领域这一块，人们就必须接受必要的游戏规则。所以，在人前不能乱说话，即使说，也要说公事，不要掺和私事，尤其注意千万不要搬弄是非。

翻开大多数企业的培训手册，切忌搬弄是非是手册里必不可少的内容，因为在生活中这种人还为数不少。小而言之，搬弄是非会影响别人的心情；大而言之，可能会影响团队或者企业的凝聚力，所以搬弄是非之人是遭人唾弃的。

小张刚来单位时，根本没有意识到办公室里那种微妙的关系。有一天他与同事王某一起出去吃饭，结果王某便当着小张的面说了不少主管的坏话。小张觉得人似乎应该真诚，于是在后来的一次出差途中，小张干脆把这些话反映给了主管。主管一气之下，对王某破口大骂。小张觉得这种事情很好玩，于是出差回来后，一次偶然的机会又把主管骂王某一事告诉了王某，王某对此事耿耿于怀。后来，王某和主管大吵了一顿，结果这一吵闹，二人终于知道，双方虽然有过节，但是还不至于到撕破脸面的地步，之所以会如此，关键原因就在于小张的搬弄是非、挑拨离间。所以，老板为了避免再发生这样的事情，把小张辞退了，这才平息了王某和主管的怒气。

许多人进入职场后，为了争权夺位，不是四处散播谣言，就是搬弄是非，惹得人人生厌，严重影响到公司内部的和谐，犯了职场大忌，老板肯定会请他卷铺盖走人。

没有不透风的墙，你在别人面前说的一些话，不可避免地会传出去。所谓“言多必失”，说话时一定要拿捏好分寸，不管在哪儿都是一样，人们最讨厌的就是那种挑拨离间、搬弄是非的人。这种人最后的下场都不好，他现在的所作所为其实就是在给自己一步步设套。

《增广贤文》中有这样一句话：“逢人只说三分话，未可全抛一片心”，这句中国古人生存智慧的总结，历来为人们所重视。逢人只说三分话，只说可以拿到台面上来的，余下的七分则不必宣之于口，以免为自己带来不测之祸。

邓妮活泼开朗，在单位当文书时，几个领导都比较喜欢她，也愿意与她交谈，或让她替他们办一些私事。副处长更是对她非常信任，有时把单位领导之间的一些事情也讲给她听。

她们单位有十多个女同事，个别女同事为了升职和争取福利，就想方设法接近领导，副处长对此十分反感。时间长了，邓妮觉得非常的苦闷，心中有那么多的秘密不能倾诉。后来在与一个十分要好的朋友闲谈时，就把副处长跟她讲的事情说了。把秘密和别人一起分享后，邓妮的心理压力缓解多了。没想到，她的那位好朋友为了让单位领导把她推荐到其他部门，就把邓妮的话一五一十地告诉了领导。后来她这位朋友如愿以偿地调到了其他部门，而邓妮则在领导找她作了一番貌似肯定实则批评的谈话以后，离开了文书岗位，回到收发室干她的老本行了。

任何人，若能在保守秘密这个问题上处理得当，就不会因泄露秘密而把事情搞得复杂化，或者使自己陷入身败名裂的境地，从而保持良好的个人形象，成就一番事业。

世故之人，他们只说三分话，很少与人推心置腹，绝不是不诚实，也绝不是狡猾，而是很多话不该说，也不必说。说话本来有三种限制，一是人，二是时，三是地。非其人不必说；非其时，虽得其人也不必说；得其人，得其时，而非其地，仍是不必说。非其人，你说三分真话，已是太多；得其人，而非其时，你说三分真话，正给他一个暗示，看看他的反应；得其时，而非其地，你说三分真话，正可以引起他的注意，如有必要，不妨择地长谈，这叫做通达世故。

场面上的人说话要有分寸。分寸拿捏得好，很普通的一句话，也会平添几许分量。话少往往精练，让人觉得你是经过深思熟虑才说出来的。话太多往往容易

失控，话的质量随数量的上升而下降，头脑发热，忘了什么能说什么不能说，公事私事搅在一起，彻底曝光你的内心，给人留下了把柄，以后的日子就不会太好过了。

大智若愚，不计毁誉谋大事

【智谋原典】

言恶未必恶，审其心也。

——《解厄鉴·向善》

【译文】

故意说自己坏话，显示自己无能的人，不一定真的是弱者，要懂得审察他的内心。

北宋初年，小国南唐每年要派人向宋缴纳贡品，而宋也要派出一个称为“押伴使”的官员随侍左右。

有一年，南唐派徐铉来朝贡，北宋满朝文武可为选派“押伴使”发了愁。朝中的大臣都自知口才不如徐铉，害怕给大宋朝丢脸。赵匡胤心里也是非常着急，派哪一个去，都势必败在徐铉手下，让南唐耻笑自己手下无人。

正在他左右为难之际，突然灵光一闪，让宦官找了一个不识字的殿前侍者，命他前去对抗徐铉。

起初，徐铉言辞犀利，侃侃而谈，旁观的人都为之惊愕不已。那个侍者的文化层次很低，根本听不懂徐铉在说些什么，无法回话，只能嗯嗯地应着，把徐铉弄得不明所以。但徐铉又不想丢南唐的面子，依然喋喋不休。

这样过了几天，这侍者还是不管徐铉说什么都只是答应几声，徐铉自己也疲惫不堪，只得没趣地自动闭嘴了。就这样，一个大字不识的侍者困住了一代名士。

赵匡胤真的很愚蠢吗？放着满朝的文武不用，而用一个连字都不识得的文盲，让臣服于自己的小国看轻自己？当然不是。其实，赵匡胤用的恰恰是最智慧的一招，大智若愚，不计毁誉。

大智若愚被普遍认为是管理智慧中最高、最玄妙的境界。因为最高的智慧接近于没有智慧，接近于木讷，接近于“愚”。“愚”一向给人以消极、低下、委屈、无能的感觉，使人的第一感觉难以产生好感，使人放弃戒惧或者与之竞争的心理，使人对它加以轻视和忽视。

但“愚”却是人为营造的迷惑外界的假象，目的正是为了要减少外界的压力，放松对方的警惕，或使对方降低对自己的要求。如果要克敌制胜，那么可以在不受干扰、不被戒惧的条件下，暗中积极准备，以奇制胜，以有备对无备；如果意图在于获得外界的赏识，愚钝的外表可以降低外界对自己的期待，而实际的表现却又超出外界对自己的期待，这样的智慧表现就能出其不意，引人重视。

这种策略表面上有损于自己的名誉、信誉，而实际上则是在平凡中表现不平凡，在消极中表现积极，在无备中表现有备，在静中观察动，在暗中分析明，因此它比积极、比有备、比动、比明更具优势，更能管好人、理好事。

懂得不计毁誉来谋大事，不仅是中国古代管理者所崇尚的一种管理智慧，在现代管理中，许多出色的管理者也深谙其道。其中，把这一智慧发挥得最出色的莫过于阿里巴巴公司的总裁马云。

阿里巴巴公司成立初期，迫切需要一笔外来投资以提升市场竞争力。一天，正在北京为筹资一事奔忙的马云突然接到一个神秘信息：“有人想和你秘密见面，这个人对你一定有用。”马云觉得莫名其妙，但还是准时赴了约。这次会谈是一次规模比较大的项目评资会，而那个对马云有用的人就是日本软银集团董事长孙正义。

马云见状，觉得这是一个筹资的好机会，可是如何才能让孙正义在 20 分钟内愿意掏出这笔钱呢？马云凝神思考起来。

一段时间后，轮到马云上台，马云只说了 6 分钟就引起了孙正义的重视，被孙正义打住了。孙正义当即表示了他略显强烈的投资意向，他问：“请问你的企业需要多少钱的投资?”

这句话正中马云的下怀。如果换了一般的企业家恐怕早就已经乐得据实回答了，但是马云的回答却出乎所有人的意料。“我并不缺钱。”马云平静地回答道。

“不缺钱，你来找我干什么?”孙正义疑惑地问。

“又不是我要找你，是人家叫我来见你的。”马云鼓足勇气说道。

可是就是这样桀骜不驯的回答却深深地吸引了孙正义。加之孙正义已经看过了阿里巴巴的评估报告，立即表示要给阿里巴巴投资 3500 万美元。

马云心中一阵激动，但他故作平静地说：“我不要那么多，我只要 2000 万美元。”

孙正义很少看到这种给钱还不要的企业家，因为谁都知道有更多的钱才能办更大的事，所以他立即提出了他的疑问。

马云说：“2000 万美元我能管，过多的钱就失去了价值，对企业是不利的。”

马云就是用了这种看似愚笨的方式战胜了其他的竞争者，赢得了孙正义的投资。事后，有人就此事对马云作了如下总结：智高于人，大愚胜大智。

在现实生活中，有许多的管理者自认聪明，总觉得自己比他人做得精明，结果聪明反被聪明误，到头来只有失败。这时，我们不妨学学赵匡胤，不妨学学马云。在非常时期，面对非常的人，使用一些非常的手段，做到大智若愚，凭愚胜智。

第十一篇

《三十六计》：

阴阳变化，博弈最佳策略

经典简评

- **书名**：《三十六计》
- **作者简介**：不可考
- **成书时间**：不可考
- **内容简介**：古书有云："用兵如孙子，策谋三十六"。《三十六计》根据中国古代的军事思想和战争经验总结而成，集历代兵家"韬略"、"诡道"之大成，并素有兵法和谋略奇书之称。书中三十六计可分为胜战计、敌战计、攻战计、混战计、并战计、败战计六套。其中所有的谋略都是为了利益而争，所以三十六计就是利益的中国式博弈策略。
- **传世价值**：《三十六计》虽然是纯粹的用兵之道，但其智慧却广为老百姓所熟识，因用兵之道同时也是处世之道，因此，在兵戈已息的今天，《三十六计》的谋略智慧依然被大家用于商场、职场上，以让自己的事业大放异彩。

第三十四章
陷对方于困境之中

趁火打劫：就势取利，乱中取胜

【智谋原典】

敌之害大，就势取利，刚决柔也。

——《三十六计》

【译文】

敌人遭遇到困难，处境危险的时候，我们就要抓住机会，乘敌之危，就势取胜。

当敌人遇到危机和困难时，不论是天灾人祸，还是内忧外患，这都是可以利用的绝好时机。乘人之危，迅速出击，便可以稳操胜券，坐收渔利。

孙子曾说过：乱而取之。趁火打劫的精要就在于一个“乱”字。善于利用对方的“乱”，甚至在不乱时给他煽风点火制造混乱，然后趁乱下手，于乱中取胜。

无盐氏是汉代著名的高利贷商人，他曾靠趁火打劫的手段赚了一大笔横财。

吴楚七国之乱时，长安城中的列侯纷纷请求带兵出征，以向皇帝表明自己的忠诚。然而，长安城中一时难以备齐足够的军用物资，列侯们只好向高利贷商人去借钱购买。

可是，高利贷商人们怕叛乱地区失守，而列侯的领地都在那里，这样借出去的钱就收不回来了。于是，商人们都推说没有现钱。

无盐氏分析了战争形势。他认为长期的秦末战乱，百姓都渴望安定的生活，叛乱不得人心，一定会被平定，自己应该抓住机会捞一把。

于是，他表面上装作很为难的样子，表示自己对平叛的前景无法预料，怕借贷的风险太大，承受不起。除非肯出十倍于本金的利息，他才能勉强同意。

尽管人们明知道无盐氏是在敲竹杠，可是确实需要资金。无奈之下，只好忍痛被他宰割。就这样，无盐氏一共贷出一千万钱。等到平叛后，列侯们所偿还的本金和利息，令他一举成为长安城首富。

无盐氏洞若观火，利用叛乱的不稳定局势，抓住了列侯们急需资金的关键命脉，大大地敲了一次竹杠，使自己发了大财。所以说，往往越是别人混乱的时候，就越会露出弱点和漏洞，给人以可乘之机。

在如今的商战中，乘别人之危，顺势取利的计策也运用得十分广泛。某个企业濒临破产之际，其他财团就会蜂拥而至，戴着挽救这个企业的“大善人”的面具，将其吞并或者收购其人才、设备等可用资源，最终将这个奄奄一息的猎物彻底摧垮。

在谈判中，谈判双方都希望尽可能多地了解对方，拿住对方的把柄或者抓住决定对方命运的关键之处。所以在与对方谈条件时，首先就要掌握对方的现状和窘境，知道对方已经无路可退。于是便可趁火打劫，逼迫对方答应自己的条件，借着帮助对方而获取更多有利于自己的便利和财富。

这是一种强者打击弱者的策略，专找对手陷入困境时下手，使强者更强，弱者更弱。面对竞争，我们不可以因为心慈手软就选择退出，该争的时候就要争取，一个只知道退让的人永远没有出头之日；面对不值得同情的对象，我们不能做绵软无力的“老好人”，而应该出手时就出手，决不能因姑息迁就而给自己、给世人留下祸患。

不论是在战争、外交还是经济竞争中，懂得发现乱势，利用乱势所带来的奇迹，其实是考验决策者的智慧和胆识。精明的人不会在纷乱中束手无策或隔岸观火，而是会充分利用一切机会，使自己获得最多的利益。

上屋抽梯：断其后援，逼其选择

【智谋原典】

假之以便，唆之使前，断其援应，陷之死地。

——《三十六计》

【译文】

故意给敌人一些便利，以引诱他们进入我方设下的陷阱之中，我方则乘机切断他的后援，最终陷他于死地。

军事谋略中有许多诱敌之计，其中“上屋抽梯”就是非常高明的一招。

想要用小利诱骗敌人，并不是那么容易的，必须事先给他搭一个梯子，引诱他一步步登高，爬上屋顶。这时，你再猛然把梯子撤走，把敌人逼上绝路，才能使其

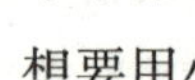

束手就擒。这一招的关键之处，就在于如何安放梯子，诱使敌人上当。这里面大有学问。

对不同的人要采取不同的策略，给予不同的诱饵，大开方便之门，让他消除疑惑，顺利进入设置好的圈套。

后汉末年，刘表偏爱少子刘琮，不喜欢长子刘琦。刘琦的后母非常嫉恨，总想除掉他。

刘琦对自己的处境也早有察觉，他多次向诸葛亮请教，但诸葛亮一直都不肯为他出主意。

有一天，刘琦请诸葛亮到一座高楼上饮酒，等二人就座后，刘琦暗中派人拆走了楼梯，并对诸葛亮说："今天这样的情形，上面够不着天，下面落不了地，您所说的话只有我一个人能听到。这样先生可以为我指点迷津了吧！"

诸葛亮见事已至此，也没有其他的办法了，便给刘琦讲了晋献公的妃子骊姬，谋害晋献公的儿子申生和重耳的故事。重耳逃往他国避难逃生，而申生被骊姬陷害，自刎而亡。

最后，诸葛亮总结说："申生在内而亡，重耳在外而安"。

刘琦马上明白了诸葛亮的话。于是，他立即上书，请求前往江夏任职，像重耳一样，避开后母，以免遭到迫害。

刘琦引诸葛亮"上屋"，是为了求他指点，"抽梯"是断其后路，同时也是为了打消诸葛亮的顾虑。刘琦以"上屋抽梯"之计换来了诸葛亮的意见，这大概是以智谋闻名的诸葛亮万万没有想到的。

这一计策的制胜点就在于先甜后苦，先顺后逆。诱使对手上当，断绝一切后退的可能和希望，使他陷入孤军奋战、孤立无援的境地，不得不被我们控制利用。

在现代生活中，高明的人也经常用到此计。假装给对手提供一些利益，诱骗其上钩；或故意造成一些漏洞，让对手以为有可乘之机，逐步使他深入我方。然后再突然摊牌，逼其就范。此时对方已然陷入绝境，失去了任何后援和接应，只得听任我们的摆布。

一位小伙子走进一家宾馆想解决内急。突然一个打扮得花枝招展的女郎跟着进了卫生间，并迅速把门关上，柔声说道："把你的钱和手表给我，不然我就喊你非礼。"卫生间里没有第三者，真相难以说清，不给钱女郎就喊非礼，弄不好会使自己声名狼藉。小伙子急中生智，用手指指自己张大的嘴巴，又指指自己的耳朵，然后"呜呜啊啊"地叫起来。

女郎见事情不顺利，便想转身溜走。此时小伙子掏出钢笔递给她，将自己的手掌伸出来，示意女郎把刚才的话写在他的手掌上。

女郎以为真的遇到了聋哑人，失去了警惕。她还想继续敲诈，便拿起笔在小伙子的手上写道："把钱和手表给我，不然就喊你非礼！"

小伙子取得了女郎的罪证，便一把抓住她，大喊："抓抢劫犯！"

在与对手交锋前，要了解他的弱点，并有针对性地选择一架"梯子"给他放好。再以最合适的利益引诱他一步一步走到屋顶。等到对方被种种假象所蒙蔽，走到陷阱中之后，我们便可以迅速抽走梯子，断其后路，关门捉贼，完全控制对方。

连环计：多计相连，使敌自乱

【智谋原典】

将多兵众，不可以敌，使其自累，以杀其势。在师中吉，承天宠也。

——《三十六计》

【译文】

如果敌人兵多将广，那就不要和敌人硬碰硬，而是应该设法让敌人自己牵制自己，以此来削弱其优势。将领如果能做到这一点，那就像《周易》中"师"卦所显示的那样，能够在逆境中克敌制胜，犹如获得了上天的帮助一样。

说到连环计，最为人们所熟知的案例莫过于《三国演义》中的"王司徒巧使连环计"和"庞统巧授连环计"了。连环计有三个特点：敌众我寡、多计相连、使敌自乱。具体来说，使用连环计的前提，一般是在对方实力远远大于我方，我方无法与之抗衡；使用连环计的方式，是用多个步骤形成一个计谋的连锁，让对方防不胜防；使用连环计的结果，并不是要直接打击对方，而是要让对方自我牵制，自我削弱，失去优势。

在现实生活中，很多骗子就是采用连环计的思维让人们步步陷入骗局之中。但是，连环计本身并非骗术，而是一种巧妙博弈的策略。

在一家珠宝店里，有一颗价值十万元的宝石。一天，有个男子来到店里，要买下这颗宝石，而且丝毫没有要还价的意思。店老板看他出手这么大方，想这一定是个大富豪，不如做个人情，给他便宜一些，好让他以后多来光顾。于是，店老板一咬牙，以九万五千元的价格把宝石卖给了男子。

男子买了宝石之后并不离去，而是问店老板还有没有另一颗一样的宝石，为了把宝石凑成一对儿，他愿意出到十一万元。店老板一听这话，既兴奋又惋惜：好不容易遇到这样豪爽的客人，可是他的店里只有一颗这样的宝石。男子听说店里没有这种宝石了，只能遗憾地离开，走之前留下电话号码，请店老板一旦得到这样的宝石，立刻联系他。

第二天，有个妇人来到珠宝店，想出售一颗宝石。店老板一看，正是那个男人要的那种宝石。他对妇人说，这个宝石本来只值十万，但是给她算优惠一些，就给她十万五千元吧。妇人听了之后，十分感激，拿了钱之后马上离开了。

店老板满以为这样一来，自己不仅可以又卖出一颗高价宝石，而且还从中赚得了五千元的差价。他感到颇为得意，拿起电话想联系那个男子，但是却发现这是个空号。

很多人一定已经猜到这个故事的真相：珠宝店老板陷入了骗子的连环计，被骗走了一万元，男子买走的和妇人卖给店老板的其实是同一颗宝石。这个骗局的巧妙之处就在于它是由两个步骤构成的，单从其中任何一个环节都很难看破骗局。

从博弈的角度来看，连环计的关键在于巧妙地利用对方的心理，使对方错误地运用力量，从而陷入困境。这种博弈的策略早在春秋时代就得到了运用。

有一次，齐国出兵攻打孔子的祖国——鲁国。鲁国无法抵抗强大的齐国，孔子与学生们商量，希望拯救祖国。子贡自告奋勇，说有计谋可救鲁国。

子贡先来到齐国，对齐国大臣田常说："如今齐国之中，国书、高无平等人与您政见不和。现在他们带兵去打鲁国，鲁国弱小，一定会被打下来，这样一来，他们的功劳一定会超过您，到那时，您想与他们对抗就难了。不如让他们攻打吴国，吴国难打，他们必然遭遇失败。他们的失败，对您来说不是很有利吗？"田常一听，觉得很有道理，但是也不能无缘无故让军队从进攻鲁国转而进攻吴国。子贡建议田常先让齐军暂时屯兵于汶水，他再去说服吴国来攻，齐国就可以名正言顺地讨伐吴国了。田常采纳了子贡的建议。

之后，子贡又赶到吴国，告诉吴王，齐国屯兵于汶水，貌似要攻打鲁国，可实际上分明是有侵犯吴国的野心。如果不先发制人，击败齐军，鲁国一旦被灭，下一个就轮到与鲁国结盟的吴国了。吴王也被子贡说服，愿亲自率军迎击齐军。

后来，子贡又先后赶到越国和晋国，说服他们加入这场战争。最后，不仅鲁国得以保全，而且四国之间矛盾激化，暂时都无暇顾及鲁国，鲁国也得到了短暂的和平。

可见，连环计虽然属于三十六计中的"败战计"，却充分体现出多方博弈的巧妙思想，让强大的对手被自身的强大所牵制和束缚，通过让对方自乱自累，失去优势，从而以弱胜强，以小博大，获得最终的胜利。

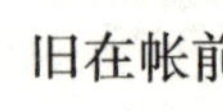

第三十五章
巧借外部力量谋取胜算

树上开花：借局布势，力小势大

【智谋原典】

借局布势，力小势大。鸿渐于陆，其羽可用为仪也。

——《三十六计》

【译文】

兵力弱小的一方可借助某种因素和手段，布成有利于自己的阵势，让自己显得壮大，就像鸿雁因其羽毛丰满的翅膀而更显壮观一样。

在军事行动中，当自己兵力弱小，不足以与强大的敌人对抗时，可以借助援军、友军的势力或者制造某种假象，给自己壮大声势，让对手真假难辨，在眼花缭乱之际，我们就可以趁机采取有力行动，变弱为强，以少胜多。

有一次，南宋名将毕在遇，率军与金兵久战。后来金兵援军到来，双方兵力悬殊，所以毕在遇打算撤军。

然而金兵时刻都在监视宋军大营，公然撤退，金兵必然会全力追击。于是毕在遇想出了一条妙计。

他命令士兵们各自带上三天的口粮，营帐、军旗一律不动。又命人找来几只羊，将它们后腿吊起来，放在更鼓上。

夜深之后，毕在遇下令全军撤退，不准点火，不准发出声响，趁着夜色悄悄撤走。

金兵将领料定宋军兵力不足，定会撤退，便命军士紧盯宋军大营，一旦发现有撤军迹象，立即报告，全军追杀。

入夜后，哨兵们眼睛都不敢眨一下，看到宋军像平时一样，灭灯入睡，军旗依旧在帐前飘扬，还不时地听到打更的声音。

其实，这是因为被吊起的羊感到疼痛，便四蹄乱蹬，拼命挣扎，踢得更鼓“咚咚”直响。羊累了，歇一会儿再挣扎，便又发出“咚咚”声。在远处的金兵听了，就像有人在打更一样。

就这样，第二天天亮了，宋军大营一点动静也没有。金兵将领发觉情况异常，赶紧派出士兵刺探情况，才发现对面早已是一座空营。

以智谋闻名的毕在遇果然名不虚传，居然能用羊腿踢鼓的计策骗过金军哨兵的眼睛，在敌人严密监视下率领大军逃走。不得不说，这一招“树上开花”之计确实有效。蒙骗了敌人，为自己赢得了一线生机。

这一计策的关键就在于告诉处于弱势地位的人，不要以蛮力进攻，而要以智取胜，要充分利用和借助强者的力量。通过“搭便车”，用别人的势力为自己谋求利益。

这不仅是兵家谋略，战场上的制胜法宝，就是在当今的商业竞争中，恰当地运用此计，也一样会收到奇效。有一些小企业，力量较弱小，产品还不具有较高的知名度。他们往往不会投入大量广告宣传资金，而是借助实力雄厚企业的资源和气势为自己所用，以最少的付出获得最大的回报。

嘉华公司研制出一种可以有效改善皮肤状况的护肤霜。可是当时护肤品市场几乎都被财大气粗的乐富公司占据着。要想让自己的新产品被人们接受，并不是件容易的事。

经过苦思冥想，嘉华公司的总裁终于想出了一个办法。

他推销新产品时，总是这样对客户说：“乐富公司是化妆品行业的领跑者，您选购它的产品真是选对了。不过，当您用过乐富公司的产品后，要是再涂一层嘉华公司生产的护肤霜，您将会收到神奇的效果。”

起初，大家都很不理解总裁的做法，从来没有人主动为自己的同行和最大的竞争对手做宣传。

但实际上，这一招确实非常有效。因为乐富公司的产品价格不菲，能买得起它的人，都不会在乎多花几个小钱，试一试“神奇的效果”是什么样的。

渐渐地，顾客发现嘉华的产品使用效果非常好，而且价格也不贵。于是，许多女性的常用护肤品都换成了嘉华公司的产品。

嘉华公司知名度迅速提升，发展也越来越快，最终取代了乐富公司的主导地位。

总裁所采用的正是“树上开花”之计。他并未套用一般的营销策略，而是反其道而行之，替自己的竞争对手做宣传。而事实上则是借着对手的声势为自己的产品开路。最后成功打入市场，由弱变强，打败了原本财力雄厚的乐富公司。

树上开花这一智谋，就是告诉人们怎样才能搭上顺风车，借别人的局面布成于

己有利的阵势，借他人的力量震慑敌人。

许多精明的企业管理者都懂得这一招，尽可能地借助各种可以利用的因素，为自己大造声势，提高企业知名度，吸引消费者，达到占领市场主导优势地位的目的。学会这种方法，可以让自己少冒一些风险，少牺牲一些利益，迅速地发展壮大，获得更多的效益。

借刀杀人：不必亲行，坐享其利

【智谋原典】

敌已明，友未定，引友杀敌，不自出力。

——《三十六计》

【译文】

对敌人的情况已经明了，但盟友的态度尚不明朗时，就引诱盟友去打击敌人，以避免消耗自己的力量。

“借刀杀人”是非常聪明的一计。借他人之力、他人之口、他人之刀，为自己的发展扫清障碍。这是为了尽可能地保存自己实力而使用的招数。当明了敌人动向之后，借助第三方的力量攻击敌人，自己则可以在暗中操控，既实现预期目标，又不会损失自己的精力和利益，真是绝妙。

在中外军事史上，假借他人之手，达到自己企图的成功战例比比皆是。王允借吕布之手杀了董卓，范文程利用崇祯皇帝的疑心除掉了袁崇焕，曹操借黄祖的刀杀掉了祢衡……都是自己躲在一边暗暗指挥，而让别人扮黑脸，消耗别人的力量，又不会弄脏自己的手，可谓精明绝顶，两全其美。

诸葛亮出师南征时，雍闿、高定派兵偷袭蜀军大营，却被杀得大败，许多士兵都被蜀军生擒活捉。

诸葛亮将雍闿和高定的士兵分别囚禁，然后让人暗中散布谣言，说高定的人免死，雍闿的人一个不留，全部杀掉。

然后命人将雍闿的兵士带到帐前询问。那些兵士都怕杀头，便称自己是高定的人。于是诸葛亮假装相信他们所说，赏给他们酒食，还命人送他们回去。

这些俘虏回到雍闿营中，都说高定背叛了他，投降了敌军。而诸葛亮又骗真正的高定的士兵说：“雍闿已经准备投降了，并要献上高定、朱褒的首级。”

随后，诸葛亮又故意把高定的密探误认为是雍闿的人，让他转交一封信给雍闿。

信中说，让雍闿及早下手，杀掉高定。

密探把信交给高定，高定看后大怒，率兵连夜突袭雍闿大营，取下雍闿首级后献给诸葛亮。

而诸葛亮却说高定是诈降，还说朱褒已经派人送信，说高定与雍闿是生死之交，不会杀掉他，投降蜀军的。

高定听后怒火中烧，立刻回去带人攻击朱褒军营，将朱褒首级献给诸葛亮，并率领全军投降了蜀军。

诸葛亮一连串的连骗带吓，挑拨离间，故意在敌人中制造矛盾，埋下猜疑的种子，诱使敌人内部自相残杀，而对蜀军真心投诚。不费吹灰之力就实现了目标，除掉了心头之患。

借刀杀人，并不一定指的就是真正的刀，真的要夺人性命。在现实生活中，“刀”的涵义有很多。人才、制度、形势，等等，只要是一切可以借助的外部条件，都可以成为一把锋利的刀。借得巧妙，用得恰当，就可以获得奇效。

在商业竞争中，这一谋略运用得也很广泛。既不需要自己亲自上阵，又不会消耗自己实力，更不会招致骂声和罪名，因此广受青睐，频频出现在各种商战实例中。

有一家医院准备购买一台高档超声医疗设备，根据规定，购买这样的设备需要进行招标。

医院超声科的医务人员看中了一家公司提供的产品。但是按照常规，标书将由医院设备科撰写。

在洽谈时，这家公司的业务员小张发现，医院设备科长对自己公司的产品并不看好，他看中的是另一家公司的设备。如果按正常程序，标书的内容将不利于自己公司中标。

在一次偶然的聚会中，小张得知设备科长有一位亲戚在对手公司工作。于是，他把这个情况传达给了医院的领导。最终，医院领导为了让设备科长避嫌，再加上这台设备是为超声科买的，所以决定让超声科负责撰写标书。

最后的结果，自然是超声科买到了自己中意的设备，小张也成功将自己公司的产品销售了出去。

业务员小张借用医院领导之“刀”，解除了设备科长在撰写标书上的权力，使得这个关键人物也是最大障碍失去了作用，为推销自己公司的设备铺平了道路。而小张自始至终都没有出现，完全借他人之手为自己做事，可谓手段高明，不留痕迹地达到目的。

当然，此虽为好计，但不可用于害人之事，否则借来的“刀”成为“杀人利器”的同时，也会在某一日割伤自己的身体。

借尸还魂：用别人的资源办自己的事

【智谋原典】

有用者，不可借；不能用者，求借。借不能用者而用之，匪我求童蒙，童蒙求我。

——《三十六计》

【译文】

有作为的，不求于人，难以为我所用；无所作为的，才求助于别人，因此可以为我所用。合理利用没有用的，就能达到我不受别人支配，而支配别人的目的。

一个人的生命和能力有限，古往今来的成功者，大多数是懂得借助他力的高手。

借尸还魂这一计谋，是指已经衰落或死亡的事物借另一种形式重新出现。也就是说，当处于被动局面时，也要善于利用一切条件，哪怕是大家都摒弃忽视的东西，只要慧眼独具，为我所用，也能够扭转局势，争取主动，实现既定的目标。

在古代，农民起义总要想出一个堂而皇之的借口，以证明自己的武装行动确实是义举。他们往往会找到一个亡国之君的后裔，打着光复前朝的旗号，赋予自己合理正当的历史使命。这就是借尸还魂的典型应用。

秦朝实行暴政，天下百姓都有反秦的愿望，但是如果没有强有力的领导者和组织者，也难成大事。

秦二世元年（公元前209年），陈胜、吴广被征发到渔阳戍边。路上连降大雨，眼看无法按时到达渔阳。秦朝法律规定，凡是不能按时到达指定地点的戍卒，一律处斩。陈胜、吴广知道，即使到达渔阳，也会误期被杀，不如一拼，寻求一条活路。

但是二人地位低下，恐怕没有号召力。当时有两人深受百姓尊敬，一个是秦始皇的长子扶苏，温良贤明，已被秦二世暗中杀害，另一个是楚将项燕，功勋卓著，爱护将士，威望极高，在秦灭六国后不知去向。于是陈胜公开打出他们的旗号。不仅如此，他们还利用当时人们的迷信心理，巧妙地作了其他安排。有一天，士兵做饭时，在鱼腹中发现一块丝帛，上写“陈胜王”，士兵大惊，暗中传开。吴广又趁夜深人静之时，在旷野荒庙中学狐狸叫，士兵们还隐隐约约地听到空中有“大楚兴，陈胜王”的口号。他们以为陈胜不是一般的人，肯定是“天意”让他来领导大家的。陈胜、吴广见时机已到，率领戍卒杀死朝廷派来的将尉。陈胜登高一呼，揭竿而起。

借尸，目的自然是为了还魂，所以这“尸”也就一定要选得好，选得巧妙，要真的起到起死回生的作用。

在现实生活中，有许多看似很有用的东西，实际上并不能带来多少价值；而一些看上去死气沉沉的、过时的、无用的东西，我们反而可以借助他们的力量来达成目的。要懂得在困境中保持清醒的头脑，找到最合适的借力，抓住一切机会壮大自己，争取主动，化不利为有利，直到最后反败为胜。

电话号码本来是没有生命的东西，但是只要将它巧妙运用，就仿佛赋予它生命一样。三菱电梯公司就曾在上海《文汇报》上做过一幅这样的广告：三菱公司的电话号码最好记，已经改为“303030”。

这个广告的确高明，电话号码和三菱公司的名字发音相同。只要记住其中一个，就会随之记住另一个。并且既简单又好记，还给人很新奇的感觉。

借是一门艺术，借鸡可以生蛋，借风才好腾云，借梯更易登天……懂得向他人借，才能使自己用最省力的方式取得成功。

在自然界中，借助外在力量获取利益的例子比比皆是。在丛林中，很多藤萝植物是靠依附在参天大树上得以享受阳光的；海鸥喜欢尾随军舰，因为后者的排水可以使海里的小生物浮上水面，成为它们的食物；鲨鱼的身边总是游弋着几条灵巧的小鱼，它们靠拣拾鲨鱼猎食的残余为生……在看不见刀光剑影、硝烟烽火的“心战”中，谁善于借力使力，谁就能纵横捭阖，平步青云。

借尸还魂的精髓所在，就在于告诉人们要不走寻常路，独辟捷径。例如，当对手纷纷抛弃老模式、旧思维和老技术，大力创新时，我们不妨反其道而行，重新揣摩旧的思维、模式和技术，通过另辟捷径，以反常方式来取得成功。

这种竞争手法最关键的是不按常理出牌，当对手都已经抛弃时，只有你在使用。当对手们蜂拥向独木桥时，你却乘着小舟；当对手们彼此你追我赶，向所谓的最新潮流追逐的时候，你却反方向而行……你的“唯一”往往是你战胜敌手的“利器”，因为你抓住了不同的机会。

假道伐虢：借机植入己方势力，暗中控制对方

【智谋原典】

两大之间，敌胁以从，我假以势。

——《三十六计》

【译文】

处在敌我两个大国之中的小国，敌方若胁迫小国屈从于他时，我则要借机去援救，

造成一种有利的军事态势。

假道，是借路的意思；伐，是攻占的意思；虢，是春秋时的一个小国。用在兵法上，意义在于先利用一方做跳板，去消灭另一方，然后回过头来连前者一起消灭，或者是以一个借口为名，但另有所图。

这一计谋的原意是指处在夹缝中的小国，处境比较微妙。有的大国想用武力威逼他，就会采用给予其利益的方式来诱骗它，在小国心存侥幸的时候，就把自己的力量渗透进去，控制它的局势，最终轻而易举地将它消灭。

此计的关键就在于“假道”。善于寻找“假道”的借口，善于隐藏真正的意图，突发奇兵，就可以从容取胜。

春秋时期，晋国想吞并附近的两个小国：虞和虢。但这两个国家之间关系很亲密。一方有难，另一方就会出兵相助。于是晋献公拿出两件国宝珍品，慷慨地送给虞公。虞公得到珍宝，高兴得不得了。

晋国故意在晋、虢边境制造事端，找借口伐虢。晋国要虞国借道，虞公得了晋国的好处，只得答应。虞国大臣宫子奇再三劝说虞公，虞、虢两国，唇齿相依，虢国一亡，唇亡齿寒，虞国也就危险了。虞公却不肯听。

晋大军通过虞国道路，攻打虢国，很快就取得了胜利。回国时，把掠夺的财物分了许多送给虞公。虞公更是大喜过望。晋军大将里克，借口生病无法回国，便把部队驻扎在虞国京城附近。虞公丝毫没有疑心。几天之后，晋献公约虞公出城打猎。不久，京城起火。虞公匆忙赶到城外，但京城已被晋军里应外合占领了。就这样，晋国轻松地灭掉了虞国。

所以说，如果条件不具备，可以通过借助一定的机会，以能够吸引对方的利益为诱饵，趁机把自己的势力暗中植入，慢慢地控制对方。

有一家制药公司，为了将制造假药的小厂一网打尽，想出了一个办法。他们举办了一次抽奖活动，设立了非常诱人的奖项。参加的条件很简单，只要购买一盒这家公司生产的药，在空盒上写好购买者姓名、地址，以及在哪家药店买的药，再寄回公司，就可以参加抽奖。

当购买者将药盒寄来后，这家制药公司便请来专家鉴定药盒的真伪。这样，不但能够掌握消费者和消费市场的基本情况，更重要的就是通过此举，他们很容易就查出了那些制造、出售假药的工厂，并请公安机关前来进一步查办。

这家制药公司正式采取了“假道伐虢”之计，从造假工厂生存所依赖的销售渠道下手，一举查明并捣毁了他们。

在现代商业活动中经常可以看到经营者灵活运用这一计策。无法直接达到目的时，通过“借道”，即“假道”来蒙蔽对手，让其误解自己的用意，放松警惕，从而达到自己真实的目的。

在遇到不利于自己的境地时，争取一切有利于自己的条件机会，或者找出一个合情合理的借口，取得有关方面的支持和信任，从而深入其内部，就能获得长久发展，实现自己最终的目的。

第三十六章
玩的就是信息不对称

暗渡陈仓：转移对方注意力，暗中取胜

【智谋原典】

示之以动，利其静而有主，益动而巽。

——《三十六计》

【译文】

故意向敌人暴露我方的佯攻动向，从而在其固守之际，我方即乘虚而入，以达到出奇制胜的目的。

越是看似平静宽阔的水面，深处越是暗流汹涌。这种自然现象运用到战术上，便是“明修栈道，暗渡陈仓”的奇谋。

这一计策是汉代大将军韩信创造的，他运用此计轻而易举地克敌制胜，占领关中，成为战争史上著名的战例。

战争中常常采取这样的诡诈谋略，明明有实力作战，却装作不战；明明要攻击侧翼，却假装正面进攻。玩的就是云山雾罩，故弄玄虚，虚虚实实间，蒙蔽对手，乘虚而入，达到出奇制胜的目的。

北宋时，雄州知州李允打算修筑城池，防御契丹军队的突袭。可是当时北宋已经和契丹签订了和约，如果大肆修筑工事，契丹会借口此事发动进攻。

于是，李允想了一个迷惑契丹人的办法。

他命人购置了许多祭祀器具，让吹鼓手们在旁边吹吹打打，以引起当地百姓和契丹军队的注意，以为他们真的在搞什么祭祀活动。

不久后，他令人将这些贵重的器具全部偷偷运走，再放出风去，说这些东西都是被盗贼偷走了，便在城中煞有介事地捉拿盗贼，闹得满城风雨。

李允说现在盗贼猖狂，百姓的生命财产安全得不到保护，必须要修建一座坚固

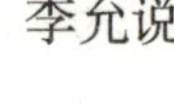

的大城来保卫百姓。于是，宋军堂而皇之地修筑了一座大城。

祭祀河神的时节到了，李允在两国边界河中举行划船比赛，并请契丹人前来观看，实际上，这是宋军在练习水战。

雄州北面有许多以前作战用的土坑土堡。李允说：“宋朝和契丹已经讲和，不需要这些东西了。”于是便命人填平土坑，铲除土堡，并在上面开垦菜地，周围种上大片荆棘，实际上比原来更难通过了。

李允又以礼佛为由，修建一座很高的佛塔，方圆几十里的情况尽收眼底。他又命人在边界种上榆树，使得这一带树木林立，障碍重重。

就这样，李允逐渐在契丹人眼皮底下，修筑了坚固的城防工事。

为了筑城设防，抵御契丹的偷袭，李允真是煞费苦心。他故意安排了种种假象，表面上是为老百姓营造一座安居乐业的家园，却成功地在这厚厚一层迷雾的掩盖下，设防练兵，应对契丹的突袭。

在军事上，作战时以正面军队攻击敌人为掩护，然后通过出其不意的奇兵最终战胜敌人。明着一套方案，暗着一套计划，用明处的行动遮蔽暗处的真实意图，达到以正蔽奇的取胜效果。

商业竞争中的虚实明暗之道，其实和战争中的情况类似。各家企业都对保密措施非常重视，并且还想方设法隐藏自己的计划，探知别人的意图，以便在暗中制定应对策略，在对手还未反应过来时，迅速出手，展开攻势，夺取胜利。

有一年，某公司总裁决定降低某一类型汽车的价格，还打算扩大再生产。

此举遭到公司一些股东的反对，他们说公司侵犯了股东的利益，并要求分红，还将该公司告上法庭。法院判决该公司应该向股东们分发红利，让他拿出巨额利润给股东发放。

总裁对判决不满意，他认为，这些股东只是在公司创立之初投资一些，以后就再也没有为公司发展出过力，凭什么一次次地指手画脚，还要分红。于是，总裁想了一个赶走股东的主意。

不久，总裁宣布辞去职务，媒体也传出消息说，总裁将成立一家新的公司，并由其家族完全控股。

该公司的股东们听到消息后都很着急，如果新公司成立，该公司一定无法与之抗衡。为了不使自己的利益受损，股东们纷纷将自己的股票出手，卖给一位愿意收购这些股票的人。

其实，那位收购公司股票的中间人，就是总裁自己安排的。他假装辞去公司总裁，成立新公司，就是为了迷惑股东们，真实意图不过是想收回全部股份，为公司进一步扩大生产除去障碍。

暗渡陈仓的前提是明修栈道。总裁散布假消息，这就是明修栈道；他暗中派人买下股东手中的股票，解除了他们对公司发展的无理干涉，这是暗渡陈仓，也就是总裁所要达到的真实目的。

使用这一招，就是为了迷惑对手，转移他的注意力，而使自己更加方便地在假象的掩盖下，采取真正的行动。关键的一点，就是要注意把用来干扰对手的公开行动，做得非常逼真。这样才能不被对手怀疑，才能不让自己的真正企图暴露出来。否则一旦引起对手的警觉，将会功亏一篑，得不到圆满的结局。

空城计：迷惑对手，险中求成

【智谋原典】

虚者虚之，疑中生疑；刚柔之际，奇而复奇。

——《三十六计》

【译文】

空虚的就让它更加空虚，使对手在疑惑中更加疑惑。采取刚柔并济的手段，达到奇而又奇的效果。

诸葛亮的一招“空城计”天下闻名。这是一种极难掌握的心理战术，必须对敌人的心情、状态，甚至主将的脾气、性格都了然于胸才行。但是只要用得恰当、用得合适，就会产生绝佳的效果，可以让自己化险为夷，挽救危局。

西汉时，李广任上郡太守，抵御匈奴的进犯。

有一天，一个宦官外出，被三个匈奴兵袭击，受伤逃回。李广闻知后非常生气，亲帅百名骑兵前去追击。

追了很远的路程，终于发现了那三名骑兵，其中两名当场被杀，另一名被活捉。正当李广准备带兵回营时，忽然发现有几千名匈奴兵追过来，他们以为这百名汉朝骑兵只是先头部队，便不敢贸然前进。

李广冷静地稳住了自己的士兵，对他们说：“我们人少，离大营也远，如果现在逃跑，敌军肯定会追杀过来。”于是他下令让全体士兵下马休息。

匈奴骑兵看到李广的士兵悠闲地坐在草地上休息，战马在一旁饮水、吃草，非常奇怪，便派出一名军官前来探看情况。李广立即命人冲杀过去，杀死了这名军官。然后又回来，继续优哉游哉地休息。

匈奴兵见状，料定李广按兵不动，后面一定有大部队埋伏，怕遭到袭击，便慌忙逃跑了。

就这样，李广率领百名骑兵，安全地回到了大营。

飞将军李广果然不是徒有虚名，真正做到了有勇有谋。面对上千名匈奴骑兵的追击，却丝毫没有一点慌乱失措。故意向敌人暴露自己的兵力不足，反而让对方产生怀疑，犹豫着不敢出击，怕中埋伏。从而为自己的百名将士赢得了撤退的时机，平平安安返回营地。

在战争中或是商场竞争中，往往是危险与机遇并存。空城计的巧妙就在于“虚者虚之，疑中生疑”。同时这也说明了此计策的不确定性，因为这是基于准确把握对手心理、性格和背景等特征，通过故弄玄虚来迷惑对方，更多的主动权还在对方，由对方掌握。如果对方明察秋毫，也懂得此计，根本不上你的当；或者你的表演出现漏洞，都有可能导致失败，使自己承受更大的风险。

有一年，红茶丰收，一家茶叶进出口公司积压了大量红茶，一时难以销售出去。这时，由外商前来洽谈购买茶叶的事宜。这家公司在报出各种茶叶价格时，故意将红茶的价格报得很高。

外商看了报价，提出了对红茶价格的疑问。

公司业务员对他们说：“因为今年红茶收购得数量不多，而客户又增加了不少，所以价格自然会提高一些。”外商听了半信半疑。

后来，又有其他客户来询问价格时，公司都以同样的价格和理由回复他们。

外商担心如果情况真是那样，那么就得赶快签订合同。于是他们专门派人去向其他客户打听情况，结果自然和自己听到的一样。

这下外商终于相信了，立即和这家公司以原定报价签订了合同，唯恐迟了没有供货。

这家公司在红茶销售中处于不利地位，因为库存量大，很容易造成积压。如果外商故意压低价格，那么公司也只好忍痛以低价出手。但是这家公司采用了传播假信息的策略，让外商摸不清真假，只能信以为真。最后不但将积压的红茶销售一空，而且还是按照原定高价出售，大赚了一笔。

市场交易常常是迷雾笼罩，假作真时真亦假。经营者要懂得拨开云雾，探清虚实，然后采取相应措施。虚者虚之，变虚为实，因敌制胜。把自己从不利的境地中解救出来，化解危机。但同时也要记住，空城计悬而又悬，极具风险，必须要有十足的把握才能运用，而且不能重复使用，否则会落得功败垂成的下场。

苦肉计：以假乱真，自“伤”以求取信任

【智谋原典】

人不自害，受害必真；假真真假，间以得行。

——《三十六计》

【译文】

一般来说，人们都不会自己伤害自己，如果受到伤害，必然是真的。利用这种常理，我们就可以以假乱真，在真假虚实之间，离间计也就可以实行了。

“舍不得孩子套不着狼”。现实生活中，没有人愿意自己伤害自己。如果谁甘愿残害自己，损失自己的利益，那就很有可能是在采取苦肉计。

南宋时，金兵将领金兀术与岳飞在朱仙镇决战。

金兀术的义子陆文龙，本是宋朝节度使的儿子，但却不知道自己的身世。他英勇善战，是岳家军的劲敌。

一天，岳飞的部将王佐自己斩断右臂，向岳飞献上苦肉计。他决定亲自闯金营，策反陆文龙。岳飞大为惊讶，十分感动。

王佐连夜奔赴金营，对金兀术说：“小臣王佐，昨夜帐中议事时，小臣向岳飞进言‘金兵人数众多，作战勇猛，不如与他们议和。’岳飞听了大怒，命人斩断小臣右臂，并令我前来通报，说岳家军不久即来踏平金营。”

金兀术同情他，将他留在营中。王佐利用机会接近陆文龙，向他讲述了身世。陆文龙知道后痛心不已，决心为父母报仇，诛杀金兵。

一天夜里，金兀术运来一批大炮，打算夜里袭击宋军。陆文龙用箭传书，报信给岳家军，使岳飞提早准备，免受损失。

不久后，陆文龙便随王佐一同逃回宋军大营，立下了赫赫战功。

王佐和岳飞的这招苦肉计，和“周瑜打黄盖”一样，也是通过把自己的身体折磨致残，博得敌人的同情，获得接近敌人的机会，从而方便在暗中进行有利于己的行动。正是成功使用了苦肉计，骗过了金兀术，才顺利策反了陆文龙，在对金作战中占据了有利形势。

在战争中，作战双方都想得到对方降将的帮助，然而要想成功打入内部，让他们相信投降是真的，这就需要把苦肉计尽量演得逼真一些。否则很难取得对方的信任。一旦让对方识破了这个计谋，不仅白白伤害了自己，还达不到预期目的，可谓损失惨重。

在当今经济竞争中，企业为了提升产品知名度，或者引起消费者的注意和购买欲，有时也会采用“苦肉计”。将自己的产品折磨一番，为树立良好形象埋下伏笔，最后取得消费者的信任与青睐。

有一家制表公司在刚刚成立时，没有多少知名度，经营者为了尽快打开销路，便采取了独特的宣传招数。

公司发布了一则消息：某天某时，将有飞机向地面撒下手表，谁捡到归谁所有。

人们非常好奇，便在怀疑中等待那个时刻的到来。

果然，时候到了，一架飞机飞过上空，在高空中向下抛洒一批手表。人们纷纷争着去捡，发现这些手表居然毫无损伤，于是便拿回去用。

过了一段时间，捡到手表的人发现，这些从百米高空摔下来的手表居然一直走动正常，质量极其过硬。

于是，一传十，十传百，这个品牌很快传遍了千家万户，人们纷纷前去购买。最终，这家公司坐上了钟表业霸主的宝座。

这家公司通过“高空摔表”这一令人咋舌的表演，成功获得了消费者的信赖，取得了比一般广告宣传都要好的结果。对一个企业来说，在消费者心中占有一定地位是至关重要的，这家制表公司敢于使用苦肉计，也是因为对自己产品颇具信心，因而能够获得好口碑，让自己的公司声名大振。假如手表质量不过硬，一摔就坏，那就只会换来人们的哄然大笑。

为了博得顾客的信任，使其对自己的产品产生兴趣，经营者常常会采用破坏性的试验，打消顾客的疑惑和顾虑，从而为自己的产品打开销路，获得销售佳绩。当然，要用苦肉计，就必须充分准备，一招而成，必须要达到目的，否则就会得到截然相反的效果，最后落得一败涂地。

第十二篇

《韬晦术》：

潜伏于人生丛林

经典简评

● **书名：《韬晦术》**

● **作者简介**：杨慎（1488－1559年），字用修，号升庵，新都（四川新都）人，明代文学家。少年时即有文才。其禀性刚直，每事必直书。后因在“议大礼”事件中，违背明世宗意愿受廷杖，被贬戍云南永昌卫，居30年，死于当地。

● **成书时间**：明代

● **内容简介**：《韬晦术》是杨慎的血泪之作。杨慎年少得志，为官后不能有效驾驭自身的才能，年轻气盛、禀性刚直，险些惹下杀身之祸，后发愤研究韬晦之术，得以颐养天年。韬晦术作为所有谋学中最具实用功效的一门学问，小用则小成，大用则大成。

● **传世价值**：《韬晦术》既能让人在乱世存身，也能教人在治世精进，因此，其适用人群更广泛，上至国家元首，下至普通百姓，都能从中有所获益。所以可谓是谋略著作中最需现代人学习的存身大作之一。

第三十七章

处晦：适时安于“低位”，以存身蓄势

保身第一要诀，融入众人之中

【智谋原典】

夫藏木于林，人皆视而不见，何则？以其与众同也。藏人于群，而令其与众同，人亦将视而不见，其理一也。

——《韬晦术·隐晦》

【译文】

将一棵树放到一大片树林中，人们就会对其视而不见，原因何在呢？因为它与其他树木没有什么明显区别。而将一个人放在人群里，让他和周围人融合在一起，别人也将对他视而不见，道理是一样的。

在自然界，隐藏自己是动植物生存的基本技能，每个物种都有属于自己的天敌，如果不能很好地隐藏自己，就会将自己置于险境。像变色龙，它们常将自身的颜色变化地与周围的植物和环境融为一体，既可避开猎食者的侵袭，也可以使自己觅食更隐蔽。如果它们想与众不同，不按照生存规律安安分分地成长，时时刻刻都要表现自己的个性，那么随时都会有丧命的危险。

一个很大的葡萄园里，众葡萄都把自己的藤蔓爬到农夫特意为它们架设的架子上，唯有一株自作聪明的葡萄树想与众不同。这株葡萄藤觉得整天和大家挤在一起，不仅没有意思，而且无法展现自己的特殊才能。它发现，葡萄架附近有一棵大树，它想：我只要爬到那棵树上去，就可以自由自在地生活，再也不用与这些平庸的家伙挤在一起了；而且我还可以爬得比其他葡萄藤都高，让它们仰望我。于是，它离开了其他葡萄藤，悄悄地爬到了那棵大树上。

伙伴们看到它盘绕到那棵大树上，都好心地劝它说：“这棵大树已经老朽不堪了，说不定哪天就会倒下，你还是赶快回来和大家在一起吧！”

“谁要你们多管闲事，我自有办法生活下去，用不着你们瞎操心！”

葡萄藤非但不感谢伙伴们对它的关心，反而粗鲁地把大家数落了一顿。还自以为很出众，优于他人。它心里暗自盘算：只要自己拼命往上爬，就可以多吸收一些阳光，长得比伙伴们都粗壮；不仅夏天能多结些葡萄，还能活得比所有的葡萄都长久。

可惜它选中的那棵大树确实太老了，老得枝丫干枯，树根摇动，后来在一次暴风骤雨中轰然倒下，而攀附在老树身上的那棵自以为比别人都聪明的葡萄藤也被压死了。

这株想与众不同的葡萄藤，不屑与伙伴们相互扶持，共同生长，一味想突出自己，将自己攀附在一棵衰朽的老树上，结果成了老树的陪葬。

隐藏自己，将自己融入众人之中，不但可以避开各种危险，而且能够发挥隐藏实力的作用。暂时隐藏实力，不为对手所瞩目，是为了日后的一飞冲天。大丈夫能屈能伸，为达目的，委屈一时根本不算什么。只有长久潜伏修智，才能成就大事。

康熙即位时年仅八岁，鳌拜手握兵权，又欺负康熙年幼，独断专横，排除异己。康熙满十四岁开始亲政后，鳌拜依然嚣张跋扈，康熙迫于鳌拜势力，只好暂时忍耐，但已经决心除掉鳌拜。他派人物色了一批十几岁的贵族子弟担任侍卫，这些少年个个健壮有力，康熙把他们留在身边，天天练摔跤。

鳌拜进宫时常常看到这些少年在御花园里摔跤，只当是少年人闹着玩，丝毫不在意。

鳌拜一次奉诏单独进宫议事，他像往常一样大模大样进入宫中，刚跨进内宫门槛，一群少年猛然拥了上来，围住了鳌拜，有的拧胳膊，有的拖大腿。鳌拜虽然是武将出身，力气也大，可是这些少年人多势众，又都是练过摔跤的，鳌拜敌不过他们，一下子就被打翻在地。任凭他大叫大嚷，也没有人搭救他。

虽然鳌拜其罪当诛，但康熙念其过往功绩，只是削掉其官职爵位。

康熙用计除掉了鳌拜，朝廷上下都很高兴，也对其他一些嚣张跋扈的大臣起到了很好的震慑作用，再也不敢放肆。康熙掌握实权后，革故鼎新，锐意进取，使大清逐步走入盛世。

低调和暂时隐藏实力是一种斗争策略，一般是在暂时力量薄弱、时机不成熟的情况下，不得不采取的谦退策略，以自己一时的屈辱，换取对方打消敌意，从而使己方避凶化吉，赢得时间。然后再依计行事，逐渐壮大自己的势力，进而制伏对方，消除祸患。

人们常说做人就要铁骨铮铮，不可轻易向他人低头，但是如果我们做事缺少柔韧性，不会适当地弯曲，就很容易中途受阻，无法达到目的。因此，做人必须懂得善于适时地隐藏自己。

 可以比对方聪明，但别让他知道

【智谋原典】

木秀于林，风必摧之；人拔乎众，祸必及之，此古今不变之理也。

——《韬晦术·隐晦》

【译文】

一棵树高出于树林中的其他树木之上，必然被大风吹折；一个人的才能超出众人之上，祸患也必然会降到他身上，这是从古至今都不会变的道理。

锋芒毕露的人虽然容易取得暂时的成功，却也为自己掘好了坟墓；虽然施展了自己的才华，却也埋下了危机的种子。所以，当你在工作上有突出表现而受到肯定时，千万不要得意忘形，否则这份锋芒会为你带来人际关系上的危机。聪明人务须懂得韬光养晦、深藏不露，以此明哲保身。

小王在某厂宣传处工作，有一天处长突然叫他整理一个劳动模范的先进事迹。据知情人士透露，其实这是一次考试，这将关系到小王是否还能继续在机关待下去。因为关系到前途，小王便格外用心。他花了一个通宵，写好后反复推敲，又抄得工工整整。第二天一上班，就把它送到了处长的桌子上。

处长当然高兴，又快又好。可是，处长越看到最后，笑容就越收紧了。末了，他把文稿退回，让小王再认真修改，满脸的严肃，真叫人搞不清什么地方出了差错。小王思忖半天，转身刚要走，处长像突然想起了什么似地说："对了，对了，那个'副厂长'的'副'字不能写成'付'，改过来，改过来就行了。"处长脸上马上缓和了下来。

看不出毛病，处长却要求再修改。所谓再修改，也就是要改到能让处长找出毛病来。太完美太高明，就显得处长没水平没用处了。

正常的展现才华，尚且有招人嫉妒的嫌疑，更不用说自以为是的自吹自擂、自我表现了。很多人稍有成就便到处洋洋得意地自夸，喜欢被别人奉承，这种人迟早会吃亏的。在人际交往中，尤其是在工作中，一定要学会藏锋敛迹，千万不要把自己变成众人攻击的靶子。

古今中外，一些过分张扬、锋芒毕露之人，不管才能多高，功劳多大，大多不得善终，这是尽人皆知的历史教训。

杨修是曹操手下的主簿，才华横溢，但也因此喜欢卖弄聪明。

有人送给曹操一盒奶酥，曹操吃了一些又盖好，并在盖子上写了“一合酥”三个字，大家都弄不懂这是什么意思。杨修见了，就拿起和大家分吃，并说：“这是让每个人都吃一口！”曹操对杨修的聪明十分赞赏。

曹操令人建一座花园，快竣工时，曹操去验收，但他不置褒贬，只是在花园门框上写了一个“活”字。众人不明所以，杨修却笑着说：“门内添‘活’，是个‘阔’字，丞相是嫌园门太阔了。”官员一听有理，马上命人重建园门，又请曹操来观看。曹操看后很高兴，问道：“谁知道了我的意思？”左右答道：“是杨修主簿。”曹操表面上称赞杨修的聪明，其实内心已开始忌讳杨修了。

曹操引兵与蜀军作战，战事失利，进退失据。长期拖下去，不仅耗费钱粮且会挫伤士气；如果撤兵无功而归，又会遭人笑话。曹操对此犹豫不决。夏侯惇入帐禀请夜间号令。曹操随口说：“鸡肋！鸡肋！”夏侯惇传令众官，都称“鸡肋”。杨修见传“鸡肋”二字，便教随行军士各自收拾行装，准备归程。夏侯惇责问他为何让士兵收拾行装。杨修笑答：“鸡肋者，食之无肉，弃之可惜。魏王的意思是在此没有好处，不如早归，明天魏王一定会下令班师的。所以先收拾行装，免得临行慌乱。”夏侯惇不但没有责怪杨修，反而也命令军士收拾行装。于是寨中各位将领无不准备归计。

当夜曹操心乱，不能入睡，就绕着军寨独自行走。当他见到士兵各自准备行装，大惊失色，不知何人竟敢如此大胆，作撤军的准备？当他得知杨修的自作聪明后，马上大怒：“你怎敢造谣乱我军心！”不由分说，即刻命人将杨修推出去斩了。

杨修确实够聪明，聪明得能看透别人看不到的很多东西，能猜透别人猜不透的许多事情。然而，他又太愚蠢了，愚蠢得不知如何保护自己。他到死都不明白，正是他过分外露的聪明使他成了刀下鬼。他的聪明令人赞赏，但他过于自恃聪明了，动不动就表现出来，这样难免招人忌恨。

与人交往的过程中，你可以比对方聪明，但千万不要让对方知道你比他聪明。因为无论你采取什么方式来炫耀自己，一个得意的眼神，一种高傲的腔调，一个不耐烦的手势，都有可能给自己带来难堪的后果。

真正的才智，除自身的审美和创造外，也包括对他人和环境的审视、知晓和防范，乃至利用，而不是浑浑噩噩地一味卖弄。因此，我们要懂得收敛自己的锋芒，不要以为只有自己是最优秀的，要多从他人角度考虑问题，隐藏自己的锐气，做一个成熟而有城府的人，这样才不至于四面树敌，使自己陷入困境。

 秘密只能独享，永远不要自掀底牌

【智谋原典】

是故德高者愈益偃伏，才俊者尤忌表露，可以藏身远祸也。

——《韬晦术·隐晦》

【译文】

所以，越是道德高尚的人越应该无为雌伏，越是才能出众的人越忌讳过分显露，只有这样，才能以低调的姿态远离祸患。

一件极其珍贵的宝物，如果拿出来向别人炫耀，很可能从此永无宁日，甚至有失去的危险。做人亦是如此，轻易炫耀，甚至暴露你的全部，很容易让自己失掉了根基，甚至遭受致命的打击。

传说，原来猫的本领比老虎大，于是老虎就偷偷拜猫为师。经过一番勤学苦练之后，老虎的本领变得十分了得，成了森林之王。

按理说，功成名就的老虎该心满意足了，可是老虎总觉得拜猫为师的事不光彩，怕传出去后受百兽讥笑，于是就起了杀师灭口之心。

有一天，老虎终于向猫下了毒手，穷追猛咬，试图将猫置于死地，情急之下猫一下子跳到了树上，任凭老虎在树下张牙舞爪地咆哮也无可奈何。吓出一身冷汗的猫十分后怕地说："幸亏我留了一手，不然今天就死于逆徒之口了！"

为什么故事中的猫能逃脱虎口，原因是它没有亮出自己最后的一张底牌，留了上树这一手！

为人处世也是这样，应该尽量设法保持自己的神秘，轻易亮出自己底牌的人让别人按牌来攻，肯定会输掉。即使对方是貌似忠厚的老实人，也不可全抛一片心。

碰上貌似老实的人，人们往往一见如故，把"老底"全都抖给对方，也许会因此成为知心朋友。但在现实中，更多可能的情况是：你把心交给他，他却因此而看扁你，更有甚者会因此打起坏主意，暗算于你。到时候，吃亏受伤害的就是你自己。

因此，与人相处，不要把自己过去的事全让人知道，特别是那些不愿让他人知道的个人秘密，更要做到有所保留。

世界上的事情没有固定不变的，人与人之间的关系也不例外。今日为朋友，明日成敌人的事例屡见不鲜。你把自己过去的秘密完全告诉别人，一旦感情破裂，对方不仅不为你保密，还会将所知的秘密作为把柄，到时后悔也来不及了。

王平是一个公司的职员，他与他的好朋友李进无话不谈。一次，借着酒兴，向李进说出了他不为人知的秘密。王平年轻时，与别人打群架，结果被判了两年刑。从监狱出来后，他改过自新，重新做人，考上了大学，进了现在的这家公司工作。时值年底，公司效益不佳，并准备裁员。王平和李进从事同一工作，这个位置精简后只能留下一人，但论实力，王平比李进要略胜一筹。

不久，公司里的同事都在私下议论王平是坐过牢的“劳改犯”，大家对他的印象大打折扣。谁愿意跟一个劳改犯共事呢？结果李进幸运地留了下来。

每个人都有自己的过去，都存在一些不为人知的秘密。朋友之间，哪怕感情再好，也不要随便把你过去的事情、你的秘密告诉对方。

如果你是职场中人，你将你的秘密告诉你的同事，在关键时刻，他可能会拿出你的秘密作为武器回击你，使你在竞争中失败。

自己的秘密不要轻易示人，守住自己的秘密既是对自己的一种尊重，也是对自己负责的一种行为。每一个人都有自己的隐私，一般总是那些令人不快、痛苦、悔恨的往事。比如恋爱的破裂，夫妻的纠纷，事业的失败，生活的挫折，成长中的过去……这些都是自己过去的事情，不可轻易示人。

要知道，秘密只能独享，不能作为礼物送人，再好的朋友，一旦你们的感情破裂，你的秘密将人尽皆知，受到伤害的人不仅是你，还有秘密中牵连到的所有人。

不相信任何人和相信任何人都同样是错误的。不相信任何人，无疑是自我封闭，永远得不到友谊和别人的信任，而相信任何人则属幼稚无知，终会吃亏上当。当然，不要把过去的事全让人知道，并不等于什么都不说。有时有保留地跟朋友说说自己的过去也无妨，比如说说你小时候读书上学之类的无关紧要的事情，可以增进了解，加深感情。你对别人说说自己无关紧要的过去，别人也会向你说。你什么也不说，什么也不让人知道，人家想了解你又无从下手，又怎么会信任你。

信任是建立在相互了解的基础上的。秘密只伴随自己，千万不要廉价地送给别人。因此，与人交往时要避免自己的感情冲动和谈话时间过长，做好必要的防范。

第三十八章
养晦：多方谋划，为自己寻求保护壳

适度装傻，以保全自己

【智谋原典】

愚者人嗤，我则悦安，心非悦愚，悦其晦也。

——《韬晦术·养晦》

【译文】

愚蠢是众人所嘲笑的，自己则乐于承受并心安理得，自己也不是真心喜欢愚蠢，而是喜欢“晦”的策略。

错综复杂的现代人际关系就像一张遮天的大网，稍有不慎，你就会触犯了某些人的利益或伤疤，伤害别人之后就是自己被伤害。真正聪明的人不会在人前炫耀卖弄自己的才思，而且在某些情况下，装傻是最好的保护自己的方法。

商代末期，商纣王通宵喝酒而忘记了当时是什么日子，问左右的人，都不知道。派人去问箕子，箕子对使者推辞说自己喝醉了酒，也记不清是什么日子了。事后，箕子对他的仆人说：“身为一国的主人，而让一国的人们都忘记了日子，而只有我一个人知道，我也就很危险了。”

人际交往，装傻可以为人遮羞，自找台阶；可以故作不知达成幽默，反唇相讥；可以假痴不癫，迷惑对手。当然你必须有好演技，才能装得恰到好处。谁不识其中真相，谁就会被愚弄；谁不领会大智若愚之神韵，谁就是真正的傻瓜。

特别是在职场中，大家更要学会适当装傻，例如：如果领导问起员工最近的情况，就要有选择地说了，对于非原则性问题，比如哪个同事有迟到、偷懒睡觉现象，这些事，领导自己心里其实有数，但是如果你认真的话，不仅让领导心里纠结，也让自己与同事之间的关系很紧张。但是，如果你在领导面前帮同事找个借口糊弄过去，就不仅有利于上下级、同事之间关系的和睦融洽，还可以建立和谐的有利于自

己的办公氛围，提升自己在别人心目中的形象。

有时候客户怒气冲冲地杀进办公室，叫嚷着“把你们老板叫出来”、“把你们经理叫过来”，你应该这样回答“您息怒，我们老板不在”、“对不起，我们经理也不在”……

另外，当领导有一些不想接的电话，比如说追账的、找茬的，这时候你作为下属就要帮着领导来“装傻”了。老板接到这种电话，结果一听对方报了名就挂了，然后就让你帮着接电话，你这时候就要跟对方解释说，刚才接电话的是公司的其他同事，不是我们老板，我们老板不在。

在职场中，不露锋芒，可能永远得不到重任；然而锋芒太露却又易招人陷害，做人切忌恃才自傲，不知饶人。锋芒太露易遭嫉恨，虽容易取得暂时成功，却为自己掘好了坟墓。当你施展自己的才华时，也就埋下了危机的种子。既不能锋芒毕露，又不能太低调，那该如何是好呢？有句话说“花要半开，酒要半醉”，凡是鲜花盛开娇艳的时候，不是立即被人采摘而去，也就是衰败的开始。才华显露要适可而止，既有效地保护自我，又能充分发挥自己的才华。

职场无情，并非每件事都是是非分明的，工作中受点委屈是很正常的事。此时，与其怨天尤人，不如学会化委屈为动力，因为还有比委屈更为重要的事，比如你在职场的生存和发展。上司批评你“工作是怎么做的？看看小王的设计多精彩”。可有谁知道小王是剽窃了你的创意，没有揭穿的证据，那你就更加努力吧。如果你这时与领导争辩，只能是被人倒打一耙，如果某次工作中有失误，反而会被人抓住不放。

当然，装傻也是有技巧、分场合的，不该装傻的时候装傻，就是真的傻了，可能要吃大亏。在本职工作、领导交办、公司目标以及自己的合同、薪水、待遇、升迁等，这些事都需要清楚些。对自己的工作，尽量不要说“大概、可能、好像”，不能含糊；但是在办公室的人际关系上，由于变数大，而且都很微妙，还是做和事佬，少表态，不背后议论他人，特别是在同事面前议论他人的是非。当别人问及，顾左右而言他就好。

总把自己当最聪明的人，一定是做龙套的命。生活的智慧就在于该装傻时就装傻，该装哑时要装哑。当一个人“傻”到尽人皆知的地步时，就是很高的境界了。

以退让来换取更大的利益

【智谋原典】

人所欲者，顺其情而与之；我所欲者，匿而掩之，始可遂我所欲。

——《韬晦术·养晦》

【译文】

别人想要的东西，要顺着他的想法给予他。自己所想要的就要想办法掩藏起来，不让人知道自己的想法，然后才能得到想要的一切。

在努力争取的目标上，还不具备绝对的制胜条件时，一定要注意避免和对手正面遭遇，宁可退避三舍，也不要急于交手。要隐藏你的真实意图，以“退”的方式来达到“进”的目的。

当年刘邦完全可以毛遂自荐坐上沛公的位子，刘邦自己也很想得到这个位子，但是在城中百姓推举刘邦为沛公时，他却假意再三推辞，最后才在半推半就中上任，实则如愿以偿地做了沛县县令。

实际上，刘邦的做法是个非常高明的一个举动。刘邦这样做，可以试探一下其他人的心理，看他们是否真的信服自己。毕竟起兵造反是灭门之罪，如果追随者不能同心，造反必定难以成功，那样的话，沛公之位就应暂时放弃；如果追随者都心服口服，这便有利于管理和指挥，这样沛公之位才能坐稳。

另外，刘邦选择“退”，也是为了避免与他人发生矛盾纷争。他知道，以勾心斗角的方式夺来的位子是坐不稳的。正因为假意拒绝推让，刘邦才清楚地看到了众人的真正心意，原来他们是真心拥护自己，于是答应了众人的请求，如愿做了沛公。

内心沉稳的人就像刘邦，以退为进，以守为攻，既保护自己不受猜忌和伤害，又容易为自己的事业成功创造条件。

在和对手进行斗智斗勇的过程中，暂时退一步，忍住一时的欲望，耐得住各种各样的诱惑，保持良好的自我状态，才能取得自己真正的需求。

春秋时期，有一次齐国进攻鲁国，战火迅速向鲁国单父地区推进，而此时孔子弟子宓子贱正在做单父宰。当时正值麦收季节，大片的麦子已经成熟了，不久就能够收割入库了，可是战争一来，这眼看到手的粮食就会让齐国抢走。当地一些父老向宓子贱提出建议，说：“麦子马上就熟了，应该赶在齐国军队到来之前，让咱们这里的老百姓去抢收，不管是谁种的，谁抢收了就归谁所有，肥水不流外人田。”另一个也认为：“是啊，这样把粮食打下来，可以增加我们鲁国的粮食，而齐国的军队也抢不走麦子作军粮，他们没有粮食，自然也坚持不了多久。”尽管乡中父老再三请求，宓子贱坚决不同意这种做法。过了一些日子，齐军一来，把单父地区的小麦一抢而空。

为了这件事，许多父老埋怨宓子贱，鲁国的大贵族季孙氏也非常愤怒，派使臣向宓子贱兴师问罪。宓子贱说：“今天没有麦子，明年我们可以再种。如果官府这

次发布告令，让人们去抢收麦子，那些不种麦子的人则可能不劳而获，得到不少好处，单父的百姓也许能抢回来一些麦子，但是那些趁火打劫的人以后便会年年期盼敌国的入侵，民风也会变得越来越坏，不是吗？其实单父一年的小麦产量，对于鲁国的影响微乎其微，鲁国不因为得到单父的麦子就强大起来，也不会因为失去单父这一年的小麦而衰弱下去。但是如果让单父的百姓，以至于鲁国的老百姓都存在这种借敌国入侵能获取意外财物心理，这是危害我们鲁国的大敌，这种侥幸获利的心理难以整治，才是我们几代人的大损失呀！”

做人做事就要这样有进有退，有所为有所不为，必要的退让可以换来更大的利益，一味地“抓住不放”则有可能使你陷入死胡同。

人都喜欢别人顺着自己的意思来，而不愿意被反对。那么，在生活中要学会敬让他人，把后退当成一种长远投资。今天把他想要的工作业绩当“小鱼”让给他，明天才能从他手里钓到你想要的人脉“大鱼”。另外，工作上遇到一些非原则性的小事，比如准备好了周末一起和朋友出去玩，上司却突然要求你加班，即使你觉得委屈，也不要去招惹他，以免同他产生对立情绪。这样，就会让他觉得，你付出的很多，在需要的时候，他必然首先想到你。

学会“先退一步”，先做“冤大头”，让对方乐呵呵的享受你让给他的小利，才能更好地为自己的将来创造条件。

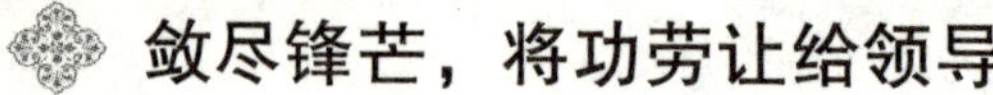

敛尽锋芒，将功劳让给领导

【智谋原典】

晦非恒有，须养而后成。善养者其利久远，不善养者祸在目前。

——《韬晦术·养晦》

【译文】

“晦”这种状态不是随时都有的，有时需要“养”成，善于养晦的人能得到长远的利益，不善养晦的人就会招来祸患。

在职场中有一条潜规则：非到万不得已，永远不要去抢领导风头。有能力的人如果在不适当的时候过度表现自己的能力，尤其是在领导面前，那就算不上是个聪明的人。能力是成功的基础，而懂得在领导面前表现和运用能力，则往往是成功的关键。

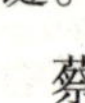
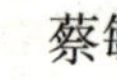

蔡敏是学成归来的海归，部门经理则是自学成才，因为感到蔡敏很多方面明显

比他强，所以蔡敏刚入职时，部门经理对他充满戒心。但蔡敏深知自己的身份，为了维护好上下级的关系，他就开始在韬光养晦上做文章，以消除领导对他的戒心。

在业务会上，蔡敏对自己的远见卓识有意打下埋伏，留下思维的空间给经理作总结。平常蔡敏尽量表现“俗”一点，收起他的锋芒，经常向经理请示汇报，不擅自做主。特别是一些决策性的工作，蔡敏都等经理表态。有一次，经理出差不在家，有一笔生意其实蔡敏看得很准，肯定能赚大钱的，但他还是向远在千里之外的经理请示，说自己吃不准，请经理定夺，把“功劳”让给经理。经过一段时间的相处，经理对蔡敏消除了戒心，他把好多重大的决策权都主动下放给蔡敏，使蔡敏能纵横驰骋地发挥自己的才华，没有后顾之忧。

职场中，如果你的能力确实超过领导，不可过于锋芒毕露，以免引发领导的猜忌之心。也许，你会觉得尽藏锋芒很痛苦，但你应清楚，领导提拔你可能要费点力，可消灭你却是举手之劳，因此要懂得先保护自己，韬光养晦，待时机成熟再崭露锋芒，尽可能降低被打压的危险。

“众人皆浊我独清”是一种非常危险的状态，没有人愿意让一个“异己”长久地立于身侧。以“自污”来做障眼法，能让对方安心，使自己安全。

郭子仪是再造大唐的功臣，以一身系天下安危达数十年，历史上少有其比，然而郭子仪却也有另外一面——穷奢极欲。

唐朝官员的俸禄是很高的，郭子仪数十年出将入相，身居高位，俸禄的收入就已相当可观，而家中子弟也都因他之故得做高官，安享富贵；郭子仪门生部将遍及海内，每年收的礼物就难以计数了。当时朝廷因连年征战，国库空虚，皇上也常常愁没有钱用，但郭子仪家中却是珍宝堆积如山，府中奴仆个个衣绸着缎，光彩赫赫，私家之富不单比拟王侯，而且超过天子。

郭子仪的幕僚中有人见此景象，为郭子仪担心，便劝他说：“现在正当艰难之时，国家财用匮乏，军费常常筹措不出，士兵们常常因缺饷而哗变。皇上自奉也很俭薄，您却厚自奉养，敛财积货，恐怕有污您的美名，不如把多余的钱财上交国库，或者充作军费，您的功德就更高了。”

郭子仪却笑着摇摇头说：“这你就不懂了，安禄山、史思明祸乱天下，朝臣中有识之士就归咎于朝廷没有及时给二人封爵。试想假若安禄山有王公爵位，他就会爱惜它，想把这富贵传给子孙，还会轻易铤而走险吗？我以一点微薄的功劳被封王爵，本来是不相当的，我却居之不疑，不是没有自知之明，而是向朝廷表明我是既贪恋富贵而又安于富贵的人。朝廷所担心的不是大将钱多，而是功名太盛，跋扈不服皇命，甚至造反。我现在功名已至极处，无可复加，如果像你所教我的那样做，皇上反而要疑心我有所图谋了。”

幕僚听了郭子仪的解释后，才恍然大悟，惭愧无语。

就君王而言，需要名相贤辅，需要清正廉洁者，但又担心这些人名声过重，被民众拥戴，以至危及帝位。因此那些头脑冷静的重臣们，为了保全自身，常常要故意犯些错误，以此来欺骗君王的耳目，打消君王的疑忌。

有实力者如果过于锋芒毕露，或者太过"高尚"、"清正"，会让领导或竞争者感到不安。适当地实行韬晦的策略，不但可以有效地自保，还会对人际关系起到润滑的作用。

互惠互利，与人方便就是与己方便

【智谋原典】

人欲不厌，拒之则害生，从之则损己，姑且损己从人，继而尽攘为己有。

——《韬晦术·谋晦》

【译文】

人的欲望无穷，拒绝就会生出祸端，顺从则会损害自己，这时姑且损害自己顺从他人，然后就可以将他人所有的占为已有。

人的一生，会面临种种的机会与选择，也会遇到许多的冲突与挑战，一个人不可能得到自己全部想要的，有时不得不放弃一些无关紧要的东西，不得不对自己的某些利益忍痛割爱。有时，适当地妥协，满足别人的需要，便可以省掉不少麻烦。

在心理学上有这样一个实验：一个心理学教授在一群素不相识的人中随机抽样，给挑选出来的人寄去了圣诞卡片。虽然他也估计会有一些回音，但却没有想到大部分收到卡片的人，都给他回了一张。而其实他们都不认识他。

给他回赠卡片的人，根本就没有想到过打听一下这个陌生的教授到底是谁。他们收到卡片，自动就回赠了一张。也许他们想，可能自己忘了这个教授是谁了，或者这个教授有什么原因才给自己寄卡片。不管怎样，自己不能欠人家的情，给人家回寄一张，总是没有错的。

这个实验虽小，却证明了互惠定律的作用。互惠是人类社会永恒的法则，它是各种交易和交往得以存在的基础。无论在生活中还是在工作中，我们每个人都不可能是全能的，俗话说，"一个好汉三个帮"，再优秀、再有实力的员工也需要别人的帮助。

秦桧担任宰相的时候，有一个自视清高的书生，因为想在仕途上有良好的发展，但却自知没什么背景，心想如果不用上一些手段，恐怕一辈子别想有什么希望。

这个胆大包天的书生居然把脑筋动到当朝红人秦桧的身上，不但精心伪造了一封秦桧的推荐信，还大摇大摆地拿着前去拜访扬州太守。书生认为太守一定会慑于秦桧的权势，对他另眼相看，同时，也吃定太守应该不会也不敢去查对推荐信的真伪。

不料，这个太守并不是一个糊涂虫，书生两下子就被看穿了虚实。所以，除了伪信被收缴之外，还将他押送到京师，交由秦桧亲自去处置。

意外的是，秦桧知道这件事后，居然没有动气，反而给这位吃了熊心豹子胆的书生一个重要的官职。

秦桧的左右都觉得很奇怪，就问他为什么这样做？

秦桧说："有胆量假冒我的书信之人，必然不是平常人。杀了他，未免太可惜；但如果不用官职来给他一条路走、一口饭吃，除非一辈子将他关在牢里，否则这个人就很可能转而投靠其他势力，后患必定无穷！"

与人方便就是与己方便，把别人渴望的东西送上门去，能免愤恨、招感激，投资少而见效快，圆融处世者莫不深谙此道。

我们应该尽量以相同的方式回报他人为我们所做的一切。如果一个人帮了我们一次忙，我们也应该帮他一次；如果一个人送了我们一件生日礼物，我们也应该记住他的生日，届时也给他买一件礼品；如果一对夫妇邀请我们参加了一个聚会，我们也一定要记得邀请他们到我们的一个聚会上来。

中国古代讲究礼尚往来，也是互惠的表现。这似乎是人类行为不成文的规则。在不是很熟悉的朋友之间，你求别人办事，如果没有及时地回报，下一次又求人家，就显得不太自然。因为人家会怀疑你是否有回报的意识，是否感激他对你的付出。及时地回报，可以表明自己是知恩图报的人，有利于相互之间继续交往。

朋友间维护友谊遵循着互惠定律，爱情之间也是如此。其实世上没有绝对无私奉献的爱情，不像歌里和诗里表现的那样。爱情也是讲求互惠互利的，双方需要保持一个利益的平衡。如果平衡被严重打破，就可能导致关系破裂。

人与人之间的互动，就像坐跷跷板一样，要高低交替。一个永远不肯吃亏、不肯让步的人，即使真正得到好处，也是暂时的，他迟早要被别人讨厌和疏远。

第三十九章

用晦：养而不用则非韬晦真谛

养晦是手段，用晦是目的

【智谋原典】

制器划谋，资之为用也，苟无用，虽器精谋善何益也？

——《韬晦术·用晦》

【译文】

制作器械和筹划计谋，都是为了使用的，如果不能使用，即使器械精良、计谋高明，又有什么意义呢？

之所以要“养”晦，当然是为了有朝一日能“用”晦。

极懂养晦之术的人，他在力量不足时，不惜向实力雄厚的敌人低头，并成功赢得其信任。但他并不会因此而锋芒毕露，只是暗中积蓄力量，直到其实力逐渐强大，足以实现大业时，才露出獠牙。

养晦可以麻痹对手，使其骄傲轻敌，然后趁其不备而攻杀之；有时则是为转移对手的注意力，达到声东击西的目的。面对比自己强大的势力，只能暂时采取韬光养晦策略，一旦暴露出自己的心迹，很可能给自己带来灾难，因为强者要想消灭弱者是轻而易举的。

养晦对于隐藏实力功效显著，对于免祸存身同样很有帮助。作为“清末三杰”之一的曾国藩，虽然身处功高盖主的危险境地，但却能富贵始终，这一切固然与他的才智有关，也与他善于韬光养晦有很大关系。

湘军是曾国藩一手建立的，这支湘军实际上是“兵为将有”，从士兵到军官所有的人都绝对服从于曾国藩一人，清政府很难支配它。

时值太平天国起义，为了尽快将起义镇压下去，在清朝正规军无能为战的情况下，清廷不得不借重曾国藩及其下辖的湘军，并命他统管四省军务。曾国藩并未因此过于得意，因为他很清楚，即使现在自己身居高位，手握重兵，但相对于整个朝廷来说，依然处于弱势，因此他处处保持低调，时时怀着戒惧之心，韬光养晦。

湘军攻陷天京后，曾国藩主动上表请求裁汰、遣散湘军，以示自己无意谋取权势，这一举动立即打消了朝廷对他的疑忌。曾国藩也被封侯拜相，可谓功成名就，但曾国藩却感到十分惶恐，更加谨慎。他写信给其弟曾国荃，嘱劝其将来遇有机缘，尽快抽身引退，方可"善始善终，免蹈大戾"。

由于是曾国藩主动提出裁撤、遣散湘军，因此在对待曾国藩个人时，朝廷仍然委任他为两江总督。曾国藩终于通过暂时的韬光养晦而达到了自己保全性命和地位的目的。

在曾国藩与朝廷的周旋中，曾国藩实力明显处于下风，但他却懂得韬光养晦的策略，最终不但保全了性命，还保全了地位。这就告诉我们，在与对手周旋的过程中，如果自己的力量处于下风，比如经验还不是很足，能力还没有很强，威望还不足以服众，如此等等，在不及别人的情况下，必须低调处事，深藏不露，绝不可让人看出你将有另起炉灶甚至取而代之的势头。否则，你此时羽翼未丰，对方若生了杀机，要将你铲除，那实在易如反掌。

在整个房地产市场都在抛售的时候，李嘉诚不动声色地大量收购。李嘉诚将买下的旧房翻新出租，又利用地产低潮建筑费低廉的良机，在地盘上兴建物业。李嘉诚这样做需要卓越的胆识和气魄。不少朋友为他的"冒险"捏了一把汗，同行业的地产商都在等着看他的笑话。这场战后最大的地产危机，一直延续到 1969 年。

1970 年，香港百业复兴，地产市场转旺。这时，李嘉诚已经聚积了大量的收租物业。从最初的 12 万平方英尺，发展到 35 万平方英尺，每年的租金收入达 390 万港元。

李嘉诚成为这场地产大灾难的大赢家，并为他日后成为地产巨头奠定了基石。

李嘉诚在大势中逆流而行，成功抄底香港房地产，将整个地产业的灾难变成了自己的机会。他的成功启示我们要敢于出手、敢于抄底，在危机中寻找转机，变不利为有利，将困难转化为机遇！

韬光养晦的根本目的不在养晦，而在于积蓄力量，在适当的时候当机立断，脱颖而出。当然，在养晦的时候，并非被动地四处奔波掩饰，而是藏中有露，时藏时露，神龙见首不见尾，这样才能保证时机一到，一击必中。

能屈能伸，不与祸患正面交锋

【智谋原典】

如若避无可避，则束身归命，惟敌所欲，此则不避之避也。

——《韬晦术·避晦》

【译文】

如果根本就没有地方可以躲避，就放弃抵抗，把生命交到对方手中，随他处置，这也是避不开时的躲避方法。

识时务者为俊杰。所谓俊杰，并非那些冲锋陷阵、无坚不摧的英雄，而是那些看清时局，能屈能伸的人。

初涉人世时，人们大都不谙世事，只会冲撞，不懂退让，结果四处碰壁，大吃苦头。其实，积极主动没有错，但是很多事，操之过急，反而让自己陷入困境之中；相反，遇到问题，能屈能伸，反而会更有出路。

一次，滕文公面临强大的齐国将在邻国薛筑城时，心里非常恐慌，于是请教孟子应该怎么做。孟子举出了周朝先祖太王的例子，即太王为避狄人的侵犯，体恤百姓，到岐山避难。意在劝谏滕文公面临强敌时，不要与人争强斗胜，而是自己勉励为善，巩固内部，然后自立图强。

孟子在这里提出了使国家保存下来的最实用的办法，也是能屈能伸之道。遥想项羽当年，率兵反秦，称王称霸，真是英雄豪气盖云天，这样一位大英雄在败北之际，却选择了自刎。空留一曲“力拔山兮气盖世，时不利兮骓不逝。骓不逝兮可奈何？虞兮虞兮奈若何”的悲歌。如果项羽能够回到江东，也许江东子弟还会跟随他，重谋天下，其结局也就不会如此悲惨。

人在遇到不测风云时，能站起来就站起来，站不起来就得见机振作，即要能屈能伸，不可撞到头破血流，让自己难有东山再起之日。进退皆宜，能屈能伸，人生之路才会越走越宽。

一个酒厂，新聘了两个调酒师，其中王涛是通过关系，而刘文却是靠真本事进厂的。年底，厂里决定举行调酒技术比赛，选择其中一人作为酒厂技术部的主管。

刘文接到通知以后，继续潜心钻研调酒技术；而王涛则忙于上下疏通找门路。到了比赛的那天，虽然刘文和王涛调制的酒都入口绵甜，清冽香浓，但是王涛却比刘文提前了 2 分钟，于是在同等情况下，王涛作了技术部主管。实际上，王涛早就花钱请人调好了酒，比赛时才拿出来。

当刘文知道自己的失败的原因之后，虽然很气愤，但他并没有表现出来，而是选择忍气吞声、隐忍不发，终日里闷头研究调制技术。

有一次，厂里要派人到市里参加调酒大赛，原本是要派王涛去的，但是王涛知道自己的能力，去了肯定露馅，于是就想办法派刘文去。由于刘文整天钻研，所以他调制出来的酒得到了在场专家的高度好评，获得了最高奖项。

很快刘文的名声传开了，总公司听说后，经过考核，在不到半年的时间内，将刘文提升为酒厂的副经理，全面负责全厂的酿酒技术。

为人处世，参透屈伸之道，自能进退得宜，刚柔并济，无往不利。在不丧失原则的前提下，暂时向对方认输，比硬着头皮坚持作战，把自己送上死路要高明得多。古人云“能屈能伸者，大丈夫也”。当身居弱势地位的时候，适时选择退让，会给你时间以东山再起。

放长线，才能钓到大鱼

【智谋原典】

事之晦者或幽远难见，惟有识者鉴而明之，从容谛谋，收奇效于久远。

——《韬晦术·处晦》

【译文】

有些事情很隐晦，其影响甚至在很久以后才会发生，而只有见识高远的人才能敏锐地察觉，从而从容谋划，以于长远处收到奇效。

善于钓鱼的人，发现有大鱼上钩之后，一般都不急着收线扬竿把鱼拉上岸，他们会不慌不忙地先收几下线，慢慢把鱼拉近岸边；一旦大鱼挣扎，便又放松钓线让鱼游动一阵，然后再慢慢收钩。如此不断地一收一放，直到大鱼筋疲力尽、无力挣扎时，才将它拉上岸来。

与人谋利益也如钓鱼一样，不能太性急，要懂得一收一放的道理。

数年前，小马还只是律师事务所一名普通的办事员，如今27岁的他已成为这家著名律师事务所的合伙人。这位未来的司法界领袖极富才干，前途无量。

少有人知的是，这期间他曾一度离开过，因为他觉得在事务所里毫无发展前途，于是另谋出路。

最有趣的是小马重新回来的这段经历。

就在他离开后不久，原来的老板希望他能再回来，但小马假装不明白他的意思。老板想他回去的愿望越强烈，小马就越无动于衷。

老板起初问小马，有没有什么认识的青年，可以介绍到他的事务所里去帮忙。小马当然说没有，但是老板紧逼不放，最后才说："你似乎没有明白我的意思，我是想让你回到所里来。"

小马真正期待的结果终于出来了，他采取欲擒故纵的策略，从老板那里得到了自己所希冀的一切。

为了在激烈的竞争中占得先机，有时就不能太过拘泥，必要的时候，如果非得"小人"一下，就不要放不开手脚。

为了获取利益，就要暂时忘记利益，以达到最终盈利的目的，放弃眼前利益就是为了放长线钓大鱼。

唐代京城中有位窦公，聪明伶俐，极善理财，但他却财力薄弱，难以施展赚钱本领。没有办法，只好先从小处赚起。

他在京城中四处逛荡，寻求赚钱门路。某日来到郊外，却见青山绿水，风景极美，有一座大宅院，房屋严整，一打听，原来是一权要官宦的外宅。他来到宅院后花园墙外。但见一水塘，塘水清澈，直通小河，有水进，有水出，但因无人管理，显得有点零乱肮脏。窦公心想：生财路有了。于是他就想买下那块地，水塘主人觉得那是块不中用的废地，就以很低的价钱卖给了他。

窦公买到水塘，又凑借了些钱，请人把水塘边砌成石岸，疏通了进出水道，种上莲藕，放养上金鱼，围上篱笆，种上玫瑰。

第二年春天，那位权要官宦休假在家，一天逛后花园时闻到花香，于是到花园后一看，水塘美景让他十分羡慕。窦公知道鱼儿上钩了，立即将此地奉送。

这样一来，两人成了朋友。一天，窦公装作无意地谈起想到江南走走，官宦忙说："我给你写上几封信，让地方官多加照应。"

窦公带了这几封信，往来于几个州县，不几年便赚了大钱。

无论是欲擒故纵还是忍辱负重，都是一种麻痹对手的策略。在人生的竞技场，实现自己的目标往往是第一位的，过程大多不会很平坦，这就要求你能在坚持目标的前提下，适当地运用一些斗争策略，为了获取最终的利益，甚至要不惜暂时放下尊严。

急功近利是每个人的通病，如果能够暂时忍耐，先吃些小亏，就可以开创一个巨利之源，源源不断地获取财富。很多成功者、谋略家都具有非比寻常的忍耐力。他打出的牌可以一沉十年，而一旦翻出来，就会有重达万钧的力量。在人生的道路上，如果你没有耐心去等待成功的到来，那么，你只好用一生的耐心去面对失败。

第十三篇

《权谋残卷》：

游刃于权力场

经典简评

• **书名**：《权谋残卷》

• **作者简介**：张居正（1525－1582 年），字叔大，号太岳，湖广江陵（今属湖北）人。明朝著名的政治家、改革家。他辅助明万历皇帝进行了“万历新政”，使原已垂危的大明王朝得以延续，具有重大的历史功绩。

• **成书时间**：明代

• **内容简介**：《权谋残卷》凝聚了张居正一生的心血，显示了其真知灼见的谋略智慧。本书分为智察、筹谋、用人、事上、避祸、度势、攻心、权奇、谬数、机变、讽谏、中伤、美色十三卷，构成了一个松散又严整的谋略套系，道尽天机，留给后人无尽的发挥空间。

• **传世价值**：《权谋残卷》提供的谋略智慧，无论在今天的政治、商业，抑或其他领域，只要涉及组织之处，皆有其发挥的空间。它就像一盏引领人们行走仕途、成就事业的明灯。

第四十章

勿求小利，筹谋长远大利

背靠大树好乘凉

【智谋原典】

假神鬼以立威，而人莫辨真伪。伪称天命，其徒必广。

——《权谋残卷·权奇》

【译文】

借助鬼神来确立自己的威信，则人们无法判定其真假；如果假称是遵天命行事，跟随者自然就会有很多。

人生路上充满艰辛坎坷，单枪匹马常常会显得势单力薄，应对考验就会时常生出有心无力的无奈。因此，善于发现并依靠一棵能够遮风避雨的“大树”，找到稳固的靠山，进可攻，退可守，实现目标也就容易得多了。

当然，要找到一棵可以依靠的大树，并非轻易就能做到的，这需要过程。因为虽然你看上了某个靠山，但对方却不一定愿意提拔你、照顾你。你必须在与对方的往来互动中，让他了解你的能力、性格和忠诚，总之要让他能够喜欢和欣赏你，最好是能信赖你。这可能需要半年、一年，甚至是更长的时间。你不仅要有耐心，还要在难熬的等待岁月中，随时应付“大树”对你的考验。

老徐创业多年，然而命运似乎总是在跟他开玩笑，辛苦奔波却收获甚微。一次，他所在的城市要进行基础设施建设改造，他感到这是个机会，可是同一个城市里符合要求的公司多达十几家，怎样才能获得这个机会呢？他绞尽脑汁，针对专门管理此工程的负责人，想出了一个好点子。

该负责人有个习惯，每逢周末都要到郊区的鱼塘钓鱼。于是老徐探明地点，也带上渔具，跑到该鱼塘。他先在旁边看着负责人垂钓，每当负责人钓上鱼的时候，老徐都表现得很羡慕。负责人自然就觉得很得意，看见老徐带着渔具却没钓鱼，便

好奇地询问。老徐装作不会钓鱼，借机请教。负责人一下觉得遇到知音，便告诉老徐一些钓鱼的窍门。两人越聊越投机，不知不觉就谈到了各自的职业，老徐一副很委屈的样子，说着自己的行业竞争的激烈，向负责人大吐苦水。等到负责人表露身份的时候，老徐也就顺理成章地提出了要求。

老徐的公司自然拿到了工程招标，从此以后老徐的事业上了一个新台阶，人生也进入了一个新的阶段。

烈日当空，为自己找到一棵乘凉之树，可以避免很多不必要的烦恼与阻碍。当然，如果你本身天资过人，勤奋有加，不必依靠他人，靠自己的努力就能获得成功，这当然是最好的了。倘若你自认本领不强，同时也想减少挫折，那不妨找棵大树来作为支撑。历史上就有很多人为了实现自己的抱负，不得不依附“大树”。

胡宗宪，在严嵩权势熏天的时候，不失时机地依附他，成为“严党”的一员。但是他却专心致志地推行自己的抗倭设想，任用戚继光、俞大猷等一批抗倭名将，将危害中国沿海十几年的深重倭患平定下去，不能不说，他找一棵大树“乘凉”，其实是种明智之举。

虽然人们都说趋炎附势是可耻的，然而历史和现实都向人们昭示，许多时候这又是必需的。尤其是在有抱负者势单力薄、孤掌难鸣的时候，找个靠山未尝不是明智务实的选择。有了“大树”作为依傍，不仅根基稳固，办事时别人也会“不看僧面看佛面”。而这其中的关键则在于你要能慧眼识珠，善于发现你生活中那些根深叶茂的大树。

在选定靠山之前，要考虑一个问题：什么样的人才是你的靠山？以下几个方面可供参考：

1. 有家世背景的人

显赫的家世自然让你受益匪浅，但是你同时要明白家世背景不一定保证他一辈子风光，如果他品行不正、能力不行，那么跟这种人相处也不长远。

2. 功成名就之人

找这种人当“大树”，除非你有特别的表现，或者你的某些长处正好被人看中，否则你再怎么“跟”，他还是看不见你。

3. 有能力或潜力之人

这种人可能是最好跟随之人，他们是一支“潜力股”，一时看不出效益，如果长期做下去必有收获。但有能力、有潜力的人也不一定最终飞黄腾达，人的机遇是很难说的，所以你要无怨无悔地跟。

虽说工作生活中的确需要一个稳妥强大的“靠山”，但命运毕竟掌握在自己手中，求人不如求己，最大的“靠山”其实就是你自己。如果能让自己成为坚不可摧的“靠山”，将更加能够促进实力的提升、人格的升华、尊严的保值，你也会活得更加坦然、自信。

居安思危，给自己多找几个退路

【智谋原典】

考祸福之原，察盛衰之始，防事之未萌，避难于无形，此为上智。

——《权谋残卷·避祸》

【译文】

思考祸福的本源，明察盛衰的始末，在事情萌芽时就开始准备对策，在危难还没有到来的时候就避开它，这是最大的智慧。

世事无常，好花不常开，好景不常在，做人当有危机意识。正如华为任正非所说："华为总会有冬天，准备好棉衣，比不准备好。"我们每个人也一样，需要随时准备这样一件过冬的"棉衣"，它可以是一种心态，一个技能，一个资格证书等等，以备当祸患来临时，我们有新的立命之本，新的栖身之地。

野狼卧在草上很辛苦地磨牙，狐狸很奇怪："现在森林中没有任何危险，你何必那么费劲磨牙呢？"

野狼停下来回答："如果有一天我被猎人或老虎追，那时我想磨牙也来不及了。而平时我就把牙磨好，到那时就可以保护自己了。"

做事应该像野狼这样，未雨绸缪，居安思危，这样在危险突然降临时，才不至于手忙脚乱。《战国策·冯谖客孟尝君》中讲述了一个"狡兔三窟"的典故，所谓狡兔三窟，就是兔子为保护自己的安全，多寻几个安身之处。在现实意义上，它体现了居安思危、有备无患、在竞争中寻得机遇的进取智慧。

孟尝君食客三千，美名播于天下，冯谖是其门下一个普通的食客。

一次，冯谖到孟尝君的封地薛收债。

他临行时问孟尝君："收完债买些什么回来呢？"

孟尝君很随意地说："你看我家缺少什么就买什么吧！"

到了薛地，冯谖不但没有催逼百姓还债，还以孟尝君的名义把带来的债券全烧了。老百姓无不对孟尝君感恩戴德。

冯谖空手而回，他回复孟尝君为其买了"义"。孟尝君虽很不满，但碍于面子，也不好说什么。其后，孟尝君被谗免官，只好回到封地薛。薛地百姓扶老携幼来迎，孟尝君这才领悟到冯谖的深谋远虑。

冯谖又对孟尝君说："狡兔有三窟，主公您才有这一窟，还不能高枕无忧，我得再为您准备两个窟。"

冯谖去魏国游说，对魏惠王说齐国之所以能称雄于天下，都是孟尝君辅佐之功，现在孟尝君因谗遭放逐，必然对齐王不满。谁先得到他，谁就能国富兵强，称霸天下。当时孟尝君在列国中威望很高，梁惠王立即空出相位，遣使者带千金，车百乘，前往聘请孟尝君为相。

魏国使者来回跑了三趟，孟尝君依冯谖之谋，坚决推辞。齐闵王听说了这件事，害怕孟尝君为他国所用对自己不利，又急忙卑辞厚礼请回孟尝君。

冯谖又给他出主意说，得让齐闵王以先王传下来的祭器在薛城建立宗庙，这样可以使孟尝君的政治地位更加巩固。宗庙修成，冯谖对孟尝君说三个窟都建好了，你可以高枕无忧了。本来落魄的孟尝君，因冯谖之谋，在政治上处于更稳固的地位。

冯谖运用自己的远见卓识和政治谋略，为孟尝君构筑了"三窟"，手段可谓非常高明。他的这种深谋远虑，虽然是出于政治斗争的需要，但根本原因还在于"兔子"——孟尝君，相对于齐王而言，本身是弱势的，面对种种可能的危险，留好退路才是其生存之道。

在面对现实中的困境或者危机时，可以通过充分发挥主观能动性，根据自身能力，为解决问题创造条件，使事情向自己期望的一面发展。在具体策划某一件事时，不仅要考虑如何完成这件事，而且要考虑这件事万一失败后如何面对，有什么退路，成本怎样，这才是"狡兔三窟"的本意所在。

现在的成功不一定代表以后的稳如泰山。如果身处成功的境地，就能提前想到将来失败的情形，并提前做好相关预防措施，就能避免失败的打击。并且还能因为前瞻性的预备投入，使你比他人相对于环境的变化更有优势，从而得到比现在更多更大的好处。

走一步想三步，才不会被将死

【智谋原典】

见宜远而识宜大，谋宜深而胆宜壮。

——《权谋残卷·度势》

【译文】

见识应该长远，智慧应该博大；谋略应该深远，胆量应该雄壮。

做生意如同下棋一样，平庸之辈往往只能看到眼前一两步，而高明的棋手则能看出五六步甚至更多。

对精明的商人来说，所有的决策都是围绕着经商的利润进行的，他们所做的每一步都有着特定的目的。因此，他们往往能遇事处处留心，比别人看得更远、更准，这样做出的决策才可能切合市场发展的需要，达到决胜千里的目的。

若想成为一个成功的投资理财者，就不要轻易做出一项决策，就如一个医生在没有十分肯定的把握的情况下绝不会拿起手术刀一样。做决策是管理活动中最重要的一步，稍有失误，就会身败名裂，所以，当你要做决策时，千万不要草率行事。具有高远的眼光，善于把握风云变幻的市场，决策便有了最有力的依据。“高瞻远瞩”并非可望不可及，只要你多留心、多调查，有意识地去训练自己，你的眼界便会开阔起来，你便有了运筹帷幄的能力，下一个“独具慧眼”的经商奇才也许就是你！

小王创业初期的全部家当，只有一台分期付款“赊”来的爆玉米花机。后来他决定从事地皮生意。当时干这一行的人很少，人们都很穷，很少有人买地皮，地皮价格因此一直很低。

听说小王要干这不赚钱的买卖，很多朋友都来劝阻，甚至连一向很少过问生意的母亲和妻子都出面干涉。但小王却坚持己见，他认为这些人的目光太短浅，虽然现在经济衰退，但受到政策和环境的影响，经济必定会很快复苏，地皮的价格一定会不断上涨。小王用自己的全部资金再加一部分贷款，买下了市郊一块无人问津的地皮。

不出其所料，几年后，城市人口剧增，市区迅速扩展，马路一直修到了那块地的边上。人们这才发现，这里风景迷人，是消夏避暑的好地方，许多商人争相出高价购买，但小王却不急于出手。

这便是成功经营者高明的地方，他何尝不知这块地皮的身价，不过他看得更远：此地风景宜人，必将招来越来越多的游客，如果自己在此开个旅店，岂不比卖地皮更赚钱？于是小王毅然决定自己筹措资金开旅店。由于地理位置好，舒适方便，旅店开业后生意兴隆，他也因此获得了巨额财富。

在商品经济时代，能先人一步，获得的实惠便可以先人百步、千步。对形势的发展有一定的预见性，在商业投资活动中你才能占尽先机，而跟着潮流走的人虽然不会错，所担的风险也小得多，但所得的回报却会小很多。投资就应该如下棋一样，要让自己比对手看得更远、更准，才能决胜千里之外，才会成为商战中的赢家。

成功的商人，总是能看到“很远的地方”，能辨别出什么是陷阱，什么是机会，能在他人不屑的地方找到“金子”，在别人的不经意间创造奇迹。因此，不要抱怨市场已饱和，其实总有些需求尚未被满足，等着你去发现。生活也一样，在我们身边，其实从不缺乏美，只是你没有发现罢了。

画饼吊胃口，勾起他非做不可的欲望

【智谋原典】

察人性，顺人情，然后可趁，其必有谐。

——《权谋残卷·筹谋》

【译文】

仔细体察他人的性情，勾起他非做不可的欲望，然后就可以利用这一点为自己筹谋，事情就会自然而然地办成。

让人心甘情愿地接受你的要求，最好的办法是把这个“理由”描绘成与他的切身利益密切相关，会给他带来一个非常美好的前景，或者不采取措施会产生非常可怕的后果，他自然会很痛快地为你办事。这就是“画饼吊胃口”这一策略的内涵。

一年夏天，曹操率部讨伐张绣，天气热得出奇，骄阳似火，让人透不过气来。到了中午时分，士兵的衣服都湿透了，行军的速度也慢下来。

曹操看行军的速度越来越慢，担心贻误战机，心里很是着急。可是，眼下几万人马连水都喝不上，又怎么能加快速度呢？他立刻叫来向导，悄悄问他：“这附近可有水源？”向导摇摇头说：“泉水在山谷的那一边，要绕道过去还有很远的路程。”曹操想了一下说：“不行，时间来不及。”他看了看前边的树林，沉思了一会儿，对向导说：“你什么也别说，我来想办法。”他快速赶到队伍前面，用马鞭指着前方说：“士兵们，我知道前面有一大片梅林，那里的梅子又大又好吃，我们快点赶路，绕过这个山丘就到梅林了！”士兵们一听，仿佛已经吃到嘴里，精神大振，步伐不由得加快了许多。

望梅并不能止渴，但是“止渴”却是当时的士兵所需要的，“望梅”激发的是士兵心中的欲望。曹操正是利用梅之止渴的作用，激发士兵的欲望，达到急行军之目的。同时我们也应看到，兴趣、利益诱惑法在具体运用时也要用点小窍门。

比如，你可以利用那些新颖的东西，引起他人的好奇心，使他人常常情不自禁、穷追不舍地要弄个明白，这时人们就会对你产生强烈的兴趣，不由自主地跟你“黏”在一起，再进一步，就可能被你牵着鼻子走了。当然，除了拿出“新颖”的东西之外，还得掺和着一些对方“熟悉”的成分。因为我们的目的是抓住对方的注意力。

一位推销员推销一种炊具。他敲开一扇门，开门的太太说："我的先生和隔壁的陈先生正在后院，不过，我和陈太太都愿意看看你的炊具。"

推销员说："请你们的丈夫也到屋子里来吧！我保证，他们也会喜欢我对产品的介绍。"

推销员作了一次极其认真的烹调表演。他用推销的那套炊具煮苹果，然后又用那位太太家的炊具煮。明显的对比给两对夫妇留下了深刻的印象，太太们都两眼放光，但是先生们却故作矜持，装出一副毫无兴趣的样子，以便伺机压价。

推销员看出两位主妇有买的意思，但他并未趁热打铁，鼓动她们买，而是决定先吊一下对方的胃口。于是他洗净炊具，包装起来，放回到样品盒里，然后对他们说："嗯，多谢你们让我作了这次表演。我实在希望能够在今天向你们提供炊具，但我今天只带了样品，你们将来再买吧。"推销员故意起身准备离去。这时，本来装作不感兴趣的两位先生，都对推销员的这一举动感到意外，立刻都站了起来，他们想要知道什么时候能买得到。

一位先生说："请问，现在能向你购买吗？我现在确实有点喜欢那套炊具了。"

推销员真诚地说："两位先生，实在抱歉，我今天确实只带了样品，而且什么时候发货，我也无法知道确切的日期。不过请你们放心，等能发货时，我一定把你们的要求放在心里。"

那位先生坚持说："也许你会把我们忘了，谁知道啊？"

推销员感到时机已到，就自然而然地提到了订货事宜。于是，推销员说："噢，也许……为保险起见，你们最好还是付定金买一套吧，一旦公司能发货就给你们送来。这可能要等待一个月，甚至可能要两个月。"结果两家都争先恐后地付了定金。

人对于未知的事情很感兴趣，只要让人们的胃口感觉到饿，他们的欲望便会被勾起来，争先恐后地到处找吃的。这种"吊胃口"的技巧，关键在于不让对方感到满足，使其欲罢不能。切记：下钩要慢，收钩要缓，鱼饵更不能让鱼儿吃够吞饱。

第四十一章

见机行事，趋利避害

以柔克刚，以退让求转机

【智谋原典】

牙坚而先失，舌柔而后存。柔克刚，而弱胜强。

——《权谋残卷·避祸》

【译文】

牙齿坚硬却最先失去，舌头柔软却能一直留存。柔能克刚，弱能胜强。

见强者，可以柔克刚而保身。生活中没有绝对的强与弱，以柔克刚，是一种处世的哲学。

现实生活中，和人交往也是一种艺术，很多时候，因为一些事情而与别人发生不必要的争吵，这样的结局只能使双方受到更大的损害。有些人在与同事共事时，缺乏耐心和自制，喜欢在一些事情上与别人抬杠、争执，非要争出个你死我活、我赢你输不可，但是最后的结局却没有一个是赢家。如果你能以退为进，以柔克刚，对于双方都有好处。

一位顾客从食品店里买了一袋食品，打开一看，食物都发霉了。他怒气冲冲地找到营业员："你们店里卖的什么东西，都发霉了！你们这不是拿顾客的健康开玩笑吗?"

周围顾客闻声都围了过来。

这个营业员面带笑容，连声说："对不起，对不起！没想到食品会变质，这是我们工作的失误，非常感谢您给我们指出来，您是退钱还是换一袋呢？如果换一袋，可以在这里就打开来给您看一看。"

面对这位营业员诚恳的微笑，并听到他真诚地说了对不起，那位顾客还能说什么呢？他又重新换了一袋，旁边的几个顾客也夸营业员的服务态度好，食品店生意非但未受影响，反而更加红火。

以柔克刚，要求我们能够审时度势、能屈能伸，面对强势的环境或者交往者，懂得退让，以求保全。为人处世，参透屈伸之道，自能进退得宜，无往不利。能屈能伸，屈是能量的积聚，伸是积聚后的释放。屈是伸的准备和积蓄，伸是屈的志向和目的。一旦时机成熟，将积蓄的力量释放，就会“伸”他个惊天动地，绽放出耀人的光彩。

春秋五霸中，属晋文公重耳的经历最为独特。他本为晋献公之子，后来被迫逃亡。逃亡时，他已经是 43 岁的中年人了。为了避祸，他先后辗转于狄、齐、秦、曹、宋、郑、楚等国，直到 62 岁回国即位，在外流亡 19 载。

晋献公死后，诸子为争国君的位子，兵戎相见。经历一番争斗后，国人欲迎重耳为君。但重耳推之再三，没有回国即位。这看似不合情理的决定，其实是重耳的智慧所在。因为他明白国家变故之时，在外避难的诸公子各挟强邻之力，都在觊觎君位，随时准备为夺位而相互残杀。另外，朝中大臣出外迎君也是各怀心思，各有企图。在这国家大乱之时，重耳不想将自己置于危险的中心。

在 19 载流亡生涯中，晋文公也是忍辱偷生，他多次通过以退为进的策略保全了自己。在出亡中，重耳一行长期忍受寒冷饥饿以及临国人的嘲弄、排斥和打击，多次遇险，数度面临绝境，一路狼狈不堪，到处企求。在楚国，一次宴会上，楚成王以开玩笑的口吻试探重耳：“公子将来回到晋国，不知何以为报?”重耳不卑不亢地回答：“玉石、绸缎、珍禽、美女，贵国都不缺。如果托大王之福回到晋国，但愿两国结为友好邻邦，若哪天两国军队不幸相遇，我将后退三舍作为报答!”结果在公元前 633 年，楚国和晋国交战。晋文公为了实现他许下的诺言，下令军队后退九十里，驻扎在城濮。楚军见晋军后退，以为对方恐惧，马上追击。晋军利用楚军骄傲轻敌的弱点，集中兵力，大破楚军，取得了城濮之战的胜利。

在逃亡的过程中，面临各种困难，重耳没有放弃，而是带领他的随从们艰难地生存了下来，成功回国即位，并在执政后迅速推动了晋国的崛起，成就春秋霸业。

在客观条件不允许的情况下，如果一味蛮干，那只能变成一个莽汉，结果也只能是自讨苦吃。如果能够尊重客观事实，采取战略上的让步，取得喘息、休整、积蓄力量的机会，往往能够收到极好的效果。当然，“以柔克刚”的目的是“克”，而不是一味地“柔”，“以退为进”的目的是为了“进”，而不是一味地“退”。退得妙恰如进得妙。知道适时而止，从而有个好收场，这才是一种大智慧。

智无常法，把绊脚石变成垫脚石

【智谋原典】

智无常法，因时因势而已。即以其智，还伐其智；即以其谋，还制其谋。

——《权谋残卷·谬数》

【译文】

智谋没有不变的法则，应该根据时机趋势随时变动。用对方的智慧讨伐对方，用对方的计谋反制对方。

在竞争中，我们难免会遇到别人的陷阱和诡计，想要避开陷阱并且反制对手，顺势法是很重要的，而其中将计就计更是常用而且有效的方式之一。

抓住机会，用对方法，能让原本的危机和陷阱变成有利的条件，为自己创造更多可以脱颖而出的资源。借力打力，将计就计，就是利用对方的计策和资源反过来达到自己目的的一种方法。聪明的人，会根据情势的不同，运用策略，借助他人力量，完成自己要办的事。

中国的驿站制度始于秦朝，到了明代，全国共有驿站 1936 个，整个驿站网络全长 14 万多里。除了递送公文和转运粮食物资，驿站还有一个主要的职能，就是接待来往官员，为他们提供免费的车马夫役。到了万历年间，驿站的这一职能，成为了官员贪污腐败、压榨百姓财力、耗费国家财政的重要途径。

张居正担任首辅之后，面对空虚的国库，决定通过考成法的实施来对驿站系统进行节流精简。万历三年（公元 1575 年），他下令，只有因公外出的官员才能拿到驿站的使用证明，而且对于驿站接待的随行人数还有限制，超出者一律不允许接待。

当然，这种流行了近二百年的积弊，毕竟没有那么容易改变，于是张居正就需要一个用来杀鸡儆猴的靶子，正好就有一只“鸡”跳了出来，这就是孔子的第六十四代孙——“衍圣公”孔尚贤。

出于对孔子的尊敬，衍圣公每年都可以到京城朝见皇帝一次，并且可以使用驿站，由政府来负责全部路费。借这个机会，孔尚贤每年去京城都要带一百多人，运几十车货物到京城贩卖，由于运费全部由驿站负责，所以每次朝觐都利润丰厚，而沿途驿站却不堪重负。

考成法实施后不久，又到了衍圣公进京朝觐的日子，孔尚贤仗着衍圣公的名头，没把考成法的规定放在眼里，又组织了他庞大的商队出发了。没想到正撞到了张居正的枪口上，他不仅拟旨公开进行批评，而且下令驿站官员只能接待衍圣公一个人，他的商队一个人也不许接待。除此之外，还下令今后衍圣公朝贺由每年一次改为三年一次。

事情传开之后，大家看到连皇帝都要留给三分情面的衍圣公都在考成法上栽了大跟头，于是就都收敛自己行为，不敢顶风作案了。经过整顿，每年驿站的耗费大大减少，据统计，从万历四年至万历十年间，全国共减免站银 89.56 万余两，折米 200 万石，仅京畿一带驿站开支就省去 80%，为国家财政节省了大笔开支。

上面的示例中，孔尚贤原本以为自己身为“衍圣公”可以不受考成法限制，甚至可以通过自己对驿站的“照常”使用，来打击考成法的势头。但是张居正反过来也巧妙地利用了孔尚贤“衍圣公”的声望，通过制裁他违反考成法的行为，为考成法的实施树立了威信，整肃了人心，达到了“敌之耳目，为我喉舌。借彼之口，扬我之威”的效果。

现代社会竞争激烈，对手之间难免会使用一些计谋来攻击对手，面对这种攻击，“即以其智，还伐其智；即以其谋，还制其谋”的方法就十分重要了，因为如果主动出击，很可能会给其他人留下工于心计的不良印象，而将计就计地反制对手，往往能够收到更好效果，而且对于自己的名声也没有损失。

在现实生活中，无论是职场竞争还是商场竞争，将计就计、以其人之道还治其人之身都是低成本地打击对手、增强自身实力的有效方法，想要克敌制胜的话，就一定要掌握这种谋略。

挠心窝子，消除对方心理防线

【智谋原典】

攻心者，晓之以理，动之以情，示之以义，服之以威。

——《权谋残卷·攻心》

【译文】

想要攻取人心，最好的办法就是运用情感的力量打动他，再告诉他道理，还可以用道义和威信来慑服他。

隔靴搔痒不起作用，只有挠到对方心窝子，才能使他通身舒坦。

有个成语叫“投其所好”，用在这里非常合适。只有投其所好，消除他在心理上的防线，才能令他从内心里接受你，从而为两人关系打下一个真挚而坚实的基础。

这里必须要说明一点，我们在这里讲“投其所好”，并非要人人都虚伪的去谄媚、讨好别人，骗取别人的信任。相反，交往中本来就需要真诚与理解。这里所讲的投其所好，就是付出自己的真诚，去理解、包容对方，双方在心灵层面上建立起交流与沟通，最终互相了解并惺惺相惜。只有真诚的心灵打动，才能长远。

李强与王刚在一起工作了多年。李强在工作中表现平平，虽然工作了七八个年头，但仍是个小职员；而王刚则能力很强，成绩突出，如今已是销售部经理。由于两个人在工作中没有什么来往，私底下也仅是点头之交。

有一次，王刚因为涉及一个重大变故，而受到董事长的冷落，从销售经理的位置上降了下来。祸不单行，王刚的母亲又因心脏病突发而去世。双重打击使王刚感到格外悲凉。

这时候，李强很同情王刚的境遇。在他母亲下葬的那一天，李强主动过来帮忙。当时正是寒冬腊月，北风大作，其他同事都躲进了屋里，只有李强一直在外面帮助王刚处理各种事情。

这让王刚很意外，也很感动。他发现真是患难见真情，觉得李强这时候的形象突然高大起来。从此，李强与王刚交往甚密。王刚一改以往的态度，常主动帮助李强。

一年以后，王刚在公司东山再起，因为作了突出贡献，他重新当上了销售经理，不久又迅速升任总经理。他忘不了李强在他患难时的帮助，就提拔李强为销售经理。

通过真挚的情感付出，在心灵上打动对方，建立起相互的依靠感，最终就能风雨同舟、福祸与共。所以王刚升职，李强也跟着上升。

当然，除了通过情感消除对方在心里上的界限，还必须要晓之以理，并通过其中的利害关系，让对方真心实意地服从这个道理，最终听从你的意见，改变看法，达成双赢的局面。

触龙说赵太后的例子很好地说明了这一点。

秦国围攻赵国，占领了三座城池，情势危急，赵国向齐国求救。齐国提出条件，要以赵国的长安君作为人质，才肯发兵。长安君是赵太后溺爱的小儿子，怎么可能让他去做人质呢？她发出话来，谁要是想劝她，她就要拿唾沫吐谁。朝野上下都认为，为了国家安危，应该让长安君去当人质，但却摄于赵太后的权势，不敢开口。

触龙是老臣，为了国家安危，去见太后。他本来是去劝说太后的，但见了面，却不直接开口。而是问太后近来身体如何，吃得怎样，接着话锋一转，竟然为自己的儿子求差事。太后问他为什么，他说自己老了，因为太爱这个儿子，所以要为他谋份差事，等自己死了，他也好立足。接着立马说，派长安君去做人质，为赵国做点贡献，能够巩固他在赵国的地位，为他以后的发展奠定基础。赵太后这才欣然接受。

关心她，跟她套近乎，融化她的心理防线，并且告诉她，我也是这样做的，人同此理，这样做是为了你好。只有让她明白，自己完全是站在她的立场上，为她着想，才能最终获得她的心理认同。而一旦获得她的心理认同，所谋划的事情就能顺利地发展，最终对大家都有好处。

和人交往首在交心。通过感情、道理、利害关系俘获对方的心理，将你们两个置身于同一战线，才能和衷共济，利用双方的合力，将双方共同的利益最大化。而这一切一定从交心开始。

第四十二章
巧迂回，凡事以曲为直

隐藏自身立场，使冲突消弭于无形

【智谋原典】

祸之于人，避之而不及。唯智者可以识其兆，以其昭昭，而示人昏昏，然后可以全身。

——《权谋残卷·避祸》

【译文】

祸事对于一般人来说是难以回避的。只有智者能够在祸事到来之前就发现其预兆，心里虽然很清楚，却表现得像是一无所知，这样就能保全自己免受灾祸。

生活中总难免会遇到种种矛盾和冲突，如果等到这些矛盾和冲突产生之后再去一一应对，往往会让人陷入困境。最好的办法是在这些冲突爆发之前就首先把自己的立场隐藏起来，以一种看似妥协的姿态去面对矛盾，就能让很多矛盾冲突在无形之中被消除。

隐藏自身立场是一种隐藏智慧的智慧。如果把处理矛盾冲突看成是博弈的过程，那么，隐藏自身立场就意味着在博弈中要在掌握对方信息的同时隐藏我方信息。

具体来说，首先要能够及时觉察到冲突，知道在何种情况下会导致冲突爆发，与此同时，也要知道自己可能处于何种不利的境况之中；其次，在觉察到冲突的前提下，隐忍不发，首先观察对方，了解对方的优势所在；最后，表现出完全不了解对方的样子，让对方以为拥有完全的主动权，从而对我方放松警惕，甚至转变对立的态度。

三国时期，魏明帝去世后，年幼的曹芳继位，魏国政权主要由大将军曹爽和太尉司马懿执掌。司马懿足智多谋，也具有政治野心，令曹爽惧惮。于是，曹爽设法架空了司马懿的权力，想逐步铲除他。

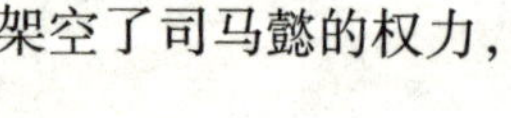

司马懿很清楚曹爽的想法，他将计就计，上表朝廷，说自己年老病重，无力再处理政事。曹爽听到这个消息，并没有马上相信，而是派心腹李胜去司马懿府上刺探虚实。

当时，李胜刚接到委派，要前往荆州赴任。他告诉司马懿自己要去荆州，司马懿答道：“我年老重病，离死不远了。你到并州去任职，并州靠近胡地，你可千万要小心啊！恐怕我们没有机会再见了，我的儿子就拜托你照顾了。”

李胜纠正说：“我是去荆州，不是并州。”

司马懿假装糊涂：“哦，你刚从并州来啊！”

李胜只能大声又说了一次，司马懿似乎才听清楚了他的话。

李胜回去后，把司马懿的情况报告给曹爽，曹爽听后，完全相信司马懿已经病入膏肓，不足为惧，就放松了对司马懿的警惕。后来，司马懿找了个机会，一举消灭了曹爽及其党羽。

司马懿在自己被架空权力、处于劣势的时候，没有急于和强敌对抗，反而顺着对手的意愿，装作无力与之抗争的样子，从而消除了对方的戒心，暂时回避了冲突，为自己争取到了反败为胜的喘息之机。但是，在某些情况下，矛盾冲突是不可避免的，比如谈判等场合，虽然共赢是理想的结果，但有时也必须分个胜负。在这种时候，适当地隐藏自己，先让对手表态，反而有可能后发制人，获得一些优势。

一位电气工程师对当时用的器材做了许多改进，并获得了专利。一天，公司里的两个董事请他到经理室去，想和他谈谈购买其发明权的事情。他想：“能卖到五万元当然很好，但这个要价未免太高。我正急需这笔钱来做进一步的实验，与其卖不掉，不如随便什么价钱都接受了吧。”

正当他想开口时，经理问道：“先生，你的机器要卖多少钱？”

“你看值多少钱？请你开个价吧。”

“四十万元，你觉得怎么样？”四十万元！他简直不敢相信自己的耳朵，他激动得都要晕倒了！

这位工程师让别人先开口说话，看起来迟钝些，结果自己反而占到了便宜。我们常常看见那些成功人士用这种方法在交易时取得优势，有时看起来可能将发言权让给了他人，实际上自己却占据了主动。

可见，有时要想达到预期的目的，就应该先掩饰自己的意图，隐藏自己的观点。我们越是装作毫不关心，对方就越会把我方的态度看做一种机会。相反，如果我们迫不及待地陈述，对方就容易看出我方的意图而有所戒备了。

总之，在面对难以应对的矛盾冲突时，与其寸步不让而导致两败俱伤，不如“糊涂”一些，大智若愚，隐藏自己的立场，让对方失去“攻击”的“靶心”，这样，往往就能够巧妙地化解矛盾，使冲突消弭于无形。

使对手疲劳，以逸待劳

【智谋原典】

事有不可拒者，勿拒。拖之缓之，消其势也，而后徐图。

——《权谋残卷·权奇》

【译文】

如果事情遭到拒绝，或无法抗拒，就用拖延的办法迂回行动，消耗对方势力，然后就能达到自己最初的目的。

使敌人的优势变成劣势，不一定非要采取强攻的办法，转而用静守不攻的战略，同样可以达到消耗敌方的优势而增强自己力量的目的，这就是以逸待劳。

以逸待劳之计，关键在于避敌锋芒，实行积极防御，使敌人逐渐消耗、疲惫，由强而弱，己方就能后发制人，由被动变为主动。

宋太宗时，17 岁的渭州刺史曹纬率军与西夏兵作战，小获胜利，便吓得西夏将领引军撤退。曹纬得知西夏军撤去不远，便将缴获的牛马、辎重全部收集在一起，慢慢驱赶，缓缓返归。

西夏将领听到曹纬如此行为，便以为他是贪小利不会用兵之徒，便回军加速追赶过去。眼见得西夏兵就要追上，曹纬回过头来列下阵势，派人对西夏将领说："你军远路赶来，一定十分疲劳，我们现在就交战，我方有乘人之危的嫌疑。不如你们休息一会儿，咱们再决战不迟。"

西夏兵从撤退到回头追赶，已经跑了上百里地，正感到十分疲乏，听到这话十分高兴，便答应了。

休息了才一小会儿，曹纬又派人告诉西夏兵："想必你们已歇得差不多了，咱们开战吧！"于是便指挥宋军冲杀过来。那些强悍的西夏兵这次却变得不堪一击，刚交手便大败。

战争结束后，部将们请曹纬解释原因，曹纬说："走远路的人刚到目的地时，并不十分疲乏，在稍事休息、全身放松之后才更觉疲倦。西夏兵远路追来，心里憋着一股劲儿，这时与他们交手，还要费些气力才能战胜他们。若让他们歇一下，全身松弛下来，他们觉得更加疲惫了，就容易对付得多了。"

在战争中凭借有利地势，养精蓄锐，诱使敌军远道来袭、精疲力竭之后，转守为攻，这是以逸待劳之计在战争中最常见的运用模式。此计关键是：使敌人陷于困境，不一定采取打的办法，可以设法调动强敌，使之疲惫而削弱实力，使我方因此由劣势转为优势。这种策略在战争中出现最多，但在谈判中也经常出现，特别是一些大型的政治和商业谈判中更是缺不了这一招。

市场变幻莫测，行业间摩擦此起彼伏，机会稍纵即逝，在这个每时每刻充满着竞争、风险的环境中，任何一个公司哪怕是稳坐"庄家"的"老大哥"都不可能一直独占鳌头。可能今天你还是一支"绩优股"，明天或许就会变成一支不折不扣的"坏股"。

既然我们不可能在竞争中永葆胜利，就要学会攻守兼备，适时转移或者退步，当时不利己时，退回来修养生息，不和对手硬碰硬，等待时机，瞅准机会反过来推翻对手。在和对手进行斗智斗勇的过程中，要耐得住时间，耐得住各种各样的诱惑和小恩小惠，保持良好的自我状态，才能取得自己真正的需求。

在商业谈判中，如果遇到咄咄逼人的谈判对手，毫不掩饰地想使谈判顺着他们的思路进行。这时候，不要急于同对方进行实质性的谈判，可以要一要太极，先尽地主之谊，大搞宴会、舞会、游览等助兴节目，等到利好消息介入谈判或时间拖至最后临界时，对方必定焦躁起来。这时候，对手锐气全消，己方则逐渐握住谈判主动权，待对手筋疲力尽、手忙脚乱之际，己方便可乘机反败为胜。

以逸待劳，玩的就是慢性子，敌不动，我不动，敌动我动。《周易》中说：一静总比一动好，因为如果你一着急，往往就会把自己的一些想法和目的暴露无遗了，商场如战场，最重要的就是要沉得住气，那些沉不住气的人往往都赚不到大钱。

反向思维，从对立面突破困境

【智谋原典】

欲得之，先弃之；欲扬之，先抑之。

——《权谋残卷·攻心》

【译文】

想要获得，反而要先舍弃；想要张扬，反而要先压抑。

聪明的人在遇到难题的时候，有时会采用看似不合常理的方法，做出看似与最终目的背道而驰的行为，其真正意义并不在于行为本身，而是要利用这一行为迷惑对手，或者化敌为友。所谓欲擒故纵、欲扬先抑、欲取先予，都是类似的心理策略，其目的都是攻心。

春秋时期，齐国有三位猛将，他们是公孙接、田开疆和古冶子。这三人功勋卓著，但居功自傲，不把别人放在眼里，甚至对齐景公也不太尊敬。相国晏婴认为国君失去权威，国家可能会因此而发生动乱，为了消除这一隐患，必须设法除掉这三人。

有一天，鲁昭公到齐国访问。齐景公设宴招待鲁昭公，晏婴和公孙接等人都出席了宴会。晏婴向齐景公提议，到皇家果园去采摘珍贵的“万寿金桃”来款待鲁昭公。在招待完鲁昭公之后，还剩下两个桃。晏婴提议，让众位将军讲讲自己的功绩，功劳最大的两个人可以有资格享用金桃。

公孙接听完晏婴的话，马上站起来说：“当年我跟随主公去打猎，遇到一只猛虎袭击，我空拳打死猛虎，保护了主公，这个功劳够大了吧。”晏婴说：“这个功劳够大，有资格吃桃。”

古冶子见公孙接拿了桃子，也站起来说：“当年主公在渡黄河的途中，被一只大鳖袭击，我跳入河中，斩杀了大鳖，让主公转危为安，这个功劳比你如何?”晏婴说：“这个功劳也不小，应该吃桃。”

田开疆见桃子没有了，生气地说：“我曾领兵击败徐国，让齐国声威大震，各国因此推举主公为盟主，这样的功劳，难道没资格吃桃吗?”晏婴说：“田将军的功劳最大，可惜你说得太晚了，桃子已经没有了。”田开疆说：“斩鳖打虎都算大功，我血战沙场却没桃子吃。在两国君主面前受此大辱，还有什么脸活着!”说完他就拔剑自刎了。

公孙接和古冶子见田开疆自刎，大吃一惊，说：“我们只知贪功，不知谦让，让功劳最大的田兄受辱而死，如果不以死相从，算什么勇士!”说完二人也拔剑自刎。

故事中的三人武艺高强，一般人难以制服他们；同时，他们有权有势，如果齐景公要惩治他们，则必然激化矛盾，甚至可能使三人发动叛乱。晏婴避其锋芒，表面上看是用金桃嘉奖他们的功绩，实际上却借此激发他们的虚荣心，让他们彼此相争。这说明，当对手十分强大的时候，与其硬碰硬地正面交锋，不如先予后取，用攻心战术让对方自我瓦解。

在现实生活中，虽然很少遇到“二桃杀三士”那种你死我活的残酷博弈，但是在人际交往中总会存在矛盾、存在利益的冲突。有的事情看起来可能是小事，却不一定容易解决。这时，不如尝试运用先予后取，欲擒故纵的攻心法，难题或许就可以迎刃而解。

王大爷家后面有块空地，附近的小孩总是到这空地上玩。王大爷习惯睡午觉，但是中午正是附近的小孩玩得最疯的时候。他曾多次要求孩子们不要在中午的时候到这里玩，孩子们虽然都说“好啊好啊”，但是没过几天就把他的话忘得一干二净。于是，王大爷也没招了，只能自认倒霉。

王大爷的女儿听说了这件事之后，给他出了个主意。后来，王大爷每到中午的时候，就拿一罐糖到屋后空地上，孩子们来了，就一人发一颗。这种糖是王大爷的女儿托人从外地买的，非常好吃，而且在当地买不到。孩子们都很喜欢王大爷的糖，也因此觉得王大爷非常和蔼可亲。过了一段时间，那罐糖吃完了。王大爷对孩子们说：“唉，以后你们再来，我也没有糖给你们了。”有的小孩听说没有糖吃了，从此就不来了。有的小孩虽然还是偶尔会来玩，但是因为之前王大爷对他们很好，所以也尽量安安静静地玩，以免打搅了王大爷午休。

王大爷的女儿提供的方法，其实就是攻心。对小孩子说教往往作用不大，要想改变孩子们的行为，就要改变他们的动机。孩子们来空地玩的动机本来是做游戏，但是因为王大爷的糖非常有吸引力，对于有些孩子来说，动机就在不知不觉中变成了吃糖。至于另一些孩子，王大爷发糖的行为改变了他们对王大爷的认知和态度，从而让他们会真正考虑到王大爷午休的要求。

可见，很多看似困难的事情，只是很难用最直接的办法解决而已，只要换个思路，换个角度，从对方的心理入手，先予后取，先舍后得，往往可以起到良好的效果。

第十四篇

《挺经》：

人生，挺住意味一切

经典简评

• **书名**：《挺经》

• **作者简介**：曾国藩（1811－1872 年），初名子城，字伯涵，号涤生，谥文正，晚清“中兴四大名臣”之一。湘军的创立者和统帅者，他是中国近代史上的一位奇人，在军事、政治、理学、文学、书法等方面都有所成。他是晚清“湘乡派”创立人，著有《曾文正公全集》等。

• **成书时间**：清代

• **内容简介**：《挺经》是曾国藩宦海沉浮的经验总结，共十八条心法，是其从自身的得失成败中总结出的一套为人为官的基本原则。可以说，曾国藩以盖世之功而能于众人诋毁中全身，依赖的就是这一“挺”字，即以出世之心做入世之事，在困厄中不放弃，在苦斗中求挺直。即使万丈深渊在前，亦能气定神闲地享受人生，此等境界，可为后世之鉴。

• **传世价值**：《挺经》是曾国藩“精通造化、守身用世的秘诀”，只要精读此书，无论是商场博弈、官场筹谋，还是职场竞争，在为人处世和对人对己方面，我们都能够获得巨大的帮助和启迪。

第四十三章

内圣：外在有修养，内在有涵养

建功立业，离不开“倔强”之气

【智谋原典】

至于“倔强”二字，却不可少。功业文章，皆须有此二字贯注其中，否则柔靡不能成一事。孟子所谓至刚，孔子所谓贞固，皆从“倔强”二字做出。

——《挺经·刚柔》

【译文】

“倔强”这两个字，却不能缺少。不论是建功立业还是做文章，都必须要有这两个字的精神贯穿其中，否则便会软弱无力，一事无成。孟子所说的至刚，孔子所说的贞固，都是从“倔强”二字引出来的。

成功是一场较量。人生几十载，若想成就一番事业，就必须有一些“倔强”之气。

常言道：“时势造英雄”，然而，在相同的社会条件之下，英雄的出现并不是偶然，也并非人人都能成为英雄。纵观古今，那些在人类历史中留下了功勋伟业的英雄豪杰们之所以能够成功，是因为他们身上有一个共同的特征，以一词蔽之，那便是“倔强”。

所谓“倔强”，和孟子的“至刚”以及孔子的“贞固”都是一个意思，指的就是在工作或者学习之中，要有一股不肯轻言罢休的刚劲以及不撞南墙誓不回头的韧劲。

我国男性美容事业的领军人物范萍就是这样一个倔强之人。

创业之初，范萍的境况非常艰难，可是她却凭着倔强之气，坚持到了最后的胜利。在生产第一个产品的时候，范萍需要一些软管，在没有资金的情况下，她只能先联系厂家赊货。好不容易找到了一个厂家愿意赊给她货，可是最后送到的软管很

不合格，范萍就自己去他们的仓库里一个一个地挑。

那是一个很冷的冬天，仓库里没有暖气，零下二十几度的天气对于人来说是一个极大的考验。当时，范萍所有的朋友以及那个厂里的工人都劝她放弃，他们说："世界上哪有那么完美的东西，管子弯一点就弯一点，不漏就行了嘛！"可是范萍并不听劝，裹着厚厚的棉袄在仓库里只是一味地耐心挑选。

在别人看来，她这样的行为就是一个神经病。可是范萍说："如果我对这样东西保持不够完美，那样东西我也让它保持不够完美，那作为一个化妆品，它是由几十甚至上百个厂家融合在一起才做成的这么一小瓶东西，如果我的这个东西，其中有一样是垃圾，那只有一个结果，我做的这个东西整个就是垃圾。"

范萍就是凭着这股倔强劲，耐着严寒，细心地挑选着合格的软管，足足挑了一个星期。最后，那个厂家给提供的12000个软管，她只留下了1100个，其他的都退回去了。不言而喻，她的第一个产品一出售，便取得了巨大的成功。

从上面的故事中我们不难窥见成功的秘诀，太多的人在生活中没有取得成功，就是因为缺少了那股倔强之气。对于自己的信念不敢坚持，对于自己的梦想不敢执著，在遇见些许的困难或者遭到别人的否定之后就轻言放弃，而没有一种誓不罢休的胆量和勇气，以致终其一生都碌碌无为。而大凡成功之人，都总是倔强得冒着傻气。

曾国藩的弟弟曾国荃也是一位杰出的将领，在一次和捻军的交战中，连续数战他都遭受了失败。由于很久都没有吃这样的败仗了，曾国荃的自信心和锐气受到了很大的打击。这时，曾国藩就给弟弟写了一封鼓励的信。信中写道："李申夫常谓余怄气从不说出，一味忍耐，徐图自强，因引谚曰：'好汉打掉牙和血吞。'此二语是余平生咬牙立志之诀，不料被申夫看破。"曾国荃在看到信之后受到了很大的鼓舞。

曾国藩不仅这样劝慰自己的弟弟，他自己也是这样做的。在和太平天国军队作战的初期，曾国藩屡战屡败，好几次都到了濒临溃败的绝境，可是用他自己的话来说，他不仅"屡战屡败"，同时还"屡败屡战"，从来没有因为失败而退却过。就是凭借着这股倔强的气势，他的军队顽强地缠着对手不放，最后取得了彻底的胜利。

信中所写的内容以及曾国藩自己的行为就是对"倔强"一词做出的最好的诠释。胜败乃兵家常事，因此失败并不重要，重要的是在失败的面前要有一股不服输、不示弱的倔强之气。

真正的强者，就要有敢于坚持自己梦想的勇气，即使全世界都在反对，也能以倔强之气战胜自己内心的恐惧，并最终成就自己的一番事业。

有无"吃硬"之心，决定人生高下

【智谋原典】

古语云自胜之谓强。曰强制，曰强恕，曰强为善，皆自胜之义也。如不惯早起，而强之未明即起；不惯庄敬，而强之坐尸立斋；不惯劳苦，而强之与士卒同甘苦，强之勤劳不倦，是即强也。不惯有恒，而强之贞恒，即毅也。

——《挺经·刚柔》

【译文】

古语说，能战胜自我叫作强。强制、强恕、强为善，都是战胜自我的意思。如果不习惯早起，就强迫自己天不亮就起床；不习惯端庄恭敬，就强迫自己参加祭祀斋戒；不习惯劳苦，就强迫自己和士兵同甘共苦。能强迫自己勤劳而不倦怠，这就是强。不习惯坚持，却能强迫自己持之以恒，就是毅。

人生的高下并非生而既定，更多的在于后天的练就。有无"吃硬"之心，就能在一定的程度上决定你的高下。

如果你有"吃硬"之心，能够迎难而上，你便能够顺理成章地走向人生的高层；相反，如果你只是专门拣容易的"软柿子"捏，那么，也就只能居人之下。

曾国藩能够拥有一人之下、万人之上的地位，和他的"吃硬"之心有着密不可分的关系。人要迈向成功，首先第一步就是修身。曾国藩在京师做翰林的时候，的确对修身下过一些苦功夫。

曾国藩从小并不是一个严于律己之人，有许多性格上的缺陷和弱点。但是他说，人的品性是可以改变的。既如水，导之向下，则无孔不入；又像禾苗，加之阳光风雨，就会健康成长。

"睡魔"可以说是曾国藩的一个劲敌，他知道自己有爱睡懒觉的坏习惯，就从小立志要改掉这个坏习惯。当他还在上学的时候，就给自己立下课程，规定自己天亮就要起床。但是却总是因为瞌睡没醒，不知不觉就到了日上三竿。虽然他一直顽强地和睡魔作斗争，但是始终没有取得成功。

当他在京师任翰林一职时，还是没能改掉这个毛病。他的父亲知道之后，便写信批评他，曾国藩经过苦思冥想，终于想出了一个办法来对抗睡魔。他在窗前放一个铜盆，然后又用一根线系住秤锤，悬挂在铜盆之上，同时将一根香也绑在那个线上，与之成十字交叉状。每天睡觉之前将香点上，等到香烧到交叉点上，线就会被

烧断，这时秤锤就会掉落在铜盆里，发出铿锵的响声，之后曾国藩每天早上就会被这响声惊醒。一个月之后，他便养成了早起的习惯，无声自惊，无惊自醒，终于战胜了睡魔。从此，早起的习惯就伴随了他一生，并且从这一习惯，他还养出了勤和谦的品质。这些品质最终助他成就了一番事业，使其名垂青史。

再强大的困难，只要你有心去战胜，自然能够想出制服的办法。正如那句话所说的：如果你真心想做一件事情，你就能找到一百种方法；而如果你不是那么真心地想做这件事情，你就会找到一百种借口。

自身的弱点是一个劲敌，人生前进的途中更是会遇见各种各样的困难，如果想要获得成功，关键就在于你敢不敢向困难宣战，有没有迎难而上的决心。

当代著名的先锋话剧编剧廖一梅曾经在她的书中写道：“我的问题是，我知道自己笨，但是没有人相信我笨。我的笨不是脑袋不够好使，而是在竖着‘容易’和‘艰难’两个路牌的十字路口，我永远选择‘艰难’的那一边。从小到大，在数不胜数的选择中，我一而再再而三地这么干，一路沿着‘艰难’的路牌走了过来。”

这可以说是对于“吃硬”之心很好的宣言。上个世纪九十年代的中国，话剧几乎没有任何市场，没有一部话剧有票房。可是就在这个时候，廖一梅辞掉了优越的工作，开始了话剧的创作，她就是抱着以卵击石的心态，想要看看自己能不能创造一个奇迹。

廖一梅的第一部话剧《恋爱的犀牛》，从写剧到排练，整个过程困难重重，可是廖一梅知道，没有什么可以阻止它的诞生。最终，这部话剧从最开始没有几个观众，到最后演到四十多场的时候，座无虚席，而且观众从剧场一直排到了小胡同口。《恋爱的犀牛》不仅改变了人们对话剧的看法，更是改变了整个行业的状况。现在，话剧已经成为了一个越来越受人关注的演出形式，正在以全新的活力蓬勃地发展。

虽然廖一梅自称并不是要成功，只是想看到生命的奇迹。但是无论是从人生的奇迹还是从世俗的观念来看，她都不可阻挡地成功了。这其中的奥秘就在于她有“吃硬”的精神，正是这种精神让她走向了人生的高峰。

人生都是自己选择的结果，而你必须接受自己的选择。选择硬气地与人生死磕，也许你最终会收获辉煌，选择对所有的苦难退避三舍，也许你将庸碌一生。

请记住，人生的高下并不是生而既定，而在于你的选择。

 “术”是一种人生智慧

【智谋原典】

魏叔子以孟子所言“仁术”，“术”字最有道理。爱而知其恶，恶而知其美，即“术”字之的解也。

——《挺经·勤敬》

【译文】

魏叔子认为孟子所说的“仁术”中，“术”字最有道理。喜爱一个人而知晓他的短处，厌恶一个人也可以看见他的长处，这是“术”字最准确的解释。

偏见，常使我们误入歧途，然而这又是人之常情。每个人都习惯了从自我出发，以我观物，这就难免会有失偏颇。所以，正如很多人所希望和正在努力的，就是把自己从这种偏颇之中抽离出来。如何才能做到？曾国藩借用魏叔子的话为我们做了解答——掌握“术”之道。

所谓“术”，就是一种不偏颇地看待事物的智慧。喜爱一个人，也要知晓他的短处；厌恶一个人，也要知道他的长处。我们从曾国藩对待左宗棠的态度中就能体会到他的智慧。

左宗棠是曾国藩的老乡，同为湖南人，但是两个人的性格却极其相左。左宗棠恃才傲物，自称“今亮”，为人处世锋芒毕露，这和曾国藩一味浑厚包容的态度大相径庭。而且左宗棠屡试不进、仕途坎坷，而曾国藩却身居高位、官运亨通，所以左宗棠对曾国藩有嫉妒和轻视之心。曾国藩也非常清楚左宗棠性格上的缺陷，并不喜欢他，两个人经常一见面就会发生龃龉。然而，令人想不到的是，左宗棠后来大器晚成，能够达到和曾国藩平起平坐的位置，却有曾国藩的大力保荐之功。

左宗棠在骆秉章府中做幕府工作时，曾不幸遭人暗算，为了保命，他只能逃离，并且去投靠了驻军在宿松的曾国藩。曾国藩不计前嫌，非常热情地接待了落难的左宗棠。虽然曾国藩并不喜欢左宗棠的性格和为人处世，但是他也非常清楚左宗棠是独当一面的将帅之才，因此不久之后就向朝廷举荐，朝廷随后便发下旨令，授予左宗棠四品卿衔，帮助曾国藩处理军务。左宗棠从这个时候开始才算真正走上了仕途之路，开始了自己的事业。自此之后的三年之中，曾国藩对左宗棠一共有过四次保荐，让他从一个走投无路的士子，一跃而为封疆大吏。

曾国藩能够成为晚清的一代名将，自然有其过人之处。李敖曾经这样解读过曾

国藩的“术”：“爱而知其恶，恶而知其美者，天下鲜矣。”每个人都知道要努力克服自己的偏见，但是天底下能做到的人实在是少之又少。能做到的人，不仅需要有一定的远见和大局观，更需要有一种宽广的胸怀和包容的智慧在其中。

现代文坛上的胡适和鲁迅也有过一段广为人知的故事。

鲁迅文风铿锵、性格刚烈，有横眉冷对千夫指之势，胡适就曾经被鲁迅说得体无完肤，并被其称作为“焦大”式的老奴。

在鲁迅去世之后，“新月派”的女作家苏雪林就给胡适写信，对鲁迅进行攻击。然而胡适的回信却让人大为叹服。胡适不仅没有记恨鲁迅之前对他的辱骂，跟着苏雪林一起攻击鲁迅，反而劝她应该多关注鲁迅的思想以及信仰，区分鲁迅思想中有价值和无价值的内容。同时，他在回信中有这样一段话：“凡论一人，总该持平。爱而知其恶，恶而知其美，方是持平。鲁迅自有他的长处。如他的早年文学作品，如他的小说史研究……皆是上等工作。”

正是有了这样不偏颇和宽容的心态，胡适才能真正理解鲁迅的价值。不仅如此，胡适还鼎力相助《鲁迅全集》的出版，让更多人了解和学习鲁迅。事后，鲁迅的妻子许广平还致信感谢胡适，说他：“鼎力促成，功德无量”。

胡适可谓深谙曾国藩所说的“术”道，也正因为此，他才能获得无人可及的成就。正如著名的历史学家唐德刚所说，虽然胡适不懂现代的史学，但是他在中国近代史上的特殊地位是没有人能够撼动的。

由此，我们可以看到，“术”不仅是一种宽容的人格修养，更是一种人生智慧。它能让你跳出“不识庐山真面目”的困境，打破自己的偏颇之见，突破自己个人的喜恶，从而达到人生的共脉层，在更高更深入的层次看见人生的全景，让你对所处的境地、所经历的事件、所交往的人都有一个更加全面的了解和透析。

因而，你离成功也就更近了一步。

养成浑厚之态，助你走得更远

【智谋原典】

弟当以我为戒，一味浑厚，绝不发露。将来养得纯熟，身体也健旺，子孙也受用，无惯习机械变诈，恐愈久而愈薄耳。

——《挺经·坚忍》

【译文】

弟弟应当以我为戒，一味地浑厚包容，绝对不要锋芒太露。将来性情修养纯熟，身

体也健壮旺盛，子孙也受用无穷，不要习惯于官场的机变伪诈，否则长此以往，德行就会越来越浅薄。

在一个社会普遍浮躁而又倡行“娱乐至死”的时代里，低调、内敛的浑厚之态便成了一种不可多得的智慧。然而，这却是中华名族几千年文化的精髓之一。

唐玄宗时期的宰相李林甫，就是一个极其懂得浑厚之道的人。

安禄山在唐玄宗晚年得宠，位高权重，逐渐变得目中无人，非常傲慢。有一次，他见李林甫，摆出一副盛气凌人的姿态。而李林甫却丝毫没有表现出厌恶或气愤的情绪，他一句话也没说，只是看着安禄山，完全不动声色。安禄山不知道李林甫在想什么，也不知该怎样应付，傲气顿时消减了一大半。

过了一会儿，李林甫去会见朝中另一位大臣。回来后，便漫不经心地把安禄山的所思所想全部说了出来。安禄山听后大吃一惊，没想李林甫把自己看得这么清楚，而他自己却完全看不透李林甫的想法和意图。后来他们俩又有过好几次交谈，李林甫都能将安禄山的心思洞察得一清二楚，惊得安禄山面容改色，汗流浃背。

善于察言观色的奸相杨国忠，同样也摸不透李林甫的想法。李林甫临终前，杨国忠去他家中探听虚实。李林甫虽然已经苍老憔悴，可是目光依然深邃尖锐，杨国忠不禁心惊胆战。李林甫流着眼泪对他说：“我就要死了，以后你会掌握大权，我的家人还要你多多关照。”杨国忠听了，完全猜不出这是真心实意的临终托付还是耍诈，吓得“噗通”一声跪在地上，满头大汗，紧张得说不出话来。

李林甫的城府之深可见一斑，他对当时整个官场的形势以及官员之间的尔虞我诈看得十分透彻，但是从来都不轻易表露自己的想法和意见，也从来不把自己的情绪写在脸上。就是由于有这样的智慧，他才能够在竞争激烈的官场中占有一席无人可争的地位。

反观现在的年轻人，大多没有这样浑厚的智慧。往往只了解了事物表面的浮光掠影，便以为自己已经掌握真理；心中没有太多的见解却急于发表意见。这样浮躁和外露的性格在任何一个工作领域都是职场大忌，它不能向别人证明你的能力，反而会将你的缺点和肤浅暴露无遗。而真正的高手总是懂得深藏不露。

华为科技有限公司的总裁任正非就是一个深藏不露的高手。

在任正非的身上发生过很多小故事，都可以显示出他为人浑厚内敛的一面。在一次国际电信展上，身为华为总裁的任正非正在前台接待客户。这时候有一个上了年纪的男子走过来问道：“总裁任正非有没有来？”任正非问：“你找他有事？”那个人表示并没有什么事，只是想看看这位能够带领华为走到今天的传奇人物。任正非听了之后就说：“实在不凑巧，他今天没有过来，但我一定会把你的意思转达

给他。”

类似的小故事还有很多：有人去华为办事，交换了一圈的名片，坐定之后才发现自己的手里居然有一张是任正非的，于是急忙环顾左右，可是他已经踪影不见了；还有人在出差去美国的飞机上，与一位睿智的老人天南地北地聊了一路，后来才被告知那个和他聊天的人正是任正非。

任正非一手创办了华为，并且带领华为走到今天，他自己也荣登全球富豪榜，可是他为人却如此低调，从来不在别人面前夸耀或者显露自己。即使是在华为成为国产通信设备四大巨头之首的强劲时期，他也没有成为明星企业家，而是对很多的媒体采访避之不及。正是由于有了这样洞若观火的明智以及用晦而明的浑厚之态，他才能带领华为越走越远。

正所谓“鹰立如睡，虎行似病”。真正的智者和强者，一般不会让自己变成锋利的刀锋，以免处处伤人，而是以温文尔雅，浑厚温和的面貌出现，他们总是会藏巧于拙、才华不逞，而这才是一种高深的智慧，它会让你的人生走的更稳，让你的内心变得更厚重，更能容纳天地万物，容纳你人生中的成败得失，名利毁誉等。

第四十四章
明强：洞悉“挺”的智慧

 高明由于天分，精明在于学问

【智谋原典】

高明由于天分，精明由于学问。吾兄弟忝居大家，天分均不甚高明，专赖学问以求精明。好问若买显微之镜，好学若舂上熟之米。总须心中极明，而后口中可断。

——《挺经·明强》

【译文】

人的高明，取决于天赋资质；而精明却全赖于后天的钻研学习。我们曾氏兄弟天赋资质都不算很高明，如今却侥幸身居高位，全靠勤学好问来求得精明。好问如若购买显微镜，可深知极细微的方面；好学则如同捣舂了好几遍的米，可去粗取精。总之，必须心中了如指掌，而后才能够做出自己的决断。

与其高明，不如精明。

高明在于天生，取决于天赋；而精明却在于后天的学习，只要努力就能获得。

武则天是中国有史以来唯一的女皇帝，她在身后立下一座无字丰碑，功过自由他人评定，这样的胸怀和气魄并非人人能及。然而她的称帝并不是一帆风顺的，其中遇到了很多的坎坷，但是武则天都能以自己过人的智慧和精准的洞察力使自己安然渡过难关，并且越走越高。她是如何获得这些智慧的呢？答案就在好学。武则天正是因为勤奋好学，才有了过人的胆量和才学，以及到现在还为人们叹服的治国之方。

武则天出生于一个官贵结合的家庭，在这样一个相对宽松的环境之下，武则天不用像其他官僚家的女儿一样，在闺房中学习家务之事，而是在母亲的影响下阅读文史书籍。武则天的阅读范围非常广，涉及经史子集各个方面。而且武则天也非常

中国智谋一本通

好学，除了读书之外，还学习书画、音乐、舞蹈等，逐渐培养了她多方面的才能。《旧唐书》中记载她因为“美容止”而被唐太宗召入宫，可见，当时武则天不仅貌美，而且还有才学，举止优雅，端庄大方。

武则天从十四岁被召入宫之后的十二年间，更是在宫中受到了良好的教育。当时宫中有宫教馆，由教馆博士教育女官的算学、书法、音乐、职掌等各种学问。与武则天同在宫教馆中学习的其他女官都贪玩废学，更多地花心思讨好皇上，然而武则天却非常认真地钻研学问，闲暇之时还练就了一手书法，擅长写飞白体，又自成一格。同时，她还有很好的文学修养，能写文章和诗歌。

除了能文之外，武则天更是能武擅射，在学习骑马、射箭之时，她从来都不怕困难，总是勤于练习，身手非常敏捷。作为宫中才人的时候，她一直都是骑马佩剑，陪同太宗出行。后来称帝之后，虽然处理国家事务更繁忙，但是武则天还是会抽出时间读书习字，和大臣一起论道讲学以增长自己的智慧，外出游行以开阔自己的视野。由此可见，武则天能成为中国唯一的女皇帝并不是一件偶然的事情，而且在称帝期间，她还广纳良言，有不拘一格提拔人才的魄力，这都是很多君王所无法企及的。武则天的这些才智，便来自于点点滴滴的学习。

才识不是自然生就，能力也并非天生就有。正如曾国藩所说，高明有资历之分，但是精明却全靠后天的学习。

钱钟书是当代著名的学者，在小说、文学研究、翻译等各个方面都有很高的成就，他的《围城》是一部家喻户晓的文学经典，文中幽默的语言、睿智的观点以及对人生和社会深刻的洞察力都不是一般的小说能够相比的。著名的评论家夏志清就评价这部书是现代中国最伟大的小说之一。钱钟书的《管锥编》更是一部不可多得的学术著作，一经出版便引起了国内外的强烈反响。书中极具创造力的学术观点更是给人耳目一新的感觉。

钱钟书能够取得这些成就，全赖于他的勤奋好学。他 1929 年考入清华大学之后便名震清华，不仅因为他的数学只考了 15 分，更是因为他的国文、英文水平让很多同学都佩服得五体投地。而且钱钟书还立下宏愿，要横扫清华的图书馆。正是由于这些积淀，才使钱钟书成为了著名学者。

读史使人明智，读诗使人灵秀，数学使人周密，科学使人深刻。人生所学，都会影响并塑造你的性格。因此，想要让自己成为一个精明的人，学习永远是最明智的选择。

建议可以听，决断自己下

【智谋原典】

进兵须由自己作主，不可因他人之言而受其牵制。非特进兵为然，即寻常出队开仗亦不可受人牵制。应战时，虽他营不愿而我营亦必接战；不应战时，虽他营催促，我亦且持重不进。若彼此皆牵率出队，视用兵为应酬之文，则不复能出奇制胜矣。

——《挺经·诡道》

【译文】

我们常说进兵必须要由自己做主，不可以因为他人的言论而受到牵制。不仅进兵是这样，即便寻常出兵打仗也不能受人牵制。应该开战的时候，即使别的营垒不愿出战，我的营垒也必须接战开火；不应该作战的时候，即便别的营垒一再催促，我也要坚持不进兵。如果彼此都牵制关联，草率出兵，把用兵看作应答酬对的文章，那么就不再能出奇制胜了。

历来，有许多君王和领导者都因为从谏如流而名垂史册。秦王嬴政在颁布了逐客令之后，李斯冒险上《谏逐客书》，有力地陈述了逐客的弊处，秦王因而收回成命，最终在这些客士的辅佐之下，秦王才完成了统一天下的伟业。明君唐太宗更是虚怀若谷，能重用有才之士，广纳良言，这才有了“贞观之治”，直到现在还为史学家们赞颂。

然而，从谏如流决非胸无主见、人云亦云。真正有良好的领导素质，懂得领导艺术的领导者都是胸有大志、有胆有识的大家。他们不仅懂得听取意见，更重要的是，他们不会被意见牵制，而是能自己分析利弊，从而做出决断，决定进退。

被称为“中国商业教父”的柳传志，中年的时候开始创业，他将一个资产不足20万元的国有公司打造成了世界的500强。这其中，和他自己的英明决断是分不开的。

最初，柳传志用很少的资金在香港成立了合资公司，从IBM的代销起步，后来渐渐地有了稳定的市场地位。之后他便派遣大量的年轻人到惠普、微软、英特尔等公司学习，有了越来越强烈的让联想“走出去”的愿望。2001年的时候，IBM的几个高层找到柳传志，希望将IBM的个人电脑事业部卖给联想，柳传志就隐隐地感觉到机会到了。

然而，当柳传志将收购 IBM 个人电脑业务的打算提交给董事会讨论时，却遭到了所有董事会成员的一致反对。他们的反对基于一个“铁定事实”和“致命风险”。事实是，在全世界的收购案例中，成功的只有 25%；致命的风险就是，联想集团一旦收购失败，就会“粉身碎骨”。

柳传志接受了这些委员的意见，但是他也非常相信自己的直觉。于是他就开始通宵达旦地思考收购 IBM 的利弊。经过他的分析，他最终确定这不是一个跨国公司设计的圈套。因为 IBM 当时正在进行以软件和服务为主的战略性调整，卖掉 IBM 个人电脑的业务是调整中的重要步骤。其次是在并购之后能不能赢利的问题，柳传志在仔细分析之后确定，只要他们能够有效地控制成本，就能实现赢利，而控制成本正是联想的强项。而且在合并之后，双方的业务也能避免直接发生冲突。

有了这些分析之后，柳传志更加坚定地将自己的意见提交给了董事会，这次得到的回复是可以洽谈。

最终，在 2004 年 12 月 8 日，联想集团向全世界正式宣布，以 12.5 亿美元收购 IBM 个人电脑的事业部，柳传志的主见和决断，让他地导演了一幕“蛇吞象”的大戏，并最终取得了巨大的成功。

一个优秀的领导者，一个能够取得成功的人，一定是一个有主见的人。但是有主见也并不意味着独断专行，而是要在虚心接受别人意见的基础上，仔细分析利弊，然后自己果断地下决定。

曾国藩之所以提出“进兵须由自己作主，不可因他人之言而受其牵制”的论断，是由于当时湘军中盛行一时的牵连出战、约期打仗的现象。相比于绿营军“胜不相让，败不相救”的恶习而言，湘军的做法可以两军相互照应，一旦战局紧张也可及时援救，如果联络得当，可以更好地完成作战任务。

但是在当时通讯手段落后，很容易因为时间地点的不准确而造成意料之外的损失，甚至可能导致作战失败和士兵的白白牺牲。

曾国藩非常仔细地分析了这种作战方式的利弊，他认为牵连出战不仅会助长请援方的依赖思想，而且不必要的求援也会打乱出援方的原有作战计划。而且一旦开战，如果援军没有按时出现，就会对战局造成很大危害；更加危险的是，如果敌人知道了约请出兵的暗号，就完全可以设下陷阱，骗援军进入自己的埋伏圈。

因此，曾国藩认为，在战争中主见十分重要，应当作战时，即便其他军不愿同时出战，也要抓住机会，不能轻易放过；而不应当出战时，就算友军邀约，也不能轻易出战。作为将领，他更加有职责把持好进退，不能随意地轻信别人的意见，而是要自己根据形势进行判定。正是由于曾国藩有这样高明的见解、独断的气魄和胆量，才能够率领湘军创造一个又一个奇迹。

除了自己，世界上没有第二个人会这样了解你，因此，别人给的意见即使再精准也都是隔靴搔痒，而事实上，你自己最需要什么，最想得到什么，你自己对这个世界的理解和对事情的看法才是真正重要的。一个人，只有在听取了别人的意见之后，还能进行深入的自我思考，做出自己的决定，才能获得与众不同的成功。否则，借用别人的观点，这笔债你永远都无法还清。

关键时刻要挺得住

【智谋原典】

担当大事，全在明强二字。《中庸》学、问、思、辨、行五者，其要归于愚必明，柔必强。凡事非气不举，非刚不济，即修身养家，亦须以明强为本。难禁风浪四字譬还，甚好甚慰。古来豪杰皆以此四字为大忌。

——《挺经·明强》

【译文】

要担当大事，全在明强两个字上下功夫。《中庸》中的学、问、思、辨、行这五个方面，主要归结为糊涂的必须弄明白，柔弱的必须变得刚强。大凡天下的事，没有志气就不能成功，没有刚强的意志也无济于事。即使修身养家也必须以明强为根本。“难禁风浪”四个字说的很好，大慰我心，深合我意。自古豪杰之士都以这四个字为大忌。

机会从来都不慷慨，而且也不和善。它并不轻易地降临，即便降临之时，带来的也不是益处，而是非常严厉的考验。想要成功，就必须要把握住机会，更重要的是，在机会降临的关键时刻，还要能够挺得住。

1997 年 6 月，江西青年梁伟带着自己打工的积蓄来到南昌大学进修新闻系广告专业，同时他还把大部分的时间用于学习英语上。在进修的两年期间，他每天晚上进修广告系的课程，白天则在学校最僻静的生物园里学习 12 个小时的英语，为了节省时间，这两年的中午饭他都是在生物园中吃的，每次吃的都是馒头、饼干之类的干粮。

两年的努力下来，梁伟已经能说一口非常流利的英语了。2000 年 3 月份的一天，梁伟因为受到南昌人民广播电台领导的赏识，成为了电台的一位临时节目主持人，主持《威尼英语时空节目》，梁伟意识到这是一个非常难得的机会，接到任务后便投入了极大的工作热情。

一个傍晚，梁伟骑着摩托车去郊外做一个采访，当时下着雨，梁伟冻得连车都

快把不稳了，更糟糕的是，骑到半路，梁伟的车居然爆胎了，梁伟只好推着车往前走，他推着车走了好几公里，而且还摔了好几跤，滚了一身的泥水。梁伟的心里又焦急又委屈，因为如果是台里的正式员工，出来采访就可以派车，至少也可以打的，但是他只能在雨天自己骑着摩托车出来奔波……

当梁伟采访完回到单位时，已经晚上11点多了，他来不及洗一个热水澡、换一身干净的衣服，就开始了录制工作，直到第二天早上6点多，他才将节目录制完毕。结果，他还没来得及走出工作间，就歪倒在办公桌上睡着了。

就是凭着这样坚挺的精神，梁伟把节目做得很成功，深受观众的喜爱。后来，有着丰富主持经验的梁伟更是从一名电台的临时工华丽转身为南昌第一家英语口语培训学校的老板，现在事业还在越做越大。

什么叫做顽强？什么叫做坚韧？这些都要到了关键时刻才能见分晓。就像曾国藩所说的，关键之时，多坚持一会儿，多挺一会儿，往往就能成功，而“难禁风浪”则是成功的大忌。

曾国藩在刚刚踏进仕途的时候，整个官场多是暮气沉沉的样子，曾国藩有意想改变这样的境况，可是苦于没有机会。咸丰皇帝登基以后，下诏求言。曾国藩意识到这是一个关键的时刻。所以，虽然官场上的其他官员都只是在逢场作戏，而年轻气盛的曾国藩却真心进言。

然而，曾国藩连上了好几个奏折都没有受到皇帝的重视，他心中很是愤懑，但是要趁机革除官场积习的决心并没有动摇。于是他又上奏折，而这次所批评的对象直接指向了皇帝本人，奏折上非常详尽地列了皇帝的三条错误，而且言辞很激烈。

这次的奏折不仅引起了皇帝的注意，更是让皇帝勃然大怒。皇帝在看了奏折之后立即召集军机大臣，要将曾国藩严惩不贷。幸而后来有很多的大臣都为曾国藩求情，咸丰皇帝也冷静下来重新读了一遍奏折，终于意识到了曾国藩的一片忠心，最后反而赞许他：“感言必能负重”。经过这一次风波，官场上逢场作戏的风气得到了比较大的改观，曾国藩也更加受到重用。

机会是成功的一个重要因素，而在人的一生之中，有着重要转折意义的机会往往非常稀少，如果错过了，或者没有坚持住而放弃了，那么这个机会就会永远地流逝掉。因此，聪明的人一定懂得在机会来临的时候坚持住，再困难也要咬紧牙关，只有这样，才能突破黑暗，领略到“柳暗花明又一村”的喜悦。

争强好胜之心要用在自修处

【智谋原典】

故吾辈在自修处求强则可，在胜人处求强则不可。福益外家，若专在胜人处求强，其能强到底与否尚未可知。即使终身强横安稳，亦君子所不屑道也。

——《挺经·明强》

【译文】

所以我们在需要自我修养的地方，争强好胜是可以的；而在比别人强的地方，谋求更大的强盛就不好了。福气和利益都是身外之物，一个人如果专门在胜人处逞强，那么是否真能强到底，却不得而知。即使能终身强横乡里，安稳度日，这也是有道德的君子们所不屑的。

《周易》开篇的一句话就说明了我们在人生中应该具有的态度：天行健，君子以自强不息；地势坤，君子以厚德载物。

前半句说的是，君子在任何时候都要不断追求、进取、自强自胜，这是一个基本的人生态度；后一句则可以解释为，在为人处世方面要行善积德，以厚德载物，不与人争胜争强。将争强之心用于自修处，而不与人斗恶斗狠，这是成功必备的修养。

传闻以一元钱起家的李嘉诚，早年生活中经历了很多的磨难，但是这些磨难都没有压垮李嘉诚，反而促使他思考如何才能拼搏出一个灿烂的人生。14 岁那年，李嘉诚失去了求学的机会，然而他并没有在困顿之后沉沦，反而给自己定下了一个近期目标——利用业余时间自学完成中学课程。

那时候，李嘉诚每天工作 15 小时以上，回家之后还要就着油灯苦读到深夜。有时候读书入了神，经常忘记了时间，以至于等想到要睡觉的时候，已经到上班时间了。生活的艰辛让李嘉诚的意志逐渐坚强了起来，尤其是在自学这方面，他更是有着坚强的毅力，咬紧牙关，坚持做到工作、学习两不误。最后，这些知识也成了改变他命运的力量。

即使是在事业有成之后，李嘉诚还一直坚持自修功课。每天工作再忙再累，临睡之前他都会阅读大量的经济类杂志，从中学习和吸收养分。在自学这方面，李嘉诚从来都不允许自己有任何的松懈。

然而，这个自强自立的人，在自修上不断进取、不断争强以超越自己，却一直

保持着平易近人的作风，这与他平和的做人心态有很大的关系。对待身边的员工，李嘉诚绝不会以自己的强势倾轧对方。而对待自己生意上的伙伴，他也从来不会想方设法用自己的优势战胜对方，而是积极地谋取共赢，这帮助他在生意上取得了更大的成就，事业蒸蒸日上。李嘉诚总是说："要照顾到对方的利益，这样人家才愿意和你合作，并希望还有下一次合作。"

严以律己，宽以待人，不恶意斗狠，这样的人自然容易赢得大家的认同。而只要有追随的人在，自然就不愁没有生意做，这就是李嘉诚在做人做事和做生意上的大智慧。这同样也是古往今来许多能士共有的大智慧。

曾国藩一生都着重于在自修处求强，他给外界留下的"刚毅"形象绝非是与人争强好胜、逞强斗狠得来的。出生于湖南的曾国藩，受程朱理学的影响非常大，因此对自己的修养有非常严格的要求。其自修之道有很多方面的内容，其中最重要的一点就是磨练自己的性格，养成坚强的意志力。其次还有包括学习、养生、勤谦等各种内容的修炼。早年他就为自己定下了十二项自修课程，并且每天坚持完成。

曾国藩并不是一个天生聪颖的人，他之所以能取得后来的巨大成就，都是由于自身修养而得来的。

但是同时曾国藩也认为，在自修处求强可以，在胜人处求强则不可。逞强斗狠是嫉贤妒能、争强好胜的心理在作祟，而这两者都不是君子应该有的品性。曾国藩在官场为官几十载，虽然刚正不阿，一直维持着刚毅的形象，但是他从来不与人交恶，不与他人争强。在攻打太平天国军队取得巨大胜利之后，他从不示强，反而将这些功劳全转于其他人身上。正是由于此，曾国藩才能受到将士们的拥戴，以一介书生的智慧撼动了强势的太平军，在朝廷中占据着无人能及的地位。

物竞天择、适者生存是自然之道，很多人便由此得出了一个道理，认为在竞争中如果不欺压对方，就会成为敌人的盘中餐。然而，这却实实在在是理解错了这个自然之象。虽然万物以相克相生、循环往复的方式形成了一个人命运的链条。然而在这个链条中，真正能改变命运的是自己的进取，而非与他人的争斗。因为进取可以改变相生相克的元素，从而会引起连锁的反应，改变自己在生物链中的位置。

如果只是战胜了比自己弱小的人，那么，自然还会有更强的人处于食物链的上端。因此，明智的人，就应该懂得将争强好胜之心放在自修之处，不断地努力增强自己的竞争力，这样，自然而然就能靠近食物链的顶端。

第四十五章

刚柔进退：挺住人生的持久战

刚劲以成事，柔谦以为人

【智谋原典】

近来见得天地之道，刚柔互用，不可偏废，太柔则靡，太刚则折。刚非暴虐之谓也，强矫而已；柔非卑弱之谓也，谦退而已。趋事赴公，则当强矫，争名逐利，则当谦退；开创家业，则当强矫，守成安乐，则当谦退；出与人物应接，则当强矫，入与妻孥享受，则当谦退。

——《挺经·刚柔》

【译文】

最近我体会到的天地之间的大道，是要刚柔并济，不可偏废。太柔容易萎靡，太刚容易折断。刚并不是暴虐，不过是刚强矫健罢了；柔也不是卑弱的意思，只是在强的方面谦和退让一些罢了。做事为公，应当勉励争取；争名逐利则应当谦让退却。开家创业，应当奋发进取；居功享乐，则应当谦逊平和。出外与人结交应对，应该努力表现；回家与妻儿安享消受，就要谦恭淡然。

中国自古讲求阴阳之道，提倡刚柔并济。

如果一个人能将这看似极为相左的两个方面，很好地揉和进自己的性格以及为人处世之中，那么，自然能求得自己的一席之地。

揉和并不意味着杂揉，刚和柔，一定要将其置于合适的位置，他们才能发挥自己的效用。如何恰当地拿捏两者的尺度便成了一门深奥的学问，但是很多的成功人士已经向我们做了示范，究其根本便是，刚劲以成事，柔谦以为人。

自从《非诚勿扰》这档栏目开播以来，孟非便成了家喻户晓的“大众红娘”。但是其实在那之前，孟非已经是一名很受欢迎的节目主持人了。他主持的《南京零距离》曾创下过收视率的奇迹，一度超过了同时段播放的《新闻联播》，引起过国

内许多媒体的关注，《南方周末》甚至还用专篇分析报道过“孟非现象”。

在一定程度上来说，孟非能够获得这些成功，就与他的刚柔并济有很大的关系。

在成名之前，孟非有过一段非常艰辛的历程，这里体现的就是他性格中刚强的一面。

1990 年参加高考，孟非名落孙山，于是他便开始了自己的打工生涯，这也是他最初体验到生活的艰辛。然而生活的艰辛没有让孟非一蹶不振，反而激起了他奋发的意志和决心。他一边高强度地工作以维持自己的生活，一边还参加了南京师范大学的函授班学习，每天即使工作再累，他都会坚持完成学习任务。

后来在江苏电视台做接待员的工作时，他会每天很早地就到单位完成自己的工作任务，然后跟着老记者学习，帮他们抗沉重的摄影机，跟着他们到处跑，从来都不嫌累。渐渐地，他得到了老记者们的信任，得到了一些独立做新闻的机会，他更是经常通宵达旦地写稿、剪片、配音。久而久之，孟非的敬业精神得到了领导和同事们的认可，1996 年，他终于脱掉了临时工的帽子，成为了一名真正的记者。

在工作学习中，一直秉持着刚强性格的孟非，在生活和为人处世方面却非常地谦和。最初在电台做打杂工作的时候，他经常帮记者和编辑们端茶倒水，没有一点的怨气。为人非常谦虚好学，经常向记者们请教各种问题，从中，他不仅学到了很多的知识，同时还得到了大家的认可，记者们有任务忙不过来，也愿意交给他做。

在成名之后，孟非还是以这样的态度为人处世。他一直都保持着多年来的作息习惯：上班乘坐公交车；平时自己上街买菜；而且还会时不时地找人拉拉家常……这些成为他能够有声有色地主持《南京零距离》的重要思想来源。而且在他的身上，人们从来看不出一点名主持的架子，这自然也是他能够得到观众们喜爱的重要原因。

通过孟非的例子，显而易见的，刚强要放在学习和工作之上，就如曾国藩所说的“趋事赴公”、“开创家业”要刚强，在此，刚强就意味着要有坚忍不拔的意志和顽强拼搏的精神。而柔则要放在为人处世方面，“接人待物”、“追名逐利”之时要懂得柔和谦退。

曾国藩也深知刚柔并济的道理。

他的性格中有非常刚强的一面。曾国藩一向认为自己是愚钝的人，所以他非常勤奋地学习，在求知和自我修养上有很强的自制能力。在带兵和处理工作上，性格也非常刚强，他所带的湘军是一支非常强劲的军队，军纪严明、奋勇杀敌，有所向披靡之势。

同时，曾国藩的性格中也有柔和的一面。他为人勤俭谦和，经常和士兵们同吃同住，因此受到了士兵的爱戴；他从不与人争胜，经常把功劳都让给别人；他能伸能屈，在遭到朝廷压制之时，能够忍辱负重。

正是在要刚的时候，能够做到刚强不屈；在要柔和的时候，能够做到谦退浑厚；曾国藩才能够身居高位而得到大家的敬仰。

在现实生活中，一个人如果太过刚硬，不懂得变通，则很可能会处处碰壁，把自己弄得遍体鳞伤还找不到出口；而如果太过柔软，则很可能成为别人的垫脚石。只有懂得刚柔兼济，刚中带柔，柔中不失刚强，才是取胜之道。

养精蓄锐，为前进做好准备

【智谋原典】

惟荀偃之拔逼阳，气已竭而复振；陆抗之拔西陵，预料城之不能遽下，而蓄养锐气，先备外援，以待内之自毙。此善于用气者也。

——《挺经·久战》

【译文】

荀偃攻打阳国之时，本来士气已经衰竭，但是后来又振作起来；陆抗攻打西陵的时候，料想到不能很快攻下这座城池，所以他养精蓄锐，保持士气，先准备好外援，就在城外守着，等待城内自动投降。这是善于运用士气的做法。

今天的生活，节奏太快，大多数人旦夕不敢懈怠，从早到晚像一张紧绷绷的满弓。所谓“弦满弓易断”，人也一样，不如张弛有度，在急速的前进之后，让自己的脚步停一停。然而，暂时的停下脚步并不意味着不思进取，而是为了给前进做更好的准备。

越王勾践是一个众所周知的善于做准备的人，卧薪尝胆十年，只为最后一搏。最开始的时候，勾践在和吴王夫差的交战中大败，出于保存实力的考虑，勾践向吴王夫差称臣乞和。作为一个亡国之君，这是他的无奈之举。可是接下去该怎么办呢？是就这样甘愿俯首称臣，做一辈子的平民百姓，眼睁睁地看着大好河山被别人占据着，还是立即发兵，夺回国土，夺回一个国王的尊严？

勾践是明智的，他知道自己所存的实力已经不多，如果立即发兵的话，无异于以卵击石，换来的只能是更加惨痛的失败和更多的伤亡。同时，亡国之耻不能不报！在这个时候，勾践选择将亡国之恨深深地藏在心底，养精蓄锐以获得更大的战斗力。他知道，君子报仇，十年不晚。

于是，勾践与百姓同住、与民同衣，体察民情以聚敛人心；同时又用西施麻痹

夫差，换取更多的时间，这都是为了什么？——充分准备，为了能够成功而准备。最终，臣民思报君之仇，三千越甲吞下了整个吴国。十多年的准备换来了一朝的成功。

勾践的确是一个深谋远虑者，他懂得在自己的实力不够的基础上保存实力，而不是选择冒险的行为。在保存实力的同时，勾践还懂得养精蓄锐，积累力量，为自己的前进做好准备。

养精蓄锐是长胜不败的法宝，古时候战场是这样，现代的商场也是这样。

某公司的总裁在退休之前，指定一位年轻有为的下属接任自己的位置。这个年仅三十二岁的新总裁不仅学历高，而且办事能力强，在短短几年就晋升到总裁的位置，正准备放开手脚大干一场。前任总裁在卸任之前告诫他："我知道你很有能力，也很有想法，但是，我建议你在五年之内不要扩大产业，不要马上把你的想法付诸实践。你需要先完全掌握我们公司的管理，强化体制，巩固根基。"

新任总裁反复考虑了前任总裁的忠告，明白了现在还不是大展拳脚的时候。于是，在此后的几年里，他耐住性子，潜心向各部门的负责人学习，弥补自己在公司治理方面的缺陷，致力于改善公司管理上的不足。同时，他不仅继续扩大自己在业内的人脉网络，也有意识地去接触其他行业的精英，逐步了解其他行业的信息，为将来扩大产业做好准备。他按老总裁制定的方针养精蓄锐了八年，把公司治理得井井有条，也为进军新的产业做好了准备，终于开始涉足其他行业，使得该公司逐渐发展为一个多元化产业的大型集团。

他在回忆起这段经历时说："人在年轻的时候，谁不想在最短的时间里获得一个机会一飞冲天，实现自己的梦想呢？但是，梦想越大，需要的准备时间越长。雄鹰最终要搏击长空，必须先让自己羽翼丰满才行，否则，有可能飞不起来，有可能飞起来了，却飞不远，甚至可能飞到一半就坠入万丈深渊。产业多元化是条看似美好但却风险巨大的道路。多亏了前任老总的提醒，我才不至于在这条路上迷失方向。"

由此可见，一味地追求速度并不是好事，更多的时候，我们应该学会在时机还未成熟的时候，先养精蓄锐，做好准备，等待时机成熟之后，一鸣惊人。

赢得人生的持久战

【智谋原典】

久战之道，最忌势穷力竭四字。力则指将士精力言之，势则指大局大计及粮饷之接续。贼以坚忍死拒，我亦当以坚忍胜之。惟有休养士气，观衅而动，不必过求速效，徒伤精锐，迨瓜熟蒂落，自可应手奏功也。

——《挺经·久战》

【译文】

打持久战，最忌讳“势穷力竭”这四个字。力，是指将士的精力而言；势，是指战略大局，全盘作战计划以及粮食军饷的持续供应。敌人以坚忍的决心拼命抵抗，我也要以坚忍的精神战胜他们。这时只有修养士气，相机而动，不必急于追求快速达到效果而白白消耗精锐的士气。等到时机成熟，就如瓜熟蒂落一样，自然可以轻易地一举成功。

人生是一场旷日持久的战争，胜败绝非一朝一夕的事情。在这场战争中，胜利从来都不是随随便便就可以得到的，想要赢得人生的持久战，就要学会忍耐和坚持。

曾国藩对于“耐”字诀有很深的体悟。

从1852年到1864年的十二年间，是曾国藩的艰难成功时期，也就是他自己所说的“咬牙之日”。在这十二年间，曾国藩受到了清廷非常大的压制。清朝政府不重用他，因为他打造的湘军体制和清朝政府在很多方面都不相容。当时，清朝的国家武装力量，主要是八旗兵、绿营兵，这是国家所有的正规力量，也是国家安身立命的所在。但是曾国藩打造的湘军，是另外一种体制，它与朝廷的政策格格不入。

同时，曾国藩的湘军让皇帝感受到了威胁。最初的时候，曾国藩带领湘军收复了武汉，咸丰皇帝在收到捷报之后非常高兴，说想不到一个书生也能立此大功。但是后来经过大臣的提醒，皇帝意识到，曾国藩在没有实际职务的时候都能振臂一呼而受到响应，如今收复了武汉，下一步收复南京，如果曾国藩有忤逆之心，一举挥师北上，那么朝廷就不保了，于是皇帝便开始压制曾国藩。

因此，曾国藩除了要一边真枪实弹地和太平军斗争，一边还要与一直压制他的清朝政府最高层进行高智慧的较量。然而，在这样的背景下，他却一直咬牙忍耐，历尽艰难，甚至劫难，从来也没有想过放弃。他知道，这些困难都是暂时的，只要坚持下去，就能取得最后的胜利。最后事实证明，曾国藩胜利了，他最终走向了成功。

人生的长河中，每个人都会遇见一些漩涡，它们会阻止你前进，甚至会让你有翻船的危险。但是，这里从来都不是人生的终点。在受到阻碍时，我们需要做的就是奋力走出漩涡，或者重新建造一艘更加坚挺的帆船，重新起航，驶向最终的成功。

新东方总裁俞敏洪也是一个懂得坚持持久战的人。

他曾经在演讲的时候问过同学们一个问题：你认为是马走的路多还是骆驼走的路多，很多人理所当然以为是马，因为马跑得快。但是他给出的答案却恰恰相反，骆驼走的路要远远比马多，因为马跑一会儿就会停下来，而骆驼一旦开始走，如果

不让它停，它就会一直走。

俞敏洪一直将自己定位于一匹勤奋的骆驼，这和大家所认为的中国最大英语培训机构 CEO 有着很大的距离。但是确确实实，俞敏洪就是一只不知疲倦、坚持进取的骆驼。他前行得并不快，但是他一直在前行。

俞敏洪的生活中有很多的黑暗期，但是他坚持下来了。他曾经连续参加了三年的高考，才拿到了北大的录取通知书，进入大学之后却一直都是班里的倒数几名；他曾经因为不会说英语而受到老师的调侃，但是现在却是全中国的英语教父……这所有的收获都来自于他的坚持不懈。俞敏洪真正懂得持久战的含义，并且最终在这场战争中取得了胜利。

俞敏洪在毕业感言中这样说道：同学们，大家都很厉害，我追了大家五年都没追上。但是请大家记住了，扮演一个骆驼的同学肯定不会放弃自己，你们五年干成的事情我干十年，你们十年干成的事情我干二十年，你们二十年干成的事情我干四十年，实在不行，我会保持心情愉快，身体健康，把你们一个个送走了我再走。

在俞敏洪那里，人生的成功从来都不是一时一地的事情，这是一场持久的较量。正是有这样的认识，他才能在人生的旅途中永不放弃。

人生中不仅会有很多的坎坷，更会有很多黑暗期。你会被困在茫茫的黑暗中，看不见未来。但是，即使这样，也不要停下步伐，在黑暗中也要坚持前行。要记住，黑夜给了我们黑色的眼睛，是为了让我们寻找光明。

人生，就是永不止步！

后记

一本著作的完成需要许多人的默默贡献，闪耀的是集体的智慧。其中铭刻着许多艰辛的付出，凝结着许多辛勤的劳动和汗水。

本书在策划和编写过程中，得到了许多同行的关怀与帮助，及许多老师和作者的大力支持，在此向以下参与本书编写的人员致以诚挚的谢意：陈金川、姜翠平、张云红、陈诗雪、李锐、伏学京、陈赓拓、庞丽娟、陈佳、尤许许、张保文、葛忠雨、王玲玉、王超、丁敏翔、谢东、宁月玲、庞中辉、王萍、焦亮、黄薇、孙静、田宇、何瑞欣、付玮婷、郭志信、藏宪柱、齐艳杰、李文静、杨艳丽、李娟、梁好婷、张艳芬、于静、李抗、葛云涛、湛江、魏国昌等。

本书在编写过程中，借鉴和参考了大量的文献和作品，从中得到了不少启悟，也汲取了其中的智慧菁华，谨向各位专家、学者表示崇高的敬意——因为有了大家的努力，才有了本书的诞生。凡被本书选用的材料，我们都将按出版法有关规定向原作者支付稿酬，但因为有的作者通信地址不详，尚未取得联系。敬请您见到本书后及时函告您的详细信息，我们会尽快办理相关事宜。